Introducción
a la
Historia de la Literatura
Mística en España

ESPASA
UNIVERSITARIA
Literatura

Pedro Sainz Rodríguez

Introducción a la Historia de la Literatura Mística en España

Espasa-Calpe, S. A.
MADRID
1984

BV
5077
.S7
S32
1984

Talleres gráficos de la Editorial Espasa-Calpe, S. A.
Carretera de Irún, km. 12,200. Madrid-34

A la bendita memoria de mi padre.

ADVERTENCIA PRELIMINAR

El presente libro apareció en 1927, y obtuvo el Premio Nacional de Literatura; se agotó y ha llegado a alcanzar precios exagerados en el mercado de librería. Es esta una de las razones por las que se imprime ahora, para facilitar su adquisición, pues, a pesar de los años transcurridos, la obra sigue siendo de utilidad para cuantos estudian los temas místicos en nuestra literatura. No es, como su título indica, una historia de la literatura mística, sino una investigación general con la que se pretende preparar al estudioso. Es, en realidad, una exploración del misticismo universal, buscando situar nuestra literatura mística en ese panorama.

En la página 125 aparece un cuadro sinóptico de la evolución de la literatura mística de cada país y en realidad el libro no es más que una justificación de este cuadro sinóptico.

También al estudiar los problemas doctrinales del misticismo se pretende encauzar los esfuerzos de los investigadores de estas cuestiones en un sentido doctrinal, para lograr que la investigación erudita pueda llegar a conclusiones definitivas de tipo constructivo, sin perderse en minuciosidades de carácter externo o en apologías literarias o devotas. La historia de nuestro misticismo vendrá a corroborar los resultados del presente estudio.

CAPÍTULO I

EL PROBLEMA HISTÓRICO DEL MISTICISMO ESPAÑOL Y PLANTEAMIENTO DE SU INVESTIGACIÓN

Es preciso, ante todo, que en el capítulo inicial de este estudio quede claramente planteado el problema histórico, tan sugestivo, que me ha incitado a emprender esta investigación, porque únicamente así podrá comprenderse la razón del plan de esta obra y de los límites que voluntariamente he trazado a este campo amplísimo de la historia de la literatura mística, de cuya exploración sólo pretendo extraer los datos suficientes para fijar, dentro de la literatura española, la evolución de un género literario, y en el panorama de la mística universal las características estéticas y doctrinales de la nuestra.

Contando ya nuestra historia literaria con un copioso aparato de investigaciones bibliográficas y monográficas, carece notoriamente de trabajos constructivos que formen verdaderos capítulos de *historia* de la literatura. Las obras de carácter general son verdaderos resúmenes de noticias objetivas o amplios diccionarios biobibliográficos, y esto, realmente, no es la historia construida. ¿Qué diríamos de una historia de la filosofía que nos diese exclusivamente las biografías de los filósofos y la historia bibliográfica de su obras, relatándonos escuetamente, cuando más, el argumento de algunas? Pues la historia de la literatura tampoco es la biobibliografía de los literatos. Hasta que no esté fijada la evolución histórica de los géneros literarios, estudiados en su construcción interior; hasta que no se hayan fijado las características de las épocas, explicando la relación entre la obra literaria y el ambiente social en que nace; hasta que no se haya estudiado la evolución comparativa de los temas literarios señalando las características propias del genio nacional al tratarlos, no puede decirse con propiedad que existe la historia de la literatura.

Hago aquí estas reflexiones para explicar las dificultades con que tropieza la elaboración de cualquier trabajo en que se persiga la solución de un problema literario o histórico. Es fácil hallar la monografía que proporciona elementos para la cacería de *datos* al través de nuestra literatura; pero, en cambio, son contadísimos los autores que pueden servir de guías para esta otra cacería de las *ideas* a lo largo del tiempo, para poder trazar las características de un género o el contenido ideológico de un período.

Una investigación sobre la literatura misticoascética española encuentra en su camino numerosas dificultades para llegar a conclusiones de tipo sintético. Ante todo, carecemos de una historia de la Teología española. No bastan las biografías de teólogos o las copiosas noticias bibliográficas que nos ofrecen obras como el *Nomenclator litterarius,* de Hurter. Sería preciso un libro en que se clasificasen las escuelas teológicas, en que se estudiasen las características *nacionales* de nuestra Teología, en que se mostrase cómo reaccionó el pensamiento teológico español en los grandes momentos de crisis del pensamiento europeo. La clasificación doctrinal de los místicos podrá hacerse con seguridad científica encuadrándolos dentro de la evolución de la Teología. El ambiente en que surgen exigiría, aparte de las obras históricas de conjunto, una historia de la Iglesia española escrita con todo el aparato de erudición y todo el rigor que hoy exige esa índole de investigaciones, no con la exigüidad de documentación de Gams o con la ligereza y desorden con que intentó tal empresa D. Vicente de la Fuente. Para poder fijar las peculiaridades del pensamiento místico español sería utilísima una historia completa de la filosofía española que nos permitiera comprobar la concordancia o discrepancia de esas notas con los caracteres generales de la mentalidad filosófica nacional.

Todas estas dificultades he intentado sortearlas con paciencia, procurándome datos que en muchas ocasiones no se referían al objeto mismo de mi investigación, teniendo la voluntad de cortar estas exploraciones laterales en el momento que los datos obtenidos bastaban para corroborar los resultados a que iba llegando en la marcha de mi investigación principal.

Por esto he titulado el presente trabajo INTRODUCCIÓN, porque en muchas de sus partes no hace más que *abrir* el camino para investigaciones ulteriores; pero en cada momento he procurado ahondar lo suficiente para que las conclusiones generales que aquí presento no sean absolutamente subjetivas, ofreciéndolas con la garantía de una documentación provisional, pero suficiente, a mi entender.

En el inmenso bosque de nuestras tres mil obras de literatura místico-ascética es mucho lo que se repite y carece de interés histórico. Yo he procurado situar los jalones limítrofes, dentro de los cuales deberá moverse el futuro historiador de nuestra literatura místico-ascética. He planteado los problemas, cuya solución provisional ofrezco, y creo que las cuestiones que aquí suscito y la *manera* de trazar el cuadro histórico de este género literario es el camino que debemos seguir en los distintos apartados de nuestra literatura para poder llegar a poseer una historia de la literatura que responda al ideal anteriormente señalado.

Así como la historia de Roma es el objeto más adecuado para que en su estudio puedan mostrarse todas las cualidades de la obra histórica, por verse en ella el nacimiento, el desarrollo y la descomposición de un gran organismo histórico, así el ideal para un historiador de la literatura sería el estudio de aquellos géneros literarios hoy desaparecidos, cuyo nacimiento, evolución y muerte se presenten en ciclos claramente señalados y de fácil delimitación. Algo de esto ocurre con la literatura mística española, y precisamente el hecho de su desaparición viene a plantear un hondo y sugestivo problema, si relacionamos el misticismo con las características psicológicas y artísticas del pueblo español. Es evidente la carencia de escritores místicos en España desde el siglo XVIII hasta nuestros días; también escasean los autores místicos cristianos durante nuestra Edad Media, y, sin embargo, en esas frecuentes y fáciles generalizaciones sobre psicología y características del pueblo español, España es llamada por muchos el país de los místicos.

¿Cuáles son las causas de que toda la floración fecundísima de nuestra literatura místico-ascética se produzca en un determinado y corto período de años, teniendo muy escasos antecedentes y no mayor sucesión? ¿Es exacto que sea la propensión al misticismo una nota típica del genio de nuestra raza? Un hecho evidente viene a hacer más compleja esta cuestión. Me refiero a la característica ininterrumpida de realismo y popularismo persistente a través de nuestra historia literaria. ¿Cómo compaginar la coexistencia sincrónica del ideal estético que supone la novela picaresca y el gran arte realista español, con el idealismo místico y el temperamento metafísico que implican las construcciones sistemáticas de algunas de estas obras teológicas?

Estas cuestiones, cuya solución intento en el presente libro, deben ser miradas desde varios puntos de vista. Encontramos, en primer lugar, un hecho: la existencia de nuestra literatura mística, y un problema histórico: el de explicar por qué esa maravillosa floración literaria se produce casi exclusivamente en un período máximo de siglo y medio. Resuelta esta cuestión, habrá que comprobar si las notas sustantivamente místicas informan nuestra producción filosófica y literaria, o si, por el contrario, son las características *permanentes* de nuestro genio artístico las que han teñido y conformado con rasgos propios las doctrinas y la técnica de expresión habituales de la mística tradicional. Y si así fuere, resta aún el explicar el éxito formidable de nuestra literatura mística en el mundo, hasta el punto de que la producción de esos ciento cincuenta años haya resaltado de un modo hipertrófico en el cuadro general de nuestra historia literaria.

Planteada así la cuestión, se imponía un método de investigación, cuyo desenvolvimiento se sigue en el plan del presente libro.

Primeramente es preciso fijar con exactitud *en qué consiste* el misticismo, cuáles son las características que nos permiten conocer cuándo una obra es mística o ascética o cuándo pertenece simplemente a la literatura teológica o religiosa. La expli-

cación religiosa de los fenómenos místicos es una cuestión de
fe, pero para nosotros (historiadores de la literatura) nos
basta con llegar a conocer las *características* de la obra mística,
sirviéndonos para ello a la vez la doctrina del teólogo ortodoxo y la ciencia profana del psiquiatra positivista o del filósofo y psicólogo espiritualista. Exponemos sucintamente las
diversas explicaciones que suponen tan dispares puntos de
vista, y buscamos, sobre todo, la caracterización del *hecho,* en
cuya fenomenología exterior coinciden y aun se complemen-
tan los partidarios de estos diferentes sistemas.

El primer resultado de este estudio es el reducir a muy
corto número las obras puramente místicas, facilitándose así
el estudio comparativo de las doctrinas.

La investigación del problema histórico nos obliga a determinar cuáles son los precedentes medievales del misticismo,
observando ya en esta época el predominio del ascetismo
sobre el *misticismo* y estudiando la gran corriente de nuestra literatura ascética medieval.

Vista la escasez de doctrina propiamente mística en la literatura cristiana de nuestra Edad Media y, sobre todo, las soluciones de continuidad que la separan de la del siglo de oro, se
imponía el hacer una rápida inspección del panorama de la
Mística universal, no para exponer minuciosamente sus doctrinas, sino persiguiendo el curso de estos arroyuelos, hasta
fijar las *posibilidades de contacto* con la literatura española de
fines del siglo XV y principios del XVI

Una vez señalados estos probables influjos, hay que estudiar en qué ambiente cayeron y cuáles fueron las causas que
originaron su mayor o menor arraigo; por esto es preciso caracterizar el medio eclesiástico, teológico y social de la España
del Renacimiento, no en su integridad, sino procurando el
cuadro sintomático que pueda explicar la eclosión de un
estado pasional religioso colectivo, causa, a su vez, del florecimiento de las personalidades místicas. Estamos ya en plena literatura mística. En realidad, aquí hubiera terminado la *Intro-*
ducción, pero es necesario todavía penetrar, aunque someramente (anticipando la labor del futuro historiador), en el conocimiento de las obras mismas, para comprobar las influencias anteriormente indicadas como probables.

Capítulo II

DIFERENTES CONCEPTOS DEL MISTICISMO

1.—LA DOCTRINA MÍSTICA ORTODOXA

Pretendo en el presente capítulo fijar los diversos conceptos que se han formado acerca del misticismo. El puntualizar la doctrina ortodoxa sobre el misticismo y el estudiar la terminología corriente y tradicional entre los místicos ofrece no pocas dificultades, porque, aun cuando existen unos límites claros y delimitados por la Iglesia, fuera de los cuales se cae en la heterodoxia, dentro de este campo quedan abiertos amplios cauces a interpretaciones y tendencias que, aun difiriendo en cuestiones de matiz y quizá poco fundamentales a los ojos de un profano, han apasionado profundamente a los tratadistas y han originado una copiosísima literatura polémica. No pretendemos aquí resolver cuestiones tan arduas como la distinción entre la ascética y la mística; únicamente procuraremos exponer el cuadro doctrinal comúnmente admitido, poniendo su contenido al alcance de cualquier estudioso que aborde el conocimiento de la literatura mística española con fines literarios o históricos, sin fijarse en el valor de *documento* que estas obras presentan para el psicólogo doctrinal o para el tratadista de Teología mística. Además, cualquier clasificación o estudio interno que se intente de nuestra literatura mística ha de obligar a continuas alusiones a este tecnicismo teológico, que conviene dejar desde un principio clara y sucintamente especificado, teniéndose en cuenta siempre que en esta exposición que vamos a hacer hablamos desde el punto de vista de los tratadistas creyentes.

La etimología de la palabra mística no nos ofrece un concepto claro de lo que teológicamente se entiende por tal. Procede este vocablo de la raíz μυ, del verbo μυεῖσθαι o μυεῖν, que significa *cerrar*. Esta misma raíz es la que forma las palabras *miopia, misterio*. Por tanto, este vago sentido de *oculto, secreto*, nos definiría lo místico como una vida espiritual secreta y *distinta* de la ordinaria de los cristianos. Sin embargo, los padres de la Iglesia, en muchas ocasiones, no utilizaron la palabra *mística* en un sentido tan estricto y designaron con ella el conjunto de las vidas espirituales, lo mismo las comunes que las más extraordinarias de santificación.

Para ir fijando conceptos, podemos decir que la *Teología mística,* tomada en un sentido más concreto, comprende el estudio de las manifestaciones de la vida religiosa sometida a la acción extraordinariamente sobrenatural de la Providencia.

La palabra *Mística* estrictamente sólo deberá aplicarse para designar *las relaciones sobrenaturales, secretas, por las cuales eleva Dios a la criatura sobre las limitaciones de su naturaleza y la hace conocer un mundo superior, al que es imposible llegar por las fuerzas naturales ni por las ordinarias de la Gracia* [1].

¿Cómo llegamos a este concepto de lo místico y cuál es la justificación lógica y teológica de la existencia de ese estado espiritual?

Dios, al crear al hombre, dándole una vida transitoria para alcanzar luego otra en que realizase su fin esencialmente superior a todas las exigencias de la naturaleza, se reservó el intervenir en su vida espiritual, comunicándose con él normalmente por su benéfica Providencia; de este hecho nacen el orden moral y la Religión.

Para un creyente católico es dogma fundamental el de la intuición de la gloria, y para quien piense que la suma bienaventuranza ha de consistir en llegar a gozar de la presencia y conocimiento comprensivo de Dios, y además crea en la revelación y en la existencia del orden sobrenatural, el hecho de

---

[1]   Véase P. Seisdedos: *Principios fundamentales de la Mística.*

EXERCICIOS
ESPIRITUALES
DE S. IGNACIO DE LOYOLA,
FUNDADOR DE LA COMPAÑIA
DE JESUS.

Con una Introduccion antes del texto del Santo, conveniente para formar el devido aprecio de estos Exercicios, y la idea de su metodo y practica.

EN VALENCIA,
POR JOSEPH DOLZ, IMPRESSOR, Año 1733.

los fenómenos místicos no puede ofrecer nada que repugne a su razón. No hay inconveniente alguno en admitir que Dios puede elevar al hombre a un plano sobrehumano para, sin necesidad de su raciocinio, regalarle con un verdadero conocimiento anticipado de su ser.

Esto sería el polo supremo de la vida espiritual; pero ésta se desenvuelve en una verdadera lucha. El hombre, en oposición a esa Providencia divina, recibe la comunicación de los espíritus infernales. Lucifer, por permisión divina, puede apoderarse del cuerpo del hombre y de su sensibilidad interna para, desde allí, influir sobre el alma, en la que no puede penetrar por haber sido creada a imagen y semejanza de Dios. La vida espiritual está solicitada por dos poderes contrapuestos: el divino, inspirado por el amor, y el diabólico, por el odio y la venganza. Para salir triunfante en esta lucha, y para lograr, además, el hombre el triunfo sobre sí mismo, la vida espiritual precisa de una higiene y de remedios para sus caídas o enfermedades; esto constituye el contenido de la *Teología moral,* y el conocimiento de cómo se llega a ciertos estados especiales nos lo proporcionan la *Ascética* y la *Teología mística.*

Siguiendo una metáfora tradicional en el lenguaje de la Mística (cuya más exquisita exposición se logra en *Las Moradas,* de Santa Teresa), puede compararse ese recinto cerrado del alma a un castillo interior o morada espiritual dentro de la cual se realiza la comunicación de Dios con el hombre. Las moradas de ese castillo interior pueden dividirse en dos grandes series. En ambas se ofrenda la oración al Señor; pero en la inferior el hombre ora con la única ayuda de los auxilios *ordinarios* y *comunes* de la Gracia. En la serie superior el hombre se comunica con Dios por medio de una oración íntima, sobrenatural y *extraordinaria.* Tal es el contenido de la Mística, cuyos distintos *grados* de evolución señalaremos luego.

La oración ordinaria es un don del Señor, sobrenatural y ya lo bastante poderoso para que el hombre se libre del infierno y aspire a la vida eterna.

La oración extraordinaria es, además de sobrenatural, portentosa y superior a los medios de la naturaleza humana, inseparable de la gracia santificante, y tan beneficiosa, que el alma iluminada por ella llega a conocer y a amar a la manera de los ángeles.

Así como la razón y la fe no son incompatibles dentro de la Teología católica y en cierto modo son complemento una de la otra, así la Mística, cuya fuente es la Gracia divina, no es incompatible con todos aquellos esfuerzos que para aproximarse a ese estado de perfección surjan de la propia naturaleza humana. Por esto podríamos definir la Ascética como la propedéutica o pedagogía humana que conduce hacia el misticismo.

Antes de entrar a exponer lo que pudiéramos llamar fenomenología del misticismo es preciso señalar las diferencias entre lo que los tratadistas llaman la *Mística doctrinal* y la *Mística experimental.*

El misticismo es un estado psicológico producido por un don de Dios, y al cual puede llegarse previos ejercicios espirituales y oraciones nacidos de la voluntad del hombre, o de repente y exclusivamente por la voluntad de Dios. Tal ocurre, por ejemplo, en la aparición a Saulo en el camino de Damasco.

Las obras de aquellos místicos en que se relatan las *experiencias de su estado místico personal* o las noticias históricas de hechos de esta índole forman lo que se denomina *la Mística experimental.*

En cambio, la *Mística doctrinal* es una parte de la Teología, pues, así como ésta tiene por objeto el estudio del modo de conocer a Dios el común de los hombres, la *Mística doctrinal* estudia cómo lo conocen los místicos, determinando la índole de la contemplación, los grados por que pasa, las pruebas que han sufrido generalmente los favorecidos con ese don, etc.

La mística doctrinal es asequible a la voluntad y al entendimiento humanos, lo mismo que cualquier otra ciencia o disciplina, en tanto que la *Mística experimental* es un estado espiritual cuya consecución no depende exclusivamente de nosotros, sino de la voluntad de Dios.

Plantéase, al llegar este momento de la exposición que venimos haciendo, un problema, al que brevemente hemos de aludir, que ha apasionado a los teólogos y tratadistas de esta materia. Me refiero a la determinación del papel que representa la razón humana en la vida mística espiritual. Esa oración sobrenatural, que es la medula de la Mística, según algún tratadista [2], «por lo mismo que excede el modo ordinario que tiene el hombre de obrar, se verifica *sin discurso* y da a conocer a Dios, principalmente por amor con que, más o menos, se le experimenta y gusta, y se percibe con cierta claridad su divina *presencia, sin tener que rastrearla* por la consideración de las criaturas». Esta doctrina, que tiene su lógica para formar un sistema en que se relacione esta afirmación con la existencia de la contemplación activa y con la diferencia *sustancial* entre ascética y mística, es discutible, por lo radical de sus afirmaciones, dentro de la doctrina ortodoxa; pero es aún mayor el interés que la cuestión suscita en un estudio de *literatura comparada,* como es en sustancia el presente libro. En efecto, ¿cómo podría hablarse de *influencias literarias,* si al estado místico se llega exclusivamente por intuición o gracia, sin auxilio del intelecto discursivo?

Ya D. Juan Valera, con su fina y zumbona sagacidad habitual, aludió a esta cuestión al contestar a Menéndez Pelayo en su discurso de recepción en la Academia Española. «El misticismo, sin embargo —escribe Valera—, tiene siempre inconvenientes y peligros grandísimos, y en España los tuvo mayores... Los medios de llegar por él a la perfección son la voluntad y la inteligencia; pero la inteligencia no va lentamente analizando, deduciendo y raciocinando, sino que, arrebatada por el amor, se remonta a la intuición de un vuelo y alcanza o cree alcanzar la verdad en el éxtasis y en el rapto...

De aquí el abandono de la observación paciente de los fenómenos, la inacción del natural discurso en la tarea de averiguar las causas, la calificación del pensar de funesta manía y el abuso a la perversión de aquella sentencia, tan hermosa si se interpreta y se aplica bien, de que los que no son simples por naturaleza deben serlo por gracia.»

Es innegable que la última etapa del conocimiento místico es un fenómeno de intuición; pero este resultado no es incompatible con el previo ejercicio del discurso racional, y así puede defenderse dentro de la más pura ortodoxia, redun-

---

[2] P. Jerónimo Seisdedos Sanz: *Principios fundamentales de la Mística.* Madrid-Barcelona, 1913-1917, 5 tomos. Véase la pag. 26 del tomo I.

dando en beneficio de la racionalidad del dogma cuanto en este sentido se escriba. Esta doctrina del P. Seisdedos chocó ya en otra ocasión con la de los teólogos agustinos, defensores conscientes de la bella tradición de intelectualismo templado de su Orden y de la amplitud científica en el criterio dogmático [3].

El orden real de las cosas y el lógico son grados diversos para lograr el conocimiento de Dios. El esfuerzo científico del hombre no es incompatible con las verdades reveladas, y la fe y el misticismo no pueden, sin obrar contra naturaleza, prescindir del esfuerzo racional para arrojarse en los brazos de la pura intuición. Por esto es compatible el reconocimiento de los elementos que al pensamiento del escritor místico aporte una cultura filosófica o literaria con el estado de gracia o theopathico (según la terminología de la ciencia profana) a que finalmente llegue. Y esta doctrina está dentro de la tradición patrística. Así, leemos en el Beato Orozco [4]: «Documento de gran estima es el que da San Agustín: *Hermanos, entendamos y vuele nuestro entendimiento, en tanto que podamos, y cuando más no pudiéremos, creamos.* No hay más que decir para nuestra humildad y aprovechamiento acerca del negocio admirable del creer. Nuestra razón natural y nuestro entendimiento, pues Dios nos los dió, escudriñen con humildad y contemplación las obras de Dios, tiendan las alas cuanto pudieren: mas, adonde les falten las fuerzas, trábense de la fe.»

Los mismos autores místicos, al someterse de antemano al dogma, declaraban explícitamente su falibilidad y sus deseos de no salirse de una doctrina que procuran conocer por el estudio y no por la intuición. Veamos algunas de estas manifestaciones, ejemplares y decisivas en este sentido. Dice San Juan de la Cruz en el prólogo de la *Subida al Monte Carmelo:* «Y si yo en algo errase, por no entenderlo bien, no es mi intención apartarme del sano sentido y doctrina de la Santa

---

[3] Véase P. Marcelino Gutiérrez: Al *Sr. Seisdedos. Réplica Rev. Agustiniana.* T. XII, págs. 338-347, 404-417. *Nuevos reparos. Ibidem,* t. XIII, págs. 142-152, 193-212 y 324-48. Ya anteriormente se ocupó de esta cuestión el P. Gutiérrez en su sólido librito: *El misticismo ortodoxo en sus relaciones con la filosofía.* Valladolid, 1886, y con posterioridad en su artículo *¿Nada hay en las teorías del misticismo cristiano que pueda esclarecerse a la luz de la razón? Rev. Agustiniana,* t. XIII, págs. 97-105.

[4] Carta para un señor de vasallos. *Obras,* t. I. pág. 66. Madrid, MDCCXXXVI.

Madre Iglesia Católica. Porque, en tal caso, totalmente me resigno y sujeto, no sólo a su luz y mandato, sino a cualquiera que con mejor razón de ello juzgare.» La desconfianza *racional* de las visiones místicas la expresa muy bien Santo Tomás de Villanueva (*Opúsculos castellanos*, publicados por la *Rev. Agustiniana*, pág. 37): «El tercero (remedio de las tentaciones de la oración) sea que tengamos por sospechosa toda visión y sentimiento que no sea conforme a la fe..., no creyendo en esto al que lo contrario hiciere o nos dijere, por santo ni espiritual que se nos muestre o nos parezca.» Y por fin, el Beato Juan de Ávila resume elocuentemente todos los aspectos de esta cuestión de sumisión al criterio de autoridad *razonablemente* reconocido: «La doctrina que no va conforme a la enseñanza de la Iglesia Romana, la cual quiso Dios que fuese cabeza y maestra de todas, cierto perecerá con sus autores, aunque sean más que tiene la mar gotas de agua y más altos que las estrellas del cielo... Dos cosas hay que muchos han errado y de errores irremediables: una, cuando vienen a decir: el espíritu de Dios me enseña y él me satisface; porque entonces les parece que sujetarse a parecer ajeno es creer más a hombre que a Dios... La otra cosa es alçarse con la palabra de Dios y el entendimiento della; éstos suelen mucho ensalçar la honra de la divina palabra, y es tanto su yerro, que, pensando que ellos se rigen por ella, son regidos por su propio sentido... Qué cosa auria más mudable e incierta que la Iglesia christiana si a cada uno que dize que tiene el sentido de la palabra de Dios huviesemos de creer? Aquello sería verdaderamente ser regida por pareceres de hombres; pues aunque aya palabra de Dios *en el entendimiento es de cada hombre*» [5].

La doctrina ortodoxa mística (p. ej., San Juan de la Cruz), (véanse [6] las reglas que da para pasar de la meditación a la contemplación) reconoce que la meditación es el ejercicio más propio de las almas justas y única preparación, si alguna existe en lo humano, para lograr el rarísimo conocimiento sobrenatural, privilegio de algunos elegidos.

Esta misma meditación y ejercicio produce un fenómeno

---

[5] *Epistolario espiritual*, trat. I, pág. 62. Madrid, 1618.
[6] *Subida del M. Carmelo*, lib. II, cap. XIII. *Noche obscura*, lib. I, cap. IX.

puramente humano, y es el de la agudización del entendimiento del místico, que llega a adquirir una perspicacia y comprensión extraordinarias, hasta el punto de percibir cosas de súbito interés en donde la mayoría de los hombres no ven nada.

La doctrina, pues, racional de la mayoría de los místicos es la de procurar el conocimiento de Dios por los medios humanos del discurso o razonamiento, utilizando el auxilio de la razón, mientras la virtud divina de la gracia no la haga innecesaria o inútil.

Por esto los místicos no ocultan en muchos casos la fuente humana de su doctrina, y, a partir de San Buenaventura (*De reductione Artium ad Theologiam*), es tradicionalmente recomendada la utilización de la ciencia profana para la construcción de la doctrina teológica.

Una vez delimitado el campo de la razón humana en la elaboración *doctrinal* de la mística, continuemos la exposición de las características más comúnmente admitidas de la evolución de la vida espiritual, hasta llegar al misticismo.

Las higienes o propedéuticas de la vida espiritual a que anteriormente aludimos, la Teología moral y la Ascética, tienen dos fines bien distintos. La Teología moral se ocupa de dirigir las costumbres y acciones del hombre, no solamente según las normas de la razón (Ética), sino atendiendo a los principios del dogma católico. Pero la Teología moral hace esto de una manera general, limitándose a la alta dirección de las conciencias, indicando los deberes que en cada caso impone la Religión. Las reglas minuciosas y concretas de la vida espiritual, mostrando cómo se llega a la perfección cristiana, constituyen el contenido de la *Ascética* y de la *Mística doctrinal*.

Es preciso abordar, al llegar a este punto, una cuestión de excepcional importancia que viene debatiéndose desde hace siglos entre los tratadistas de Teología mística. Me refiero a la distinción y límites entre la Ascética y la Mística.

Como hemos podido ver por lo anteriormente expuesto, ese *estado místico* es una gracia extraordinaria, cuya concesión depende exclusivamente de la voluntad divina. En cambio, la Ascética es producto de la actividad humana. Deriva esta palabra del verbo griego ἀσκέω, que significa *ejercitarse,* y precisamente en eso consiste su contenido, pues es el período de la vida espiritual en que, por medio de *ejercicios* espirituales, mortificaciones y oración, logra el alma purificarse, purgarse o desprenderse del afecto a los placeres corporales y a los bienes terrenos.

La vida espiritual tiene, por lo menos, tres grandes etapas o momentos reconocidos por toda la tradición teológica. Estas tres fases de la vida espiritual son: la de los que empiezan, la de los que van aprovechando y la de los perfectos. Los primeros deben dedicarse a la llamada *vía purgativa,* que consiste en ir librándose paulatinamente el hombre del imperio de las pasiones, purificándose de sus pecados; los segundos han de ejercitarse en la *vía iluminativa,* en la que el alma *se ilumina* con la consideración de los bienes eternos y de la pasión y redención de Cristo; los perfectos, finalmente, se ejercitan en la denominada *vía unitiva,* en la que se logra la *unión* con Dios, fin y centro de las criaturas.

Precisamente las manifestaciones continuas de la Gracia son las que hacen muy difícil señalar límites fijos a estos momentos de la vida espiritual, siendo nota característica de cada uno de ellos el predominio respectivo *del temor, la esperanza y la caridad.*

La polémica que divide a los teólogos consiste en que unos defienden que la Ascética y la Mística difieren *esencialmente,* mientras que otros afirman que no son más que distintos momentos de un *mismo* camino que conduce al conocimiento perfecto de Dios.

Los primeros consideran, al plantear la cuestión, a la Ascética y a la Mística no como partes del ejercicio moral del cristiano que pretende la santificación por la gracia ordinaria (el asceta), o por la gracia extraordinaria (el místico), sino como *dos ciencias* directivas y doctrinales, cuyo contenido respectivo es la doctrina y enseñanza que necesitan, respectivamente, para aprovechar en su vida espiritual el asceta y el místico. Afirman estos autores [7] que «la región de la Ascética es una,

---

[7] Véase sobre esta cuestión la discrepancia entre dominicos y jesuitas, representados respectivamente en las doctrinas del P. González y del P. Seisdedos. (*La Ciencia Tomista,* año IV (1913), tomo VII, pág. 481.)

y otra la de la Mística; o, lo que es lo mismo, que los *objetos formales de ambas son esencialmente diversos*».

La cuestión nace de la imposibilidad de fijar los límites entre la Ascética y la Mística en las etapas de la vida espiritual. ¿Corresponden esas tres vidas a la Ascética, a la Mística o a ambas? ¿Es forzoso, para llegar a la región mística, el pasar previamente por todas las etapas de la Ascética? ¿En qué se distinguen las fases de la Ascética y de la Mística, si todas tres son comunes a ambas?

Los que no creen en la diferencia *esencial* se conforman con afirmar que la diferencia entre Ascética y Mística consiste únicamente en que la primera procede de la voluntad humana y la segunda necesita la Gracia extraordinaria de Dios. «La práctica de las virtudes morales por motivos sobrenaturales, oración ordinaria, contemplación *activa* (o no mística) y contemplación pasiva (o extraordinaria) no son más que diversos tratados, eso sí, de una sola ciencia que tiene por objeto formal a Dios, en cuanto asequible o capaz de ser poseído, no sólo por la inteligencia, sino por el afecto o el amor. ¿No hallamos esta misma diversidad de tratados en todas las ciencias? La Filosofía, por ejemplo, ¿no abraza la lógica, la ontología, la cosmología, la ética, etc? ¿Para qué, pues, buscar distinciones esenciales donde sólo existe un solo objeto formal, que es o la unión del alma con Él, aunque por distintos modos y distintos grados, si bien el objeto formal *quo,* que es los actos virtuosos en la Ascética, o la acción de Dios por medio de los dones del Espíritu Santo en la Mística, son distintos?» [8].

Parece, desde luego, más sencilla, más clara y más exacta esta doctrina que la otra, y a mi entender lo es; pero todavía es preciso aclarar todo el contenido complejísimo de esta cuestión, que no es una discusión bizantina, como pudiera aparecer, y entonces comprenderemos a qué *necesidades* de la sistematización teológica responde la otra manera de resolver el problema.

Esta cuestión está planteada en otro terreno desde la Edad Media, y contiene uno de los más arduos problemas teoló-

---

[8] P. González, *loc. cit.*

gicos: el de la distinción entre las *virtudes* y los *dones del Espíritu Santo,* caballo de batalla entre las escuelas de Scoto y Santo Tomás. Y así como el punto de vista que se adoptase en esta cuestión tendría extraordinaria importancia por sus consecuencias al fijar la doctrina de la justificación, así el reconocimiento de la diferencia *esencial* entre Ascética y Mística permite luego sostener sistemáticamente la existencia de la *contemplación activa* o no mística, que es, a su vez, la más fuerte posición doctrinal en contra del sistema *quietista.* Como en otro pasaje de este libro veremos, todos estos problemas teológicos están íntimamente relacionados entre sí, y las soluciones que a cada uno de ellos dio el pensamiento español del siglo XVI en las distintas esferas doctrinales forman un conjunto armónico, que viene a dar una fisonomía característica a toda la vida política y espiritual y a la cultura de entonces. Para resolver el problema de la justificación se excogita la doctrina de Suárez, y esta preocupación llegaba a la mente del gran teólogo como una imposición del ambiente, que necesitaba un sistema que oponer al protestantismo, una doctrina que defender en las discusiones de la Iglesia, un espíritu que vivificase nuestra política. Por esto el pueblo celebró con fiestas de toros y cañas el final de una polémica teológica, y aplaudió en *El condenado por desconfiado* la visión literaria del problema que apasionaba todas las conciencias. Armoniosamente, como veremos, nuestros místicos son *activistas,* exponen la doctrina más vigorosa y sistematizada contra el quietismo y jamás caen en una sola frase de sabor o doctrina panteísta.

Basándose, pues, los defensores de la contemplación activa (como el P. Seisdedos) en la enseñanza carmelitana, se ven obligados a defender la diferencia esencial entre la Mística y la Ascética, perfectamente sostenible, considerándolas (según antes advertimos) como *ciencias directivas* y doctrinales, y no como *ejercicio moral* del cristiano.

La dificultad doctrinal, hasta hoy no vencida, de fijar los límites entre los diferentes grados de la vida espiritual, unida a la inefabilidad característica del misticismo, ha engendrado la técnica metafórica de expresión a través de toda la tradición literaria y doctrinal.

Las alegorías empleadas son de diversos tipos, aunque todos vienen a expresar un contenido semejante. Unos construyen una escalera de la Tierra al Cielo; otros suponen los paseos del alma por los senderos de un jardín o de un valle, o le muestran como fin de sus ansias una estrella misteriosa[9]. San Buenaventura escribe *El viaje del espíritu hacia Dios, El carjaj, el árbol de la vida;* Hugo de San Víctor, *El alimento de Emmanuel,* el *Espejo de la Iglesia, La explicación mística del Arca Santa;* San Juan Clímaco, *La Escala del Paraíso;* Dionisio el Cartujano, *El manantial de la luz;* Santa Catalina de Bolonia, *Las siete armas espirtuales contra el tentador;* Madame Guyón, *Los torrentes.* Todas estas alegorías vienen a dar forma plástica o *al itinerario de la mente a Dios,* o a las emanaciones espontáneas de la Gracia, y aunque su contenido es muy parecido, en cuanto a la descripción de las tres vías (purgativa, iluminativa, unitiva), el simple hecho de la elección de la alegoría indica ya el temperamento del autor y las notas características de su exposición doctrinal. Sin salir de España, la metáfora caballeresca y guerrera del *Castillo interior,* ¿no nos muestra ya todo el activismo, todo lo que hay de *heroico* en el misticismo de Teresa de Jesús y el ambiente social en que se formó su espíritu? *La noche oscura del alma, La subida del Monte Carmelo,* ¿no están indicando también todo lo que hay de abstruso, de penoso y atormentado en San Juan de la Cruz, el más abstracto y más *puritano* de nuestros místicos, verdadero temperamento metafísico, la hondura de cuyo pensamiento nos hace recordar a veces el genio sintético de Hegel?

El punto culminante de madurez de la doctrina mística cristiana, no sólo en España, sino en toda la tradición ortodoxa universal, lo constituye la obra de Santa Teresa. Nacida en cierto modo de ella, surge la personalidad de San Juan de la Cruz, lleno de fuertes notas originales que le sitúan, señero y aislado, careciendo, por sus especiales condiciones, de influencia copiosa en el misticismo posterior.

La serie de obras que se escriben (como veremos) en el

---

[9] *El jardín de las rosas. El valle de los lirios,* de Tomás de Kempis; *La estrella mística,* por el P. Bonald del Gevaudan, Lyon, 1606; *Les allumettes du feu divin,* por F. Pierre Doré, dominico.

período de decadencia de nuestra Mística no son creaciones de misticismo puro, producto de una experiencia personal, sino verdaderos tratados de Teología mística doctrinal, que aspiran a recoger el abundantísimo casuismo de la Mística anterior para reducirlo a un verdadero *código*. Son, en cierto modo, *los retóricos* del misticismo que, faltos del genio creador, se limitan a *compilar* las reglas que observan cumplidas en la producción ajena.

Toda la enciclopedia de Teología mística que escribió Fray Juan de Jesús María (1564-1615) es buen ejemplo de esto. De ella y de otras obras semejantes hay tradición ininterrumpida, fuera de España y en España, hasta llegar, por ejemplo, a la moderna y corpulenta del P. Seisdedos [10].

Fácilmente, pues, podría prolongarse este capítulo con la exposición de toda esta casuística, aparentemente compleja; pero sería inútil a nuestro propósito. Un sucinto resumen del esquema teresiano nos mostrará claramente las dificultades de la delimitación de los grados de la vida espiritual y las que ofrecen algunos otros problemas anteriormente aludidos.

Para Santa Teresa, los diversos grados de la oración son otros tantos grados de perfección evangélica. No concibe la Santa el ejercicio de la oración de una manera abstracta y teórica, y no prescinde de la abnegación ni del dominio de las pasiones. Por eso nos interesa ahora la doctrina de la Santa expuesta en las *Moradas,* porque en ella veremos las relaciones de la Mística y la Ascética mejor que en otra alguna.

Considera Santa Teresa el alma «como un castillo todo de un diamante o muy claro cristal, adonde hay muchos aposentos, así como en el cielo hay muchas moradas..., unas en lo alto, otras en lo bajo, otras a los lados, y en el centro y la mitad de todas éstas tiene la más principal, que es adonde pasan las cosas de muchos secretos entre Dios y el alma».

La Santa, luego, no habla más que de *siete* moradas; pero

---

[10]   Además de la notable obra del P. Seisdedos, muy utilizada por nosotros, recomendamos, de entre la bibliografía que va al fin de este capítulo, para enterarse de la Teología mística, las obras de Goerres, Recejac, Poulain, Ribet y Vallgornera, precioso resumen esta última de carácter sintético, pero con exacta documentación.

Para iniciarse en estos estudios, creo insustituible el admirable compendio del P. F. Naval, *Curso de Teología ascética y mística,* lleno de doctrina y escrito con gran claridad y sistematización ciéntífica.

las considera como siete órdenes o tipos de moradas, pues las que contiene el alma son en número infinito, «y éstas no una en pos de otra, como cosa enhilada, sino... como un palmito, que para llegar a lo que es de comer tiene muchas coberturas que todo lo sabroso cercan» [11].

La doctrina expuesta en las tres primeras moradas es puramente ascética, y es un complemento de la doctrina que sobre el primer grado de oración expone en la *Vida* y un compendio de la que más extensamente declara en el *Camino de perfección,* verdadero doctrinal ascético de la Santa.

Resumiendo lo expuesto en estas tres moradas, pertenecen a la primera los que, detestando el pecado mortal, viven asidos a los placeres no prohibidos, olvidados de evitar los pecados veniales; moran en la segunda las almas que comienzan a aborrecer el pecado venial y a amar la penitencia, pero que todavía no tienen fuerza para renunciar, en busca de perfección, a las honras y vanidades del mundo; logran llegar a la tercera los que arrancan de su alma el afecto de estas riquezas y halagos, pero sin llegar al sacrificio de sí mismos, en aras de la humildad y sintiendo mucho la privación de los goces sobrenaturales que rara vez les ofrece Dios.

Antes de entrar la Santa en las cuatro últimas Moradas, que contienen la doctrina propiamente mística, traza una especie de preámbulo, en el que define las diferencias entre los contentos naturales y los consuelos sobrenaturales. Aquí está la única doctrina clara de las diferencias entre Ascética y Mística. Los goces naturales nacen de nosotros mismos y acaban en Dios; los otros nacen de Dios y redundan en nosotros. Aquéllos son adquiridos y como conquistados por el ejercicio de nuestras potencias, *ayudados del auxilio divino,* y como nacen de la obra virtuosa, parecen ganados con nuestro trabajo. Los sobrenaturales son producidos inmediata y exclusivamente por Dios, con gran quietud, sin que las potencias intervengan en ello con su actividad propia [12].

En otro lugar expone una metáfora muy gráfica sobre los grados de la oración, que compara a cuatro maneras, cada vez

---

[11] *Mor.* 1.ª, cap. II.
[12] *Mor.* 4.ª, cap. I.

más fáciles, de regar un jardín. La primera sacando agua del pozo a fuerza de brazos, y éste es un rudo trabajo; la segunda, sacándola con una noria, obteniendo así con menor fatiga una mayor cantidad de agua; la tercera, haciendo venir el agua desde un río o de un arroyo, y la cuarta, que es la mejor de todas, es una lluvia abundante. Dios mismo se encarga de regar, sin la menor fatiga por parte nuestra. Las Moradas cuartas comprenden la oración de recogimiento y de quietud. En la de recogimiento, las potencias del alma siéntense como *atraídas* a lo interior del alma por el dulce reclamo del Divino Pastor; pero todavía pueden y deben poner algo de su eficacia natural para responder a este llamamiento; en la oración *de quietud,* Dios *las suspende,* y el deleite que experimentan con la presencia del Amado les eleva a un estado de enajenamiento que las entorpece en su natural energía. En las Moradas quintas se expone la oración de unión en sus tres grados. En el primero, unión de la voluntad: «Está el alma como un niño que aún mama, cuando está a los pechos de su madre, y ella, sin que él paladee, échale la leche en la boca para regalarle. Así es que, sin trabajo del entendimiento, está amando la voluntad, y quiere el Señor que, sin pensar, lo entienda que está con él, y que sólo trague la leche que Su Majestad le pone en la boca, y goce de aquella suavidad, que conozca le está el Señor haciendo esta merced y se goce de gozarla. Mas no quiera entender cómo la goza y qué es lo que goza, sino descuidarse entonces de sí, que sé, quien está cabe de ella, no se descuidará de ver lo que le conviene. Porque si va a pelear con el entendimiento para darle parte trayéndole consigo, no puede a todo; forzado dejará caer la leche de la boca y pierde aquel mantenimiento divino. En esto se diferencia esta oración de *cuando está todo el alma unida* con Dios, porque entonces *aun sólo este tragar el mantenimiento no hace, dentro de sí lo halla,* sin entender cómo lo pone Dios» [13].

En la segunda manera de realizarse la oración de unión, Dios se enseñorea «de la voluntad y aun del entendimiento, porque el alma no discurre, sino que está ocupada gozando de Dios, como quien está mirando, y ve tanto que no sabe hacia

---

[13]   *Camino de perfección,* cap. XXXI.

dónde mirar» [14]. Pero la memoria y la imaginación quedan libres, «y como ellas se ven solas, es para alabar a Dios la guerra que dan, y como procuran desasosegarlo todo» [15].

Hay, finalmente, una tercera unión más perfecta, que es una manera de marasmo de todas las potencias, de tal modo, que ni del todo se pierden ni, sin embargo, llegan a entender cómo obran. La suavidad y deleite es mucho mayor que en las maneras anteriores; «es un glorioso desatino, es una celestial locura adonde se aprende la verdadera sabiduría» [16].

En la sexta Morada se verifica el desposorio espiritual del alma con Dios, que sobrepuja con mucho los favores propios de la oración de unión, asemejándose ya al matrimonio espiritual, que se consuma en la séptima y última Morada. «Esta Morada y la postrera —dice la Santa— se pudieran juntar bien, porque de la una a la otra no hay puerta cerrada (y solo) porque hay cosas en la postrera que no se han manifestado a los que no han llegado a ella, me pareció dividirlas».

Este desposorio se prepara por grandes tribulaciones y fuertes dolores de alma y cuerpo sólo comparables a los que en el infierno se padecen. El desposorio místico se celebra estando el alma en estado de arrobamiento de los sentidos, pues en el uso cabal de ellos no se podría soportar sin morir la contemplación tan cercana de Dios. Este arrobamiento o éxtasis puede ser de dos clases: éxtasis ordinario, en que las potencias están absortas y como muertas, los sentidos lo mismo; pero, a pesar de esto, *ven* (por visión imaginaria o intelectual) cosas y misterios del cielo, según quiere Dios mostrárselas. La segunda clase de éxtasis es el que llama la Santa *vuelo del espíritu,* y otros autores *rapto.* Se diferencia del anterior solamente en la *intensidad,* como un fuego más fuerte de otro más débil. El éxtasis ordinario es la *unión* simple por el desposorio; el *rapto* es lo que denomina la Santa *levantamiento en la unión.* «Acaece de presto —dice— que estando el alma buscando a Dios se siente un movimiento tan acelerado de la misma que parece es arrebatado el espíritu con velocidad» [17].

---

[14]   *Vida,* cap. XVII.
[15]   *Id.,* cap. XVII.
[16]   *Id.,* cap. XVII.
[17]   *Mor.* 6.ª, cap. V, párrafo 1.

En la Morada séptima se efectúa el *matrimonio espiritual*. La unión perfecta no se logra mientras dure la vida. Lo más que se consigue es la anticipación de lo que ha de ser, y por esto el alma se siente como *desterrada* de su morada última, en tanto se ve obligada a morar en el cuerpo.

En esta última jornada el alma es introducida por el Señor en la mansión en que Él mora, y únela consigo, no como anteriormente hemos visto, anegándose y perdiéndose todas las potencias en el Sumo Bien, sino «quitándole las escamas de los ojos», para que entienda por *visión intelectual* esta última merced. Aparécesele entonces «la Santísima Trinidad con una inflamación, que primero viene a su espíritu, a manera de una nube de grandísima claridad..., y por una noticia admirable que se da al alma entiende con grandísima verdad ser todas tres Personas una sustancia y un poder y un saber y un solo Dios... Aquí se le comunican todas tres Personas y le hablan y le dan a entender aquellas palabras que dijo el Señor en el Evangelio: *Que venía Él y el Padre y el Espíritu Santo* a morar con el alma que le ama y guarda sus mandamientos».

Con esta noticia queda preparada el alma para recibir el último y más precioso don del *matrimonio espiritual*.

«Pasa esta secreta unión del matrimonio espiritual en el centro muy interior del alma, que debe ser adonde está el mismo Dios, y a mi parecer no ha menester puerta por donde entre. Digo que no ha menester puerta, porque en todo lo que se ha dicho hasta aquí (es decir, hasta esta Morada) parece que va por medio de los sentidos y potencias, y este aparecimiento de la Humanidad del Señor así debía ser; mas lo que pasa en la unión del matrimonio espiritual es muy diferente. Aparécese el Señor en este centro del alma sin visión imaginaria, sino intelectual, aunque más delicada que las dichas (en la Morada anterior), como se apareció a los Apóstoles cuando les dijo sin entrar por la puerta: *Pax vobis*. Es un secreto tan grande y una merced tan subida lo que comunica Dios allí al alma en un instante y el grandísimo deleite que siente que no sé a qué lo compare, sino a que quiere el Señor manifestarle por aquel momento la gloria que hay en el cielo por más subida manera que por ninguna visión ni gusto espiritual. No se puede decir más de que queda el alma, digo, el espíritu de esta alma, hecho una cosa como Dios; que, como es espíritu, ha querido Su Majestad mostrar el amor que nos tiene en dar a entender a algunas personas adónde llega para que alabemos su grandeza. Porque de tal manera ha querido juntarse con la criatura, que, así como los que ya no se pueden apartar, no se quiere apartar Él de ella» [18], y la diferencia que existe entre Matrimonio y Desposorio espiritual, es tan grande «como la hay entre dos desposados y *aquellos* que ya no se pueden apartar [19]. Pues aunque en el Desposorio hay unión, «en fin se pueden apartar y quedar cada una por sí, como vemos ordinariamente que pasa presto aquella merced del Señor, y después se queda el alma sin esta compañía, digo de manera que la entiendan. En estotra merced no, porque siempre queda el alma con su Dios en aquel centro. Digamos que es (la oración de) *la unión* como si dos velas de cera se juntasen tan en extremo que toda la luz fuese una, o que el pabilo y la luz y la cera es todo uno; mas después bien se puede apartar la una vela de la otra y quedan en dos velas, o el pabilo (separarse) de la cera (y quedarían dos cosas distintas). Acá es como si cayendo agua del cielo en un río o fuente, adonde queda hecho todo una (masa de) agua, que no podrán ya dividirse ni apartar cuál es del río o lo que cayó del cielo; o como si un arroyico pequeño entra en el mar, no habrá remedio de apartarse; o como si en una pieza estuviesen dos ventanas por donde entrase gran luz, aunque entre dividida, se hace todo una luz» [20].

«Y esto se entiende mejor cuando anda el tiempo, por los efectos. Porque se entiende claro por unas secretas aspiraciones ser Dios el que da vida a nuestra alma; muy muchas veces tan vivas, que en ninguna manera se puede dudar..., y no se puede excusar decir: *¡Oh vida de mi vida* y sustento que me sustentas!, y cosas de esta manera. Porque de aquellos pechos divinos, adonde parece está Dios siempre sustentando el alma, salen unos rayos de leche, que toda la gente del Castillo conforta, que parece quiere el Señor..., que de aquel río caudaloso, adonde se consumió esta fuentecica pequeña,

---

[18]   *Mor.* 7.ª, cap. II, párrafos 3, 4 y 5.
[19]   *Mor.* 7.ª, cap. II, párrafo 2.
[20]   *Id.,* cap. II, párrafos 6 y 7.

salga algunas veces algún golpe de aquel agua para sustentar los que en lo corporal han de servir a estos dos desposados (o casados). Y así como sentiría esta agua una persona que está descuidada, si de presto la bañasen en ella, y no la podría dejar de sentir; de la misma manera, y aun con más certidumbre, se sienten las operaciones que digo. Porque así como no nos podría venir un gran golpe de agua si no tuviera principio, así entiende claro que hay en lo interior quien arroje estas saetas y dé vida a esta vida, y que hay sol de donde procede una gran luz, que se envía a las potencias de lo interior del alma» [21]. Son también efectos de esta merced: 1.º Una grandísima paz interior que, aunque las potencias y sentidos anden a veces desasosegados, nunca se pierde; y «estáse el alma tranquila como el Rey con grande quietud en su Palacio, por más que haya muchas guerras en su reino y muchas cosas penosas [22]. 2.º Un gran olvido de sí, que verdaderamente parece ya no es la mariposica; murió con grandísima alegría de haber hallado reposo y vive en Cristo [23]. 3.º Un grandísimo deseo de padecer, mas no de manera que la inquiete como (antes) solía; porque es en tanto extremo el deseo que queda en estas almas de que se cumpla la voluntad de Dios, que todo lo que Su Majestad hace tiene por bueno: si quisiere que padezca, enhorabuena; si no, no se mata como solía. 4.º Un grande gozo interior cuando es perseguida con mucha más paz que lo que queda dicho y sin ninguna enemistad con los que les hacen mal o desean hacerle, antes les cobran amor particular; de manera que si los ven en algún trabajo lo sienten tiernamente, y cualquiera tomarían por librarlos de él, y encomendándolos a Dios de muy buena gana. 5.º Un grande deseo de servir al Señor y de que sea alabado, tal que si supiesen cierto que en saliendo el alma del cuerpo ha de gozar de Dios no les hace al caso: ni pensar en la gloria que tienen los Santos, no desean por entonces verse en ella, pues la tienen puesta en ayudar en algo al Crucificado, en especial cuando ven que es tan ofendido. 6.º Un desasimiento grande de todo, y deseo de estar siempre a solas u ocupados en cosas que sea de provecho de

[21] *Mor.* 7.ª, cap. II, párrafos 9 y 10.
[22] *Id.,* cap. II, párrafo 18.
[23] *Id.,* cap. III, párrafo 4 y siguientes.

alguna alma y no (con) sequedades y trabajos interiores, sino con una memoria y ternura con nuestro Señor, que nunca querrá estar sino dándole alabanzas; y cuando se descuida el mismo Señor la despierta como queda dicho» [24].

*

Ese es el esquema sucinto del contenido doctrinal de la obra de Santa Teresa, que toca todos los puntos fundamentales de la Mística cristiana que más adelante hemos de ver debatidos por las diferentes doctrinas místicas que, coincidiendo en un contenido común cuyo tipo medio y última expresión puede ser representado por la Mística teresiana, discrepan en cuestiones de matiz, detalle o técnica expositiva, originándose así las distintas escuelas del misticismo ortodoxo.

---

[24] Véase *Morada* 7.ª, cap. III, párrafos 4, 5, 6 y 9.—Véase *Santa Teresa de Jesús, doctora mística,* por el R. P. Luis Martín (S. J.), al frente de la *Vida* de la Santa, por el P. Ribera. En las páginas anteriores he seguido, con algunas modificaciones, esta exposición de la doctrina de la Santa.

2.—CONCEPTO POSITIVISTA DEL MISTICISMO

El desenvolvimiento de las ciencias naturales durante el siglo XIX y la aplicación a otras disciplinas del método de investigación peculiar de ellas, unido a la difusión de la filosofía positivista, vino a engendrar una nueva manera de considerar los problemas referentes al misticismo. Luego veremos cómo la reacción espiritualista, que siguió en el pensamiento europeo a aquella ingenua pedantería del positivismo de farmacia a lo M. Homais, redujo a sus verdaderos términos las pretensiones de la ciencia positiva en cuanto a la explicación de ciertos fenómenos.

La primera postura del biologismo positivista, sobre todo en los casos contemporáneos, fue la de negar la *veracidad* de los hechos, atribuyéndolos en muchos casos a supercherías supersticiosas o de catequesis religiosa. Después vino el admitir la realidad de la fenomenología externa del misticismo, procurando explicarle como un fenómeno patológico y negando la existencia de elementos sobrenaturales o religiosos. En este sentido se ha producido una gran cantidad de obras, cuyos autores se han recorrido pacientemente las obras de la literatura mística universal para extraer el cuadro de hechos, cuya explicación han procurado dar por medio de diferentes teorías. Estos esfuerzos han originado un utilísimo e innegable progreso en las conquistas que cada día van haciendo la Psicología experimental y la moderna Psiquiatría. Muchas de las conclusiones a que se ha llegado han sido tenidas en cuenta en la construcción de las posteriores teorías de tipo espiritualista.

Luego expondremos la refutación filosófica de los espiritualistas modernos del punto de partida de estas doctrinas, y ahora trazaremos el cuadro de la que pudiéramos llamar Patología mística, con las explicaciones que en ella se nos ofrecen de ciertos fenómenos de la vida espiritual que desde el punto de vista de la Teología ortodoxa expusimos en el parágrafo anterior.

El místico es un anormal, y, como en otros muchos casos patológicos, la Naturaleza nos muestra las taras constitucionales de esta clase de enfermos. Lo mismo que hay predispuestos a la tuberculosis, los hay predispuestos a los desequilibrios del sistema nervioso que originan los fenómenos místicos. Debilidad de complexión, accidentes nerviosos en la infancia, propensión a las neuralgias, especialmente del trigémino, carácter concentrado, etc., forman el cuadro patológico de taras constitucionales.

Después, la etiología de los fenómenos que presentan los místicos coincide en muchos de ellos en ofrecer como causas originarias de su celo religioso la enfermedad y la debilidad. Empiezan luego las mortificaciones que tradicionalmente ha divulgado la Ascética para conseguir saciar su afán fervoroso, y la *abstinencia* es la causa principal de toda la fenomenología posterior. Estudian algunos de estos autores [25] los efectos que produce la abstinencia, y por ella llegan a explicar todo el cuadro de los fenómenos fisiológicos y patológicos de los místicos: anuria, ausencia de transpiración, insomnio, olor de santidad, resistencia al frío, incorruptibilidad cadavérica, etc...

La abstinencia, que llega a ser causa de muerte en un organismo normal, puede ser soportada hasta grados inverosímiles cuando se practica paulatina y metódicamente, llegándose por esta graduación a constituirse una segunda naturaleza.

Este mismo mecanismo del *hábito* obtenido gradualmente es el que explica muchos otros fenómenos de los místicos. Después de numerosos esfuerzos de representación y con un organismo preparado por la abstinencia y la mortificación, obtienen los místicos visiones, primeramente borrosas y por fin más acusadas y completas. El hábito hace fáciles e involuntarios estos movimientos, refutándose así el argumento de la *pasividad* del *sujeto* utilizado para probar la existencia de un elemento sobrenatural en el éxtasis.

La estigmatización requiere también preparación gra-

---

[25] Longet: *Traité de Physiologie,* París, t. I, p. 565; Melcior: *La enfermedad de los místicos,* Barcelona, 1900, p. 50.

duada. En gran número de casos los estigmas se presentan primeramente en una parte y después aparecen en otros sitios. Están siempre precedidos de la dieta, de un prolongado ejercicio moral concentrado en un objeto único y de dolores neurálgicos en los calificados por la Iglesia de falsos estigmas.

La abstinencia o la escasísima alimentación vegetal pueden explicar *el olor de santidad* y la afinación especial del olfato y demás sentidos que señalan Goerres y otros tratadistas de Teología mística como síntomas de la vida virtuosa.

El efecto debilitante que en el hombre ocasiona el prestar atención excesiva a sus propias sensaciones ha sido perfectamente establecido por numerosos tratadistas. Cuando la concentración del pensamiento se dirige hacia el estómago afecta a la digestión; cuando recae sobre el corazón puede llegar a trastornar el ritmo de sus latidos. En el estudio del doctor Charbonnier Debatty [26], referente al célebre caso de Luisa Lateau, se encuentra un interesante y documentado estudio de este aspecto de la cuestión con curiosísimas experiencias para mostrar el mecanismo fisiológico del fenómeno.

Precisamente las reglas que aparecen en los tratados de Ascética sobre la oración y la meditación son normas para encauzar la *atención,* y su estudio es muy interesante para la psicología experimental.

Estas prácticas religiosas tienen como medio el desarrollo de la atención hasta su forma hipertrófica, proponiéndose como fin la consecución de un estado de idea fija, o sea el estado de conciencia representado por un cuadro espiritual que constituye toda o casi toda la vida mental del místico y que recibe diferentes denominaciones en las distintas religiones, ya sea el yoga de la filosofía india o el matrimonio espiritual con Dios de la Mística católica.

En todas las escuelas de iniciación mística se utiliza el recurso de la meditación como factor supremo para lograr la unidad de conciencia.

En la vida mental normal la mediatación es una operación necesaria para preparar el acto motor y voluntario. Sin esta condición, sin este antecedente, el hombre no ejecuta el acto

---

[26] *Maladies et Facultés diverses des Mystiques.*

más que como un simple reflejo engendrado por el impulso del excitante inmediato que le proporciona la sensación. En el acto de la meditación se constituye un núcleo alrededor del cual se adhieren todas las moléculas mentales de modo semejante al fenómeno físico de la cristalización. Pero el estado normal de la vida mental es el de la *pluralidad* de estados de conciencia o, según otra denominación, el polideísmo. La atención es la detención momentánea de este desfile continuo en provecho de un determinado estado; es, en suma, la consecución de un *monoideísmo,* pero de un monoideísmo *relativo* que supone la existencia de una idea árbitra o predominante, la cual, atrayendo hacia sí todo cuanto a ella se refiere, utiliza en su provecho la casi totalidad de la actividad cerebral. Los casos de *monoideísmo absoluto,* en los que la conciencia queda reducida a un solo y único estado que la llene por entero y en el que el mecanismo de la asociación se interrumpa completamente, sólo ocurre en algunos muy raros casos de éxtasis; pero son instantes *fugitivos,* porque la conciencia, colocada fuera de las condiciones normales de su existencia, desaparece [27].

Para que la conciencia entre en función necesita un cambio de impresiones, una heterogeneidad de excitantes; la vida espiritual necesita una cierta discontinuidad en los actos para dar a cada uno de ellos todo su valor.

El estudio de la psicología de la atención en sus demás manifestaciones sirve para explicar muchos de los fenómenos que se realizan bajo el éxtasis.

Fisiológicamente, siempre que dirigimos nuestra atención hacia las impresiones sensoriales externas experimentamos una tensión correspondiente en los órganos encargados de recibir la impresión. Esta impresión se recibe más fácilmente cuando es precedida de una señal cualquiera que viene a servirla de anuncio, y el tiempo de reacción disminuye a medida que crece el intervalo que separa la señal de la excitación. Si el intervalo queda el mismo, el tiempo de la reacción se acorta a medida que las experiencias se repiten.

---

[27] Véase Th. Ribot: *Psychologie de l'attention,* París, 1897, páginas 4 a 7. Este estudio es fundamental para determinar la caracterización del éxtasis místico, como veremos en el apartado siguiente.

Si las excitaciones anteriores favorecen la atención, lo mismo ocurrirá con la memoria, que, según Wundt, no es más que una aptitud general a la renovación de las representaciones. En la representación de lo que debe ocurrir, cuando la atención es suficientemente intensa, el tiempo de reacción puede ser nulo o negativo, es decir, que la reacción preceda a la excitación. Hemos llegado al punto en que la atención fuerte, o sea una representación mental intensa, es capaz de determinar una reacción sin excitación previa alguna, y así vemos producirse en sujetos que han sido preparados por medio de la sugestión los mismos fenómenos que se producen en sujetos normales bajo la influencia de la atención.

Esta teoría, unida al estudio del funcionamiento de las llamadas células de recuerdo por Wundt y Ziehen, explican perfectamente y de modo natural las alucinaciones de los místicos. No hay en las operaciones del espíritu ninguna que conmueva de modo tan íntimo la personalidad como la atención, y de ahí que sea considerada como la operación consciente por excelencia. Establecer la línea divisoria que separe el estado normal del patológico es de extrema dificultad, lo mismo que señalar las fronteras que separan la lucidez mental de la locura. Las formas extremas son las que revisten mayores caracteres de objetivación, y, una vez conocidas las modalidades extraordinarias, puede dibujarse el tipo normal, partiendo de polos contrarios. Las enfermedades de la atención ofrecen esta escala de manifestaciones: exageración o *hipertrofia,* disminución o *atrofia* y ausencia de atención. La carencia de atención se observa en la idiocia, demencia o imbecilidad. El segundo grupo está constituido por aquellos casos en que le falta a la atención la energía necesaria para constituirse. Las ideas no son atraídas por ningún núcleo; no hay posibilidad de continuidad en el razonamiento, y las ideas van a merced de un atomotismo sin freno, sin que el sujeto (a veces consciente de tal situación) pueda detener su curso. La fatiga extrema, la neurastenia y el desequilibrio consecutivo a cualquier forma de agotamiento ocasionan la atrofia de la atención. En la *hipertrofia* se da el caso de un predominio *absoluto* de un estado o grupo de estados de conciencia que monopolizan y absorben en su exclusivo provecho toda la vida mental. Las ideas fijas y el *éxtasis* son casos típicos de este género [28].

La enfermedad de los místicos se compone de un estado crónico y de accesos, que son los éxtasis. Los accesos naturales no son más que la agudización de un estado nervioso habitual. Cuando el espíritu se ha ejercitado durante mucho tiempo en un mismo objeto y el organismo se ha debilitado, todo cuanto tiene relación con este objeto produce en el espíritu una profunda impresión y le hace perder el *equilibrio* inestable en que habitualmente se encuentra.

Estos accesos tienen una sintomatología que hace que el enfermo note perfectamente cuándo va a sobrevenir el ataque. Lo interesante para nosotros es recoger el hecho de cómo el hábito de la oración produce una verdadera *cronicidad* en estos fenómenos que permite una larga autoobservación que da lugar a la producción de la obra literaria en los místicos escritores.

Si un médico quisiera realmente curar a un extático en un caso de éxtasis natural en el principio de su manifestación, podría realizarlo muy bien ayudándose de la voluntad del enfermo; mas, como han observado los alienistas, resulta muy difícil la curación de cualquier trastorno mental o nervioso cuando ha adquirido esta cronicidad, pues la fuerza del hábito ha llegado a producir verdaderas lesiones orgánicas o una situación patológica que se denomina *período de estado*.

Todo este ambiente científico y filosófico del siglo XIX produjo una copiosísima literatura de divulgación llena de pretensiones, y en ocasiones de pedantería. El libro más famoso entonces y verdaderamente representativo hoy de un ambiente social y literario fue *Degenerescence,* de Max Nordau. Intentó éste en su obra negar el valor del misticismo, criticando sus *formas* inferiores... Para él, misticismo es toda percepción súbita de un sentido escondido u oculto de las cosas, y explica esta percepción por las numerosas asociaciones incompletas que la sensación hace nacer en un cerebro degenerado, produciendo la impresión vaga de que la sensación experimentada

---

[28] En Wernicke: *Grundriss der Psychiatrie* (Teil II. Leipzig, 1896), puede verse la explicación técnica y minuciosa del éxtasis por la atrofia de los centros correspondientes a la asociación de ideas.

tiene una inmensa importancia, pero sin producir pensamientos precisos o eficaces. Otro ejemplo de un razonamiento parecido es la manía psicologicosexual, tan extendida por la literatura contemporánea [29], que ha llevado a muchos autores a hacer crítica de las emociones religiosas mostrándolas en estrecha relación con la vida sexual. Para ellos, la conversión es una crisis de adolescencia y pubertad. Las maceraciones de los santos y la devoción de los misioneros no son más que desviaciones del instinto que impulsa a los padres a sacrificarse por sus hijos. La beata histérica, condenada a una vida anormal, hambrienta de amor, encuentra en Jesús el sustitutivo imaginario de un objeto de amor más terrenal.

Es evidente que en el conjunto de los fenómenos religiosos los hay en relación directa con el instinto sexual; tal ocurre, por ejemplo, con el culto acompañado de ritos obscenos de ciertas divinidades del politeísmo que simbolizan la generación; en algunas manifestaciones del misticismo se dan verdaderos casos de aberración en que el sujeto se siente unido a Cristo con una relación casi carnal.

Pero la generalización basada en estos datos es muy arriesgada. Por un razonamiento semejante se podría llegar a la conclusión de que la religión es una aberración de tipo digestivo fijándose en la adoración de Baco y Ceres, o por las emociones de los místicos cristianos cuando se refieren al alimento de la Eucaristía [30].

La inefabilidad característica del misticismo ha obligado a los autores místicos al empleo de alegorías y metáforas. Como, en cierto modo, toda la vida espiritual religiosa es una manifestación del amor entre Dios y el hombre, en la literatura mística predominan las metáforas de tipo erótico y las referentes al concepto cristiano del matrimonio. Pero esto no es exclusivamente. El místico se ve obligado a servirse de imágenes tomadas de nuestra vida humana; pero el organismo entero se conmueve todas las veces que el espíritu quiere expresar su emoción. Por esto las metáforas extraídas del beber

---

[29]   La obra de Haveloc-Hellis y la gran enciclopedia de Freud han extendido y sistematizado esta doctrina, aplicándola a casi todas las manifestaciones de nuestra psicología.

[30]   Véase William James, *Op. cit.*

y del comer son casi tan numerosas como las referentes a la vida sexual.

«Bienaventurados los que han hambre y sed de justicia, porque ellos serán hartos», dijo Jesucristo, y desde entonces aparecen metáforas de este tipo en la tradición mística. En el Psalmo 42 dice el poeta: *«Mi alma tiene sed de Dios vivo.»*

Santa Teresa, como más atrás puede verse [31], emplea la metáfora del niño mamando para explicar uno de los estados de oración.

San Francisco de Sales describe también de modo semejante los efectos de la oración [32].

De este tipo metafórico son los títulos de ciertos libros devotos, muchas veces sacados a relucir con fines humorísticos, desde la *«Alfalfa espiritual para los borregos de Cristo»*, hasta aquel otro librito de lectura usado en la Nueva Inglaterra y titulado: *«Lait spiritual pour les mourrissons Americains, decoulant des deux mamelles de la Bible, l'Ancien et le Nouveau Testament.»*

La psicología posterior a este ambiente no puede limitarse a conformarse con la posición de Max Nordau ante el problema o con este punto de vista exclusivamente sexual.

Las grandes y sublimes concepciones del misticismo, tan complejas y tan positivas, no pueden ser un resultado exclusivo de condiciones puramente negativas.

Pero esta manera de considerar la cuestión y la fenomenología del misticismo por la psicología moderna es objeto del apartado siguiente de este capítulo.

---

[31] Véase la pág. 31.
[32] *Traité de l'amour de Dieu,* livre VII, cap. I

3.—EL MISTICISMO DESDE EL PUNTO DE VISTA PSICOLÓGICO Y FILOSÓFICO [33]

Para un psicólogo o filósofo, las tendencias religiosas del hombre son un *hecho* del espíritu humano tan digno de atención o quizá más que cualquier otro. El hombre es un *animal religioso,* se ha dicho, y ante esta realidad innegable el psicólogo necesita estudiar el cómo y el porqué de las manifestaciones religiosas en el espíritu humano. Y esta postura realista, y neutra en cuanto al fondo de la cuestión religiosa, no implica una oposición a la religión en sí, ni la negación de ninguno de sus valores.

Hay dos cuestiones diferentes que no conviene involucrar: la naturaleza psicológica de las tendencias religiosas y su significación religiosa son dos problemas de orden distinto. La psicología sólo se propone el estudio de la naturaleza, historia u origen de estos sentimientos; la filosofía podrá plantearse el otro problema de cuál es su importancia, su categoría o su valor.

Anteriormente hemos visto la manera de enfocar la cuestión que tienen los partidarios del que William James denomina atinadamente *materialismo médico;* la psicología moderna, después de comprobar y reconocer la realidad de ciertas relaciones psicofisiológicas, admite, sólo a título de hipótesis cómoda, la dependencia forzosa y universal de los estados de conciencia respecto de las condiciones orgánicas; pero plantea la cuestión desde un punto de vista mucho más elevado y amplio. Puede reconocerse como exactos los *hechos* alegados por el materialismo psicológico; es cierto que Carlyle escribe sus lamentaciones víctima de la autointoxicación que

---

[33] El presente parágrafo es fundamentalmente una exposición extractada de la doctrina contenida en la obra interesantísima de William James: *The varieties of religious experience.* New York, 1902.

le produce un catarro gastroduodenal; pero, esto no obstante, esta explicación positiva de los *hechos,* ¿puede resolver la cuestión de su *valor* espiritual? Todos los estados de conciencia normales o morbosos están condicionados por algún proceso orgánico, y bajo estos efectos se desenvuelve la vida espiritual, lo mismo la del místico que la del escéptico hombre de ciencia. Sería arbitrario e ilógico el invocar las causas orgánicas solamente cuando se trate de un estado religioso de conciencia para comprobar su valor espiritual. El materialismo cree que ciertos estados espirituales tienen una superioridad intrínseca respecto de otros; que solamente algunos nos revelan la verdad. Pero esto es emitir un juicio arbitrario de valoración. Ninguna teoría psicofísica justifica esta preferencia ni la conducta de los autores que creen desacreditar el valor de ciertos estados espirituales con unos cuantos adjetivos o relacionándolos con la locura u otras enfermedades al estudiar el mecanismo de su fenomenología. En la búsqueda ansiosa de la verdad por nuestro espíritu no podemos despreciar el *valor* de ciertos estados de conciencia porque se hayan producido en condiciones más o menos excepcionales. El valor de un pensamiento no puede ser juzgado por esos motivos, y será mayor o menor según el goce íntimo que nos proporcione, por su concordancia y armonía con el conjunto de nuestras opiniones o por la utilidad práctica que nos reporte. Precisamente el gran problema de la vida espiritual para encontrar una norma de conducta estriba en la dificultad de armonizar esos tres sistemas de comprobación del valor de una idea. Lo que nos parece perfecto en el momento de ocurrírsenos va lentamente desmereciendo al ser confrontado con el resto de nuestra experiencia vital. Los momentos de iluminación o inspiración (casos de verdadero misticismo) son contadísimos en la vida del espíritu. Hay hombres que se fían, sobre todo, de estos momentos excepcionales; otros que prefieren apoyarse en el valor medio de los resultados prácticos. El genio ha sido explicado patológicamente por diversas teorías; pero esto no ha servido para valorar sus obras. En las ciencias naturales o mecánicas nadie se ha preocupado del estado patológico del investigador para valorar su obra. ¿Por qué aplicar otro criterio a la vida religiosa? El valor de la obra de un místico no cambiaría porque se nos probase que su autor fue un ser absolutamente normal.

Resumiendo: la psicología moderna no da valor a los estados de conciencia por el *modo* que hayan sido producidos, sino por sus resultados, y serán de tipo superior siempre que produzcan en nuestra vida espiritual la *iluminación* interior, la satisfacción lógica y la fecundidad práctica.

La Teología dogmática ha tomado su criterio para la determinación de la verdad la *procedencia* de ésta. Todos los orígenes posibles han sido invocados para garantir las distintas opiniones religiosas: la intuición inmediata, la autoridad del Papa, las relaciones sobrenaturales, profecías, etc. Esta es la posición dogmática; pero el *materialismo médico* no es más que otra clase de dogmatismo. Toda la argumentación basada en el origen patológico de la Religión no tiene valor más que dirigida contra el dogmatismo partidario del origen sobrenatural y cuando se discuta la cuestión de *origen*. Pero hasta los más conspicuos partidarios de la doctrina patológica se ven forzados a reconocer que queda en pie un último problema. Así se expresa Mandsley [34], al llegar a fijar sus conclusiones: «¿Con qué derecho podemos creer que la Naturaleza está obligada a realizar su obra solamente por medio de espíritus normales? Puede encontrar ella en un espíritu incompleto un instrumento más conveniente para realizar algún designio particular. Lo que importa es la realización de la obra y las cualidades que permitan al obrero llevarla a cabo.»

Claro es que hay muchos casos de visiones, convulsiones, éxtasis y otros fenómenos extraordinarios absolutamente estériles y desprovistos de valor y consecuencias bajo ningún aspecto. Esta cuestión también se la plantea la Teología dogmática, y ya hemos visto cómo la vida espiritual, para el teólogo, se desenvuelve en una perpetua lucha entre el espíritu diabólico y el divino, y precisamente uno de los fines de la *Mística doctrinal* es dar las normas para distinguir los fenómenos del estado de gracia verdadera, de las infecundas o perniciosas mixtificaciones diabólicas.

A pesar de todo lo que llevamos expuesto, el estudio de

---

[34] H. Mandsley: *Natural Causes and Supernatural Seeming,* 1886, pág. 257.

los casos patológicos ha producido grandes rendimientos científicos. El caso patológico ofrece la ventaja de aislar ciertos elementos de la vida mental, lo que permite observarlos en sí mismos y separados de lo que les rodea normalmente. Para llegar a comprender bien un fenómeno es preciso considerarlo aislado y en un medio normal y estudiar el conjunto de la serie completa de sus variaciones. Así, el estudio de las alucinaciones y de las ilusiones de la sensibilidad ha proporcionado a los psicólogos la clave para la comprensión de la percepción y de la sensación normales. Y así como el estudio de las impulsiones morbosas denominadas ideas fijas ha iluminado profusamente la psicología de la voluntad normal, así el estudio de las obsesiones e iluminaciones del espíritu ha producido un beneficio semejante en la teoría de la creencia. Así llegamos a la conclusión de que la combinación de una inteligencia superior con un temperamento neuropático es quizá la condición más favorable para llegar a ser un genio de los que guían e iluminan la marcha de la Humanidad. Aplicando esta misma observación a los fenómenos religiosos, nos encontramos con que la melancolía, el éxtasis o cualquier otro fenómeno de la vida mística constituye cada uno un caso especial perteneciente a las variadísimas manifestaciones de la experiencia humana. El éxtasis, aunque sea religioso, es el *éxtasis* y no pierde su valor porque reciba tal calificativo, y, en resumen, reconociendo la existencia de un mundo superior, del cual pudiese proceder la inspiración religiosa, no existe ninguna repugnancia lógica para admitir la posibilidad de que una de las condiciones requeridas para recibir tal inspiración fuese la de ser neurópata.

Este es el punto de vista empirista y ecléctico de la psicología moderna en el problema del *valor* religioso del misticismo; pero, lo mismo que el dogmatismo teológico, tiene la psicología moderna su cuadro expositivo de los hechos de la vida mística espiritual.

Las características del misticismo, según la psicología, son fundamentalmente cuatro: *inefabilidad, intuición, inestabilidad y pasividad* [35]. Estas cuatro características están comprobadas,

---

[35] Véase William James, *Op. cit.*

no sólo por la psicología experimental moderna, sino también, y coincidiendo en esto con ella, por la Mística religiosa tradicional, que en sus experiencias consigna de una manera persistente esas notas distintivas del misticismo.

INEFABILIDAD es la imposibilidad de expresar exactamente las sensaciones percibidas durante el estado místico. La dificultad para hacer comprender ciertos estados de ánimo (por ejemplo, el enamoramiento, la anestesia) a quienes no han pasado nunca por ellos es algo semejante a la inefabilidad del místico. Si esa dificultad de exposición existe aun para aquellos estados de conciencia que se dan en el hombre con relativa frecuencia, casi llega a la imposibilidad, cuando se refiere al éxtasis místico, para comprender el cual hay que aludir a sensaciones inimaginables e inusitadas. En uno y otro caso el sujeto tiene que hacer su descripción por referencias y comparaciones, y de aquí nace el lenguaje peculiar de la Mística, que es un verdadero ramillete de metáforas, tanto más frecuentes cuanto mayor es la imaginación poética y el vigor descriptivo y realista del místico. Estas metáforas giran siempre alrededor de contado número de imágenes utilizables para el fin propuesto. El predominio de las de tipo erótico ha contribuido, como vimos en el apartado anterior, a difundir entre el *materialismo médico* la idea de que el misticismo puede explicarse por desviaciones patológicas del instinto sexual.

INTUICIÓN.—El entendimiento humano puede lograr el conocimiento por el mecanismo paulatino del raciocinio o por una iluminación súbita, especie de adivinación inspirada en que la inteligencia alcanza las cumbres de la certidumbre, inmediatamente y sin un esfuerzo continuo y prolongado de la razón. Pero hay en la Filosofía otros varios problemas, además del religioso, alrededor de los cuales han girado perpetuamente los esfuerzos de la inteligencia humana. También por intuición se han propuesto soluciones para ellos, y por esto es por lo que el misticismo ocupa un lugar en la historia del pensamiento. No sólo porque muchos autores místicos se han visto obligados a construir alrededor de su solución intuitiva del problema religioso un verdadero sistema en que se tratan todos los aspectos del organismo de la filosofía (ontología, ética, lógica, etc.), sino porque el estudio de la intuición, como fenómeno humano, prescindiendo de la revelación, ocupa un lugar tan importante como el escepticismo en la historia de los grandes esfuerzos del hombre en su lucha por la verdad y en la que nuestra inteligencia parece fatalmente encadenada al eterno flujo y reflujo de esa marea que nos arrastra desde el entusiasmo triunfal y semidivino del conocimiento intuitivo a la flaca y mísera realidad del humano escepticismo.

INESTABILIDAD.—Coinciden en esta característica la psiquiatría, el misticismo ortodoxo y la psicología. Los estados místicos no pueden durar largo tiempo. La experiencia mística de las diversas procedencias reconoce que generalmente, al cabo de media hora y excepcionalmente en un espacio de dos horas, el estado místico desaparece para volver a recuperar su imperio el estado normal de la conciencia. Entonces principian las dificultades para recordar y expresar las sensaciones experimentadas; pero es también característico y común entre todos los místicos el hecho de que, al volver a repetirse el éxtasis, se recuerdan y reconocen las sensaciones recibidas en la manifestación anterior del fenómeno, anotándose progresos y aspectos nuevos en cada caso, llegando a conformarse una memoria o continuidad particular 'le la conciencia en esa vida extraordinaria que se manifiesta esporádicamente y paralela a la vida normal del místico.

PASIVIDAD.—También es interesante el considerar, al estudiar esta característica del misticismo, cómo han venido a coincidir, por tan diversos caminos, cuantos se han ocupado de la Mística, en fijarse en la importancia capital del hecho de la *pasividad* del sujeto, atribuyendo este fenómeno al automatismo que engendra el hábito. Para la Mística ortodoxa este fenómeno está íntimamente relacionado con el problema capital de las diferencias entre la Ascética y la Mística. El misticismo es un estado de gracia extraordinario otorgado por la voluntad de Dios. El hombre puede llegar por su propia voluntad al estado de perfección ascética; puede, por la vía purgativa, colocarse en lo que un escolástico llamaría *potencia propinqua* para el estado místico; pero, en definitiva, no es su voluntad la que puede lograrlo.

El psicólogo ha observado que se puede favorecer la pro-

ducción del estado místico por diversos mecanismos; pero es
característico que cuando se ha logrado tal estado de conciencia, el sujeto sienta su voluntad paralizada, y en muchos casos
como dominada por un poder superior. Un hecho fundamental que hemos de tener muy presente en el resto de esta obra
es que la diferencia entre los casos morbosos que se relacionan
con el misticismo y el estado místico que a nosotros nos interesa por sus resultados, consiste en que en aquéllos *el fenómeno no deja huellas en la memoria ni influye sobre la conciencia
normal,* mientras que en los estados místicos propiamente
dichos *no se interrumpe nunca enteramente la continuidad del
pensamiento,* dejan algún recuerdo *e influyen en la vida espiritual
normal del sujeto.*

Fijadas estas cuatro características capitales que, como
hemos visto, han sido tenidas en cuenta por las tres direc-
ciones doctrinales que venimos exponiendo, continuaremos
el resumen de los resultados obtenidos por la psicología moderna al analizar el hecho místico.

En diversos fenómenos de la vida espiritual encuentra la
psicología los gérmenes de la experiencia mística. El profundo
sentido con que se ilumina de pronto una cuestión repetidas
veces considerada, la emoción estética con que la poesía y la
música nos hacen contemplar las vagas perspectivas de una
vida que prolongue la nuestra, son atisbos, que pueden perci-
birse normalmente, de lo que será el estado místico de conciencia. Otro ejemplo es lo que denominan algunos psicólogos
la «ilusión del falso reconocimiento» o sentimiento de lo «ya
visto» [36], que consiste en esa vaga sensación que a veces se
experimenta de haber vivido ya anteriormente el momento
actual, recordando los hechos presentes como presenciados
con anterioridad. Estos síntomas, considerados por los espe-
cialistas como verdaderos *estados hipnoides* (precursores de la
epilepsia) y otros estados provocados, como la anestesia o la
embriaguez, han servido a los psicólogos para lograr la descripción de ciertas sensaciones semejantes a las que se experimentan durante el éxtasis místico. De todo esto se deduce

---

[36] Crichton-Brown, en *The Lancet,* july 1905. Bernard Leroy: *L'Illusion de Fausse
Reconnaissance,* París, 1898.

que nuestra *conciencia normal* no es más que un tipo particular de conciencia separado como por una fina membrana de otros muchos que esperan un momento propicio para manifestarse. Podemos vivir sin llegar a sospechar su existencia; pero, puestos en contacto con el estimulante necesario, nos sorprenderán, apareciendo completos y reales. En tanto que despreciemos estas formas de conciencia, nos será imposible darnos cuenta del universo en su integridad, y acaso ellas tengan su campo de aplicación, que hoy nos está vedado. La dificultad consiste en determinar la manera de poder utilizar estos estados de conciencia, ya que entre ellos y la conciencia normal existe una profunda solución de continuidad. Estos estados subconscientes, que escapan a nuestra determinación, influyen en nuestras acciones y nos abren regiones inexploradas, convergiendo todos ellos en una especie de intuición que no está desprovista de valor metafísico.

Estos estados casi místicos son favorecidos por ciertas circunstancias. Tal ocurre con la contemplación de la Naturaleza, que en ciertos espíritus (por ejemplo, Amiel, Walt Whitman, Fray Luis de León, etc.) produce una especie de sentimiento místico, que algunos tratadistas denominan, con bastante exactitud, estado de *conciencia cósmica.*

Esta *conciencia cósmica* es, sin duda, característica de todos los sistemas del misticismo panteísta.

La psicología, después de considerar estos que pudiéramos llamar casos de misticismo esporádico, estudia también, para extraer conclusiones de tipo científico, las manifestaciones sistemáticas del misticismo religioso, en sus cuatro corrientes principales: la india, la budista, la mahometana y la cristiana.

En el estado que los teólogos denominan *rapto o éxtasis,* la respiración y la circulación son tan débiles, que algunos de ellos han llegando a pensar en la momentánea separación del alma y del cuerpo. Los psiquiatras modernos no ven en estos fenómenos más que estados hipnoides producidos por sugestión o por imitación, teniendo como condición moral la superstición y como condiciones físicas la degeneración y la histeria; pero para el psicólogo, aunque se admita que en la mayor parte ·de los místicos se den estas condiciones patológicas, no modifican en nada el *valor* intrínseco de la revelación, y éste, como ya dijimos, se determina por sus efectos.

Veamos, pues, los frutos que presenta el misticismo religioso. El éxtasis produce efectos muy distintos, según el valor espiritual de cada místico. En unos se manifiesta una especie de estupor o debilidad tal, que llegarían a perecer sin la ayuda ajena. Otros, en cambio, reaccionan, extrayendo de estas revelaciones una energía extraordinaria; tal ocurre con los místicos y santos españoles: San Ignacio, San Juan de la Cruz, Santa Teresa son ejemplos de formidable energía, de actividad maravillosa y de tantas excelsas cualidades *humanas,* que por sus obras, aun cuando no hubiesen sido místicos, aparecerían en la Historia como seres verdaderamente extraordinarios.

El éxtasis místico sirve en estos casos para aumentar la energía, que (según los teólogos) será aprovechada en el bien, si la inspiración es divina, o en el mal, si es diabólica.

Considerando el valor del éxtasis por sus frutos, surge la cuestión filosófica de si el éxtasis puede ser considerado como una prueba de la veracidad de las convicciones teológicas.

En este sentido, el estudio de los místicos (dejando a un lado la descripción de sus visiones) nos muestra entre ellos la existencia de dos grandes corrientes filosóficas: el *optimismo* y el *monismo*[37]. El tránsito de la conciencia normal al estado místico es una evolución desde lo pequeño a lo inmenso y de la agitación al reposo. Así se logra la armonía, la unidad serena, en la que el infinito absorbe todos los límites. Diciéndolo con las inmortales palabras de Fray Luis: «La unidad en la muchedumbre de las diferencias.»

Cuando los místicos rechazan todos los epítetos para describir la verdad suprema, esta negación adquiere un hondo sentido filosófico y encubre una afirmación más profunda. La descripción con términos afirmativos de lo Absoluto siempre sería inexacta e incompleta, porque lo disminuiría. Cuando decimos que lo absoluto es *esto,* puede parecer que negamos implícitamente que sea *aquello.* Una serie de negociaciones nos conduce, en cambio, a la afirmación suprema, porque si lo absoluto no admite determinaciones, no es porque le supe-

---

[37] Véase William James, *Op. cit.*

ren, sino porque el ser suyo, infinitamente superior, es supra-luminoso, supraesencial, supraexistente. Los místicos, pues, llegan a la afirmación suprema por el método de la absoluta negatividad de límites.

Así se expresa el Areopagita, fuente principalísima de toda la Mística cristiana: «La causa eminente de todo lo inteligible no es ninguna de las inteligibles; decimos de ella que ni es alma ni espíritu. Carece de imaginación y de creencia, de razonamiento e intuición; no es ni razón ni pensamiento. No se expresa ni se comprende. No es ni número ni orden, ni grandeza ni pequeñez, ni igualdad ni desigualdad; no está en reposo ni en movimiento, ni en potencia ni en acto. No es vida ni sustancia, ni tiempo ni eternidad. Ella no tiene el pensamiento de sí mismo; no es ni ciencia ni verdad, ni realeza ni sabiduría; ni lo Uno ni la unidad, ni divinidad ni bondad, ni el espíritu tal como nosotros lo conocemos; ni hijo ni padre...

No es ni tinieblas ni luz, ni error ni verdad. Esta causa está por encima de toda afirmación y de toda negación» [38].

Paralelamente a este método de didáctica negativa, en busca de la verdad, se desenvuelve en los místicos un abandono de la voluntad en busca de la perfección. La renunciación a las exigencias del yo, el asceticismo en el camino de la bienaventuranza. Son, pues, dos paradojas, una intelectual y otra ética, los fundamentos de la filosofía mística [39]. El resultado más importante del éxtasis es la desaparición de todo obstáculo entre el individuo y lo absoluto. Por medio de él logramos la percepción de cierta identificación de nuestro ser con el Infinito. Y esta afirmación de la unidad del hombre con Dios es el gran resultado de la experiencia mística en todas las civilizaciones y en todos los sistemas.

En términos generales, el misticismo religioso optimista, o por lo menos desprovisto de todo pesimismo, se opone al naturalismo y cree en la *regeneración* humana y en un mundo sobrenatural.

En cuanto al valor de la veracidad de este sistema, es preciso reconocer que los estados místicos logrados en su pleno

---

[38] Migne: *Patrologie grecque,* t. III, párrafo 572.
[39] William James, *Op. cit.*

desarrollo se imponen con autoridad absoluta a quienes los experimentan. Nada obliga a los ajenos a esta experiencia a aceptarlos sin crítica. Estos estados místicos son contrarios a la autoridad de la conciencia puramente racional, basada sobre el entendimiento y los sentidos; pero nos muestran verdades de un origen sobrenatural, en las cuales podemos creer según estén o no en concordancia con la experiencia de nuestra vida interior.

Es un hecho psicológico evidente que las experiencias místicas producen sobre la inteligencia del sujeto un estado de convicción: él cree porque ha visto. Contra esto no pueden nada las protestas del racionalismo. Se podrá recluir al místico en un manicomio; pero será imposible modificar su espíritu, que cada vez se afirmará más en su creencia. El místico está en posesión de la *fe,* cuya fuerza es reconocida en toda manifestación vital.

El místico no puede tener la pretensión de obligar a creer en sus revelaciones. Desde el punto de vista lógico, el argumento capital del místico para llevar la convicción a nuestro ánimo es la *unanimidad* en las conclusiones del misticismo; pero esta unanimidad es muy discutible. Hay grandes variedades doctrinales dentro del misticismo. Las dos notas antes señaladas, panteísmo y optimismo, presentan algunas discrepancias. Los místicos españoles de las escuelas ortodoxas no son nunca panteístas. Lo indudable es que el sentimiento místico no tiene un contenido intelectual que le sea exclusivamente propio, aliándose a los diversos sistemas filosóficos o teológicos, en cuyo cuadro doctrinal puede encontrar refugio. El misticismo no es una prueba incontestable de la veracidad de una doctrina; es un *hecho* más que contribuye a corroborarla.

Como hemos visto, el misticismo *religioso* no abarca todas las manifestaciones del misticismo, del cual hay casos que caen dentro de los dominios de la neuropatología y que no son propiamente religiosos; ofrece el misticismo, tomada la palabra en sentido lato y vulgar, otras manifestaciones, como, por ejemplo, el *misticismo diabólico,* que es un misticismo *religioso* al revés, que para el teólogo son manifestaciones del poder del demonio y para el neurópata una enfermedad igual, en su mecanismo, al misticismo divino, aunque diametralmente opuesta en su contenido ideológico.

La conclusión capital para la psicología empírica moderna es la afirmación de que la simple existencia de los estados místicos de conciencia acaba con la idea de que los estados llamados normales sean los únicos que tengan valor para decidir de todas nuestras creencias.

Estos estados místicos añaden un valor *inefable* a los objetos ordinarios de la conciencia; son a modo de estimulantes, como el amor o la ambición, e iluminan con su *gracia* lo que ya conocemos, renovando y aumentando nuestra actividad. Para obtener provecho de los datos que nos proporcionen, es preciso usar los mismos procedimientos que en el mundo natural.

Un estado de conciencia, por el hecho de ser *místico,* no le debemos reconocer una autoridad superior; pero las más altas manifestaciones de la vida mística están orientadas hacia el mismo fin a que tienden los sentimientos religiosos del hombre.

Como dice bellamente William James, «El supernaturalismo optimista a que nos conduce podría ser, después de todo, la fórmula más exacta del sentido de la vida».

BIBLIOGRAFÍA DEL CAPÍTULO II

AGUILLO (P.), capuchino.—«Teología ascética y mística». (Barcelona, 1903.)

ANTOLIN (P. G.), agustino.—«El pesimismo y el misticismo». (Boletín Ac. Hist., t. LI, págs. 509 a 517 y 588 a 598; t. LII, páginas 23 a 53.)

ARAUJO (F.).—«El pensamiento místico». (La España Moderna, tomo CLI, págs. 176 a 180, julio 1901.)

ARINTERO (J. G.).—«Cuestiones místicas». (Salamanca, 1916.)
——— «Evolución mística». (Salamanca, 1921.)

BANTHOLMES.—«Histoire critique des doctrines réligieuses de la philosophie moderne». (París, 1855. 2 vols.)

BAVINCK (David).—«The Philosophy of Revelation». (London. Longmans Green et Cie. X + 350 págs., s. a. (1909).

BELOT.—Artículos sobre psicología del misticismo en «Bull. de la Société française de Philosophie». (Janvier, 1906, págs. 35 y siguientes.)

BENSON (R. H.)—«Mysticism». (Londón, 1907.)

BOIS (Henri).—«La valeur de l'expérience réligieuse». (París. Nourry, 1908, segunda ed., 216 págs.)

BONCHITTÉ.—«Notion de Dieu dans ses rapports avec l'imagination et la sensibilité». (Avec rapport par Remussat. París, 1847, 4.º, 140 págs.)

BOUTROUX (Emile).—«La Psychologie du mysticisme». (París, 1902.)
——— «Science et Religion, dans la philosophie contemporaine». (París, Flammarión, 1908, 400 págs. en 8.º)
——— «The Psychology of Misticism». (Trans. by miss Crum, 14 págs., Inter. Journal of Eth., 1892.)

BUTLER (Dom Cuthbert).—«Western Mysticism... Neglected Chapters in the History of Religion». (Londón, 1922.)

CALMEIL.—«De la folie».

CARUS (P.).—«Mysticism». (36 págs., Monist., 17, I.)

CASATI (Alessandro).—«L'esperienze religiosa e il misticismo». (15 páginas, Il Rinnov., 1908, 3.)

CEREZAL (R. P. Dr. Miguel).—«La contemplación adquirida y la obra de Chatel». (La C. de D., t. LXXXI, págs. 631 a 643.)

——— «Estudios ascéticos. El P. Miguel de Santa María». (Ibíd., tomo LXXXII, págs. 592 a 600; t. LXXXIII, págs. 23 a 30, 138 a 145 y 203 a 208.) El P. Santa María fue monje en El Escorial y dejó su «Tratado de la oración», que se estudia en este artículo.

——— «De la oración afectiva». (Ibíd., t. LXXXVI, págs. 203 a 214. Estudio de un ms. de El Escorial.)

——— «El abate Sandreau y su doctrina mística». (Ibíd., tomo LXXXVIII, págs. 431 a 437; t. LXXXIX, págs. 119-125.)

CERVESATO (A.).—«La forza mistica». (Coenobium, agosto y septiembre, 1912.)

COE (G. A.).—«The source of the Mystical Revelation». (14 páginas. Hebbert Journal, 1908, 6.)

——— «The sources of the Mystical Revelation». (5 págs., J. of Philosophy. Psic. and Scient. Met., 6 y 8.)

COUSIN (V.).—«Du Mysticisme». (R. des D. M., 1 août, 1845.)

——— «Du vrai, du beau et du bien». (París, 1860.)

CRESPI (Angelo).—«L'elemento mistico della religione». (16 páginas. Il. Rinnov, 1909, 5. R. di Cultura, 1909, 4, I.)

——— «La vie della fede». (Precede: Paolo Vinci: La conversione di Angelo Crespi. 129 págs., Roma, 1908, 8.º)

CHANDLER (A.).—«Ara Coeli: An essay in mystical religion». (Londón, 1908.)

DELACROIX (Henri).—«Une école de psychologie réligieuse». (Revue Germanique, 1905.)

——— «Essai sur le Mysticisme spéculatif en Allemagne au XIVᵉ siècle». (I vol. en 8.º, París, Alcan. En Collection historique des grandes philosophes, 1906.)

——— «Études d'histoire et de psychologie du Mysticisme». (Les grands mystiques chrétiens, par ..., professeur de Philosophie à la Faculté des Lettres de Caen.—Sainte Thérèse.—Madame Guyon.—Suso.—Le devéloppment des états mystiques; l'expérience mystique. París, Alcan, 1908. En Bibliothèque de philosophie contemporaine.)

——— «Note sur christianisme et mysticisme». (Discusión: Norero, Delacroix, Assagioli, Bovet. II págs., R. met. mor, 1908, 6.)

DEL GRECO (Francesco).—«La psicologia del genio e i grandi mistici». (Riv. di psicol. appl., 108, págs. 472 a 489.)

DIES (A.).—«Cycle mystique. La Divinité. Origine et fin des existences individuelles dans la philosophie antesocratique.» (París, Alcan, 1909, 116 págs. en 8.º)

DUCHEMIN (M.).—«Le problème réligieux dans la littérature». (Ann. de Phil. Chrét., t. VI, av., septb., 1908.)

ESTIVAL (Abbé d'). — «Conférences Mystiques». 1876.

EUNAPE. — «Vies des sophistes et des philosophes». (París, 1879, en 12.º)

FISKE (J.). — «Myths and Myth-makers». (Londón, 1873.)

FLEMING (William Kaye). — «Mysticism in Christianity». (Londón, 1913.)

FOUILLÉE. — «La morale de la beauté et de l'amour, selon le mysticisme contemporain». (R. des D. M., 15 juillet 1882.)

GUILLET (L.). — «Mystiques et primitifs». (Le Correspondant, 1905.)

GODINEZ (Miguel), S. J. — «Práctica de la Teología Mística». (Madrid, 1903.)

GOERRES (J. J. de). — «La Mystique Divine, naturelle et diabolique». (Trad. par Ch. Sainte-Foi, segunda ed., París, 1862. 5 volúmenes en 12.º)

GOIX. — «La psichologie du jeune mystique». (18 págs., R. de Ph., 1909, 3.)

GONZÁLEZ Y GONZÁLEZ (Emilio) [Pbro.]. — «La perfección cristiana según el espíritu de San Francisco de Sales». (Madrid, 1922.)

GRABMANN (Martín). — «Wesen un Grundlagen der katholischen Mystik». (München, 1922.)

GRASSET. — «La supériorité intellectuelle et la Nevrose». (In Leçons de clinique medicale, 1903.)

GUTIÉRREZ (Fr. Marcelino), agustino. — «El misticismo ortodoxo en sus relaciones con la Filosofía». (Valladolid, 1886.)

——— «Al señor Seisdedos. Réplica acerca de algunos reparos a la obra anterior». (Rev. Agust., t. XII, págs. 338 a 347 y 404 a 417.

——— «Nuevos reparos». (Idem íd., t. XIII, págs. 142 a 152, 193 a 212 y 325 a 348.)

——— «¿Nada hay en las teorías del misticismo cristiano que pueda esclarecerse a la luz de la razón?» (Idem, t. XIII, págs. 97 a 105.

——— «Fr. Luis de León y la Filosofía española del siglo XVI». (Con un prólogo del ilustrísimo P. Fr. Tomás Cámara, Obispo de Tranápolis. Madrid., Gregorio del Amo, s. a., ¿1885? Artículos publicados en la Rev. Ag., t. II, págs. 12 a 25 y 97 a 104. Fray Luis de León, filósofo. Hay segunda ed., s. a. Vid para la cronología de estos estudios el Ensayo del P. G. de Santiago Vela. Adiciones póstumas en la C. de D., t. LXXIII, págs. 391 a 99, 478 a 494, 662 a 667; t. LXXIV, págs. 49 a 55, 303 a 314, 487 a 496, 628 a 643; t. LXXV, págs. 34 a 47, 215 a 221, 291 a 303 y 472 a 486.)

HEBERT (Marcel). — «La forme idéaliste du sentiment religieux». (Deux éxemples: S. Augustin et S. François de Sales. París, Nourry, 1909, 160 págs. en 12.º)

HEPPE (H.).—«Geschichte der Quietistischen Mystik». Berlín, 1875.

HERMAN (E.).—«The Meaning and Value of Mysticism». (Londón, 1915.)

HUC (M. Amadée).—«Nevrose et mysticisme». Art. en Revue de Philosophie, 1 août, 1912.

HÜGEL (Friedrich von).—«L'élement mystique de la réligion de Bideran. Une nouvelle psychologie de l'inconscient». (Ann. de Phil. Chrétienne, t. VII, oct. 1908 y marzo 1909.)

——— «The Mystical element of Religion as studied in St. Catherine of Genoa and her friends». (2 vol., XIII + 466 y 396 páginas en 8.º, Götinguen Vandenhoeck et Ruprecht, 1908.)

ILLINGWORTH (J. R.).—«Personality human and divine». (Londón, 1894.)

INGE (William Ralph).—«Christian Mysticism». (Londón, 1899, quinta ed. en 1921.)

——— «Personal idealism and mysticism». (New-York, 1906.)

JAMES (William).—«The varieties of religious experience». New York, 1902. London, 1904. trad. francesa por Frank Abauzit. París, Alcan, 1908, segunda ed., con Préface d'Emile Boutroux, XXIV + 449 págs. en 8.º Vid. «William James et l'expérience réligieuse», 27 págs., por Emile Boutroux, R. met. mor. 1908. I.)

——— «La volonté de croire». (Trad. por Loys Moulin. París, Flammarion. Bibliotèque de Philosophie scientifique.)

——— «A pluralistic mystic». (Hib. J. VIII, 4 págs. 739 a 759.)

JANET (Pierre).—«Une extatique». (En Bull. de l'Institut psychologique. París, 1901.)

——— «Obsessions et psychasthenies».

JOLY (Enrique).—«Psicologia de los Santos». (Trad. por Modesto H. Villaescusa de la decimosegunda ed. francesa. Herederos de Juan Gili, Barcelona.)

JURIEN.—«Traité de Théologie mystique». (1899. Trae un profundo análisis del quietismo.)

KUHN (B.).—«Vers la vie divine». (141 págs. en 8.º, París. P. Lethielleux, 108.)

LAMBALLE (R. P. E.).—«La contemplation ou Principes de Théologie Mystique». (París, 1912.)

LATTES (Ernesto).—«Il misticismo nelle tendenze endividuali e nelle manifestazioni sociali». (Torino, J. Latter et Cª, 1908, 153 páginas en 8.º)

——— «Manifestazioni mist. collec. Tendenze mist. individ. Pricosi mistichi. Tendenze mistichi moderne».

LEHODEY (D. Vital).—«Los caminos de la oración mental», por ..., abad cisterciense de la Trapa de Bricguebec. (Trad. del francés por una religiosa del Monasterio de San Bernardo, de Málaga. Cuesta, editor, Valladolid. Monasterio Cisterciense de San Isidro, por Venta de Baños. Palencia.)

LELEN (L.).—«La mystique et ses attaches ontologiques». (Ann. de Philosophie Chrét., t. V, oct. 1907, mars 1908.)

LEROY (Bernard).—«Interprétation psychologique des visions intellectuelles». (En Revue de l'Histoire des Réligions, 1907.)

MALAVAL (François).—«Pratique de la vraie Théologie Mystique, contenue dans quelques traités de F. Malaval, de M. Bernières, et de Sainte Thérèse, retouchés ou abrégés». (Liège, 1709, 2 vols.)

MARECHAL (P.).—«La mystique chrétienne». (Revue de Philosophie, jul. a dic. 1912.)

MARTONNE (Alfred de).—«La piété au moyen age». París, Dumoulin, 1855, 8.º)

MAURY (A.).—«Les mystiques extatiques et les stigmatisés». (T. I, página 181 de los Annales médico-psychologiques, année 1855.)

——— «Les hallucinations du mysticisme chrétien; les stigmates et les stigmatisés depuis Saint François d'Asisse». (Rev. des D. M., 1854, 1 nov.)

MERCIER.—«Psychologie». (Louvain, 1892.)

MEYNERT.—«Psychiatrie». (Viena, 1889.)

MOIGNO.—«Les splendeurs de la Foi. Accord parfait de la revélation et de la science, de la Foi et de la raison». (París, 1879, 8.º)

MONTMORAND (Maxime de).—«Psychologie des Mystiques Catholiques Orthodoxes». (París, 1920.)

MURISIER.—«Les maladies du sentiment réligieux». (En Bibliothèque de philosophie contemporaine.)

NAVAL (R. P. Francisco) [C. M. F.].—«Curso de Teología ascética y mística». Madrid, 1926, 4.ª ed.)

OSSIP-LOURIÉ.—«Croyance réligieux et croyance intellectuelle». (París. Alcan, 1908. 175 págs. en 8.º El cap. III, Le mysticisme réligieux et le mysticisme intellectuel.)

PACHEU (Jules).—«Psichologie des mystiques chrétiens. Critique des faits. L'expérience mystique et l'activité subsconsciente». (París, 1911, 314 págs. en 8.º)

PINARD (P. H.), S. J.—«Expérience réligieuse». (Art. public. en el Dictionnaire de Théologie Catholique. París, 1912.)

POULAIN (P. A.).—«Les desiderata de la Mystique». (Etudes du 20 mars 1898.)

——— La Mystique de St. Jean de la Croix.

——— «Les graces d'Oraison», (París, 1926.)

PURRAT.—«La Spiritualité chrétienne». (París, 1921-25.)

PROBST-BIRABEN.—«Mystique, science et magie». (6 páginas. R. Phil., 1908, août.)

RAYMOND (Martín F.), O. P.—Artículo en «Revue des sciences philosophiques et théologiques». (Octubre 1908.)

RECEJAC.—«Essai sur le fondément de la connaissance mystique». (París, 1896, en 8.º Idem 1897 en Bibliothèque de philosophie contemporaine.)

REGIS.—«Psychiatrie». (París, 1909.)

REYNAUD (Jean).—«Terre et Ciel; philosophie réligieuse». (Quinta edición, París, 1864, en 8.º)

RIBET.—«Mystique divine». (2 vols., París, 1890.)

RIO (R. P. Fr. Marcos del).—«Psicología del éxtasis». (La Ciudad de Dios, tomos XCVII, XCVIII, CIV, CV y CVI.)

——— «Ensayo de psicología patológica». (Ibíd., t. XC, página 256.)

RISCHSTATTER (Karl) [S. J.].—«Mystische Gebetsgnaden». (Innsbruck, 1926.)

ROTTA (P.).—«La conscienza religiosa medievale. Angelologia». Torino, Frat. Brocca, 1908, XV + 292 págs. en 8.º)

ROURE (L.).—«En face du fait réligieux». París, Perrín et C.ᵉ 1908, VII + 245.)

ROUSSELOT.—«Les Mystiques espagnols». (Los capítulos de generalidades.)

SALES (Saint-François de).—«Introduction à la Vie Dévote». (París, 1608.)

SAN (P. Lud. de).—«Tract. de Deo uno».

——— «Etude pathologico-théolog. sur Sainte Thérèse». (Rev. Dogma y Razón, 1887.)

SANTÍSIMO SACRAMENTO (P. Fr. Wenceslao del).—«Fisonomía de un Doctor». (1913.)

SAUDREAU (Aug.).—«L'état mystique, sa nature, ses phases». (París. Vic et Amat, 1908. 260 págs. en 16.º. Hay otra edición refundida y aumentada. París, Angers, 1921.)

——— «Les faits extraordinaires de la vie spirituelle». (Etudes, número 5, de enero de 1909.)

——— «La vie d'union à Dieu». (París, Angers, 1909.)

——— «Les degrès de la Vie spirituelle». (París, 1912, 2 vols.)

SCARAMELLI (Giovanni Battista).—«Direttorio mistico, indirizzato ai direttori di quelle anime che Iddio conduce per la via della contemplazione». (Napoli, 1840. 3 vols.)

SCHRIVERS.—«Les principes de la Vie spirituelle». (Bruxelles, 1912.)

SEISDEDOS SANZ (P. Jerónimo).—«Principios fundamentales de la Mística». (Madrid y Barcelona, 1913 a 1917. 5 vols.)

SHARPE (A. B.).—Mysticism: Its true nature and value». (Londón y Edinburgh, 1911.)

SIEBERT.—«Psychiatrie». (Stuttgart, 1887.)

SMEDT (R. P. Boland).—«Notre vie supernaturelle». (1910.)

TONNA BARTHET (Fr. A. M.).—«La idea Cristiana en la Literatura». (Discurso leído en la apertura de curso académico de 1906 a 1907 en el Real Colegio de Alfonso XII de El Escorial. Madrid. Imp. Helénica, 1906. Publ. en La C. de D., t. LXXI.)

UNDERHILL (Evelyn).—«Mysticism, a study in the nature and development of man's spiritual conciousness». (London, 1911. Ibídem, 1923.)
——— «The Mystik Way. A psychological study in Christian origins». (London, 1913.)
——— «The Essentials of Mysticism, and other essays». (London, 1920.)
——— «The Life of the Spirit and the Life of To-Day». (London, 1922.)
VALLGORNERA.—«Mystica Theologia». (2 vols. Turín, 1890.)
VAUGHAN (R. A.).—«Hours with the Mystics. A contribution to the history of religious opinion». (London, 1856, 2 vols.)
WAITE (A. E.).—«Studies in Mysticism». (London, 1906.)
WALLFISCH (J. H.).—«Zum Problem der Mystik. Berührung individueller Erlebnisse». (11 págs. Z. Rel. Ps., 3, I.)
WATRIGANT (Henri).—«Deux méthodes de spiritualité». (Lille, 1900.)
WEYGANDT:—«Atlas de Psychiatrie». (París, 1904.)
WILSON (F. B.).—«The discovery of the soul ont of Mysticism». (Ligth and progress. London. Rider et Son. 28 págs. en 8.º s. a. ¿1908 ó 1909?
WUNDT (G.).—«Psicología». (Traducción de González Alonso.)
ZAHN (Joseph).—«Einführung in die Christliche Mystik». (Paderborn, 1926.)
ZIEHEN.—«Psychiatrie». (Traducción francesa de la tercera edición alemana. Leipzig, 1908.)
——— «Psicología fisiológica». (Traducida de la octava edición francesa por Gonzalo R. Lafora.)

ADICIONES

AEGERTER, Emmanuel.— *Le mysticisme*. Paris. Flammarion. 1952. 250 pp.

ALONSO LOBO, Arturo.— *El P. Arintero, precursor clarividente del Vaticano II. Presentación del P. Aniceto Fernández*. Salamanca, Convento de San Esteban, 1970, 220 pp.

ANGER, Joseph.— *La doctrine du Corps Mystique de Jésus-Christ, d'après les Principes de la Théologie de Saint Thomas. Lettre-Préface du R.P. de la Taille. Huitième édition revue*. Paris, Beauchesne et ses Fils, 1946, X + 522 pp.

ANNUNTIATIONE, Fr. Joannis.— *Consultatio et responsio de contemplatione acquisita nunc primum in lucem edita atque notis criticis aucta cura et studio R.P. Fr. Claudii a Jesu Crucifixo*. Madrid, Suc. de Rivadeneyra, 1927, 136 pp.

ARINTERO, Juan G.— *La verdadera Mística Tradicional*. Salamanca, Convento de San Esteban, 1925, 510 pp.

———— *Las escalas de amor y la verdadera perfección cristiana*. Salamanca, Convento de San Esteban, 1926, 318 pp.

———— *Cantar de los Cantares. Exposición mística*. Salamanca, Convento de San Esteban, 1926, 634 pp.

———— *Cuestiones Místicas. O sea, las alturas de la contemplación y el ideal cristiano*. Salamanca, Convento de San Esteban, 1927, 742 pp.

———— *La Evolución Mística, en el desenvolvimiento y vitalidad de la Iglesia*. Salamanca, Ed. Fides, 1944, 631 pp.

BARUZI, Jean.— *Création religieuse et pensée contemplative*. Paris. Éditions Montaigne. 1951. 239 pp.

BASTIDE, Roger.— *Les problèmes de la vie mystique*. Paris, Librairie Armand Colin, 1931, 216 pp.

BERGSON, Henri.— *Les deux sources de la morale et de la réligion*. Génève, Éditions Albert Skira, 1945, 305 pp.

BONNEFOY, Jean-Fr.— *Une somme bonaventurienne de Théologie Mystique: le «De Triplici Via»*. Paris, Librairie Saint-François, 1934, 183 + I pp.

BONNIOT, P. de S. J.— *Le miracle et les sciences médicales. Hallucination. Apparitions. Extase. Fause Extase.* Paris, Didier et Cie., 1879, IV + XI + 403 pp.

BOYLAN, Eugène.— *Les étapes de l'oraison mentale. Traduit de l'anglais par le P. Jean Minéry, S. J.* París, Ed. Alsatia, 1949.

BREMOND, Henri.— *Introduction à la philosophie de la prière (Textes choisis).* Paris, Bloud et Gay, 1929, IV + 364 pp.

BRENNINKMEYER, A.— *Traitement Pastoral des Névrosés. Introduction du Docteur René Biot.* Paris, E. Vitte, 1947, 147 pp.

BUTLER, Bishop.— *The analogy of religion natural and revealed.* London, Published by J.M. Dent, XXXIV + 280 pp.

BUTLER, Dom Cuthbert.— *Western Mysticism. The Teaching of SS. Augustine, Gregory and Bernard on Contemplation and the Contemplative Life. Second edition with Afterthoughts.* London, Constable, 1951, LXIII + 242 pp.

CASTRO Y CALVO, José María.— *Antología de la poesía eucarística española.* Barcelona, Facultad de Fiosofía y Letras, 1952, 267 pp.

CILVETI, Ángel L.—Introducción a la mística española. Madrid, Cátedra, 1974.

CLARK, James M.— *The great german mystics Eckhart, Tauler and Suso.* Oxford, Basil Blackwell, 1949, VII + 121 pp.

COHEN, Gustave.— *La grande clarté du Moyen-Âge.* New York, Éditions de la Maison Française,. 1943, 225 pp.

CHEVRIER, Georges.— *L'Église et la théosophie. Conférence faite le 6 mars 1921, au Siège de la Société Théosophique.* Paris, Publications Théosophiques, 1921, 29 pp.

DANIELOU, Jean.— *Le mystère du salut des nations.* Paris, Éditions du Sauil, 1948, 143 + I pp.

DHONT, René-Charles.— *Le problème de la préparation à la grâce. Débuts de d'Ecole Franciscaine.* Paris, Aux Éditions Franciscaines, 1946, XIV + 332 + I pp.

EQUIPO DE TEÓLOGOS Y PSIQUIATRAS.— *L'Ascèse chrétienne et l'homme contemporain.* Paris, Les Éditions du Cerf. 1951, 367 + I pp.

EYPERNON, Fr. Taymans d'.— *La Sainte Trinité et les Sacraments.* Paris, Desclée de Brouwer, 1949, 163 pp.

FARGES, Albert.— *Les phénomènes mystiques distingués de leurs contrefaçons humaines et diaboliques. Traité de théologie mystique d'aprés les principes de Sainte Thérèse.* Paris, Librairie Saint Paul, 1923, 2 vols.

FELICE, Philippe de.— *Poisons sacrés ivresses divines. Essai sur quelques forme inferieures de la mystique.* Paris, Éditions Albin Michel, 1936, 395 + I pp.

FESTUGIÈRE, A. J.— *Contemplation et vie contemplative selon Platon.* Paris, Librairie J. Vrin, 1950, 493 + I pp.

FROGET, Barthélemy.— *De l'habitation deu Saint-Esprist dans les ames justes. D'après le doctrine de Saint Thomas d'Aquin.* Paris, Lethielleux, 1938, XV + 495 + I pp.

GAUTHIER, R. A.— *Magnanimité. L'idéal de la grandeur dans la philosophie paienne et dans la théologie chrétienne.* Paris, J. Vrin, 1951, IV + 522 + I pp.

GORRES.— *La mystique divine, naturelle et diabolique. Ouvrage traduit de l'allemand par M. Charles Sainte-Foi. Première partie: La Mystique Divine. Tome I.* Paris, Mme. Vve. Pussielgue-Rusand Librairie, 1854-1855. 5 vols.

GRANDMAISON, Leonce de.— *Le dogme chrétien. Sa nature. Ses formules. Son développement.* Paris, Gabriel Beauchesne, 1928, VI + 332 + II pp.

——— *La Religion Personnelle.* Paris, Librairie Lecoffre, 1944, 182 pp.

GUIBERT, Joseph de.— *Études de théologie mystique.* Toulouse, Éditions de la Revue d'Ascétique et de Mystique et de l'Apostolat de la Prière, 1930, VIII + 320 + I pp.

——— *Theologia spiritualis ascetica et mystica. Quaestiones selectes in praelectionum usum. Editio tertia.* Romae, Apud Aedes Universitatis Gregorianae, 1946, X + I + 488 pp.

——— *Leçons de théologie spirituelle.* Toulouse, Éditions de la Revue d'Ascétique et de Mystique et de l'Apostolat de la Prière, 1946. 410 pp.

——— *Lecciones de Teologia espiritual. Versión castellana del P. Luis M. Jiménez Font, S. I.* Madrid, Ed. Fax, 1953, 432 pp.

GUIGNEBERT, Charles.— *Le Christianisme médiéval et moderne.* Paris, Ernest Flammarion, 1922, 323 pp.

HAUSHERR, I.— *Oración de vida, vida de oración.* Bilbao, Mensajero, 1967, 413 pp.

HEILER, Frédéric.— *La prière. Traduite d'après de la 5ͤ. édition allemande par Etienne Kruger et Jacques Marty.* Paris, Payot, 1931, 533 pp.

HEREDIA, Carlos María de.— *Los fraudes espiritistas y los fenómenos metapsíquicos. Segunda parte.* Buenos Aires, Ed. Difusión, 1946, 169 pp.

INGE, W. R.— *Mysticism in Religion.* London, Rider Company, 1969, 222 pp.

JAMES, William.— *L'Expérience réligieuse. Essai de Psychologie descriptive. Traduit avec l'autorisation de l'auteur par Frank Abauzit. Préface d'Emile Boutroux.* Paris, Félix Alcan, 1908, 449 pp.

JESÚS SACRAMENTADO, P. Crisógono de.— *Compendio de Ascética y Mística.* Valladolid, Ed. de la Revista de Espiritualidad, 1946, 379 pp.

JOURNET, Charles.— *Introduction a la Théologie.* Paris, Desclée de Brouwer, 1947, 331 pp.

KNOX, R. A.— *Enthusiasm. A chapter in the history of religion. With special refrence to the XVII and XVIII centuries.* Oxford, Clarendon Press, 1950, VIII + 622 + I pp.

LEGENDRE, Mgr. A.— *Introduction à l'étude de la Somme Théologi-*

que de Saint Thomas d'Aquin. Paris, Librairie Bloud et Gay, 1923, VI + 192 pp.

LERCARO, Cardenal Giacomo.— *Métodos de oración mental. Traducción de Francisco Aparicio*. Madrid, Studium, 1961, 331 pp.

LEUBA, James H.— *Psychologie du Mysticisme Réligieux. Traduit par Lucien Herr*. Paris, Librairie Félix Alcan, 1925, XII + 508 pp.

LEURET, François.— *Les guérisons miraculeuses modernes*. Paris, Presses Universitaires de France, 1950, 264 pp.

LHERMITTE, Jean y varios.— *Reflexôes sobre a Psicanálise*. Porto, Livraria Tavares Martins, 1951, 208 pp.

LHERMITTE, Jean.— *Místicos y falsos místicos. Traducción de Antonio Álvarez de Linera*. Madrid, Studium, 1958, 219 pp.

LOSSKY, Vladimir.— *Essai sur la théologie mystique de l'Église d'Orient*. Aubier, Ed. Montaigne, 1944, 248 + II + VI pp.

LUBAC, Henri de.— *Surnaturel. Études historiques*. Aubier, Paris, Ed. Montaigne, 1945, 498 pp.

MARECHAL, Joseph.— *Études sur la Psychologie des Mystiques*. Paris, Desclée de Brouwer, 1938, 556 pp.

MAUMIGNY, R. de.— *La práctica de la oración mental. Oración ordinaria. Oración extraordinaria. Traducción de la 13ª ed. francesa por A. M. Castresana y Moreno. Prólogo del R.P. Julio Lebreton*. Madrid, Razón y Fe, 1934, 422 pp.

MAURIAC, François.— *Petits essais de psychologie religieuse. De quelques coeurs inquiets*. Paris, Société Littéraire de France, 1920, 114 pp.

——— *L'Homme et le Péché*. Paris, Librairie Plon, 1938, 316 + I páginas.

MENNESSIER, R. P.— *Saint Thomas d'Aquin. Préface et traduction du...* Aubier, Éditions Montaigne, 1957, 288 pp.

MERSCH, Emile.— *Le Corps Mystique du Christ. Études de Théologie Historique*. Paris-Bruxelles. 1951. 2 vols.

MEYNARD, André-Marie.— *Traité de la vie intérieure au petite somme de Théologie Ascétique et Mystique, d'après l'esprit et les principes de Saint Thomas d'Aquin*. Paris. P. Lethielleux. 1924-1936. 2 vols.

MONTALBÁN, Francisco J.— *Manual de historia de las Misiones*. Pamplona, Secretariado de Misiones, 1938.

Mystery and Mysticism. A symposium. London, Blackfriars Publications, 1956, 137 pp.

NAVAL, P. Francisco.— *Curso de teología ascética y mística según las doctrinas de los grandes maestros de ella, San Juan de la Cruz y Santa Teresa de Jesús. Dispuestos para Seminarios, Institutos religiosos, de clérigos y directores de almas*. Madrid, Ed. Coculsa, 1942, 520 pp.

NOLA, Alfonso M. di.— *La prière. Anthologie des prières de tous les temps et de tous les peuples. Préface, choix et notices par...* Paris, Éditions Seghers, 1958, 471 + 11 pp.

OLTRAMARE, Paul. — *La religion et la vie de l'Esprit*. Paris, Librairie Félix Alcan, 1925, III + 232 pp.

PACHEU, Jules. — *Introduction a la Psychologie des Mystiques*. Paris, H. Oudin Editeur, 1901, 140 pp.

PERNOT, Maurice. — *Le Saint-Siege, l'Eglise catholique et la politique mondiale*. Paris, Armand Colin, 1929, IV + 219 + I pp.

PETIT, R. P. François. — *La Spiritualité des Prémontrés, aux XIIᵉ et XIIIᵉ siècles*. Paris, Librairie J. Vrin, 1947, 296 + I pp.

POULAIN, P. Agostino. — *Delle Grazie d'Orazione. Trattato di Teologia Mistica. Versione riveduta dall'Autore sulla settima edizione francese coll'aggiunta di un'Introduzione circa l'attale controversia sulla Contemplazione infusa del P. G. de Guibert, S. J. e di un copioso supplemento alla Bibliografia del P. Scheuer, S. J.* Torino-Roma, Marietti, 1926, XXXV + 710 pp.

PRZYWARA, Erich. — *Teologumeno español y otros ensayos ignacianos. Traducción, epílogo y notas del P. Alfonso López Quintás*. Madrid, Ed. Guadarrama, 1962, 188 pp.

QUERCY, Pierre. — *L'Hallucination*. Paris, Librairie Félix Alcan, 1936, 2 vols.

———— *Les hallucinations*. Paris, Félix Alcan, 1936, III + 178 + II páginas.

RECEJAC, E. — *Essai sur les fondements de la connaissance mystique*. Paris, Félix Alcan, 1897, 306 pp.

ROGUES DE FURSAC, J. — *Un Mouvement Mystique contemporain. Le réveil religieux du pays de Galles (1904-1905)*. Paris, Librairie Félix Alcan, 1907, III + 188 pp.

SAN JOSÉ, Valentín de. — *La inhabitación de Dios en el alma justa*. Madrid, Gráficas Trébol, 1946, 146 pp.

———— *Alegría de morir*. Madrid, Editorial de Espiritualidad, 1954, 503 pp.

———— *Al encuentro de Dios*. Madrid, Artes Gráficas Marto, 1959, 292 pp.

SAUDREAU, Auguste. — *Les degrés de la vie spirituelle. Méthode pour diriger les âmes suivant leurs progrès dans la vertu*. Paris, Charles Amat éditeur, 1920, 2 vols.

———— *La vie d'union a Dieu et les moyens d'y arriver d'après les grands maîtres de la spiritualité*. Paris, Charles Amat, 1921, 395 + V pp.

———— *La piété à travers les âges. Simple esquisse historique*. Paris, P. Téqui, 1927, 701 pp.

———— *Manual de espiritualidade. Traduçào autorizada pelo autor*. Río de Janeiro, Bello Horizonte, S. Paulo, Livraria Alves, 1937, 267 + II pp.

SAUDREAU, Mgr. — *La spiritualité moderne. Progrès de la doctrine dans les cinq derniers siècles*. Paris, Bloud y Gay, 1940, 188 + IV páginas.

SCHEEBEN, M. J. — *Les Mystères du Christianisme. Introduction et*

Traduction par Aug. Kerkvoorde, Bruges. Desclée de Brouwer, 1947, XXIX + 841 pp.

SCHRIJVERS, José.— *Los principios de la vida espiritual. Traducción del francés por el R. P. Andrés Goy. Con una reseña biográfica del autor por el R. P. Raimundo Tellería.* Madrid, Ed. del Perpetuo Socorro, 1947, XLVII + 600 pp.

SEILLIÈRE, Ernest.— *Le Péril Mystique dans l'inspiration des Démocraties Contemporaines.* Paris, La Renaissance du Livre, 1918, 180 pp.

SEISDEDOS SANZ, Jerónimo.— *Principios fundamentales de la Mística.* Madrid. Librería Católica de Gregorio del Amo. 1913-1914. 5 vols.

STAEHLIN, Carlos María.— *Apariciones. Ensayo crítico.* Madrid, Razón y Fe., 1954, 406 pp.

STOLZ, Anselmo.— *L'ascesi christiana.* Brescia, Morcelliana, 1944, VIII + 195 + IV pp.

SUMMERS, Montagne.— *The physical phenomena of mysticism. Whit especial reference to tue stigmata, divine and diabolic.* London, Rider and Company, 1950, 263 pp.

TARRAGO, José.— *Breve antología sobre la contemplación no mística y la mística propiamente dicha.* Bilbao, Mensajero, 1926, XVI + 239 pp.

LA TEOLOGIA.— *Mariana nella vita Spirituale. IV settimana de spiritualità promossa dall'università cattolica del S. Cuore. Maggio 1948.* Milano, Società editrice Vita e Pensiero, 1948, 214 pp.

TONQUEDEC, José de.— *¿Acción diabólica o enfermedad?. Traducción de Pedro Meseguer.* Madrid, Razón y Fe, 1948, 236 + I pp.

TRUHLAR, Carolus.— *De experientia mystica.* Romae, Pontificia Universitas Gregoriana, 1951, 252 pp.

TRUHLAR, Carolus Vladimirus.— *Structura theologica vitae spiritualis. Editio secunda recognita.* Romae, Apud Aedes Universitatis Gregorianae, 1961, 219 pp.

UNDERHILL, Evelyn.— *The golden sequence. A fourfold Study of the Spiritual Life.* London, Methuen y C° Ltd., 1932, XII + 193 + I pp.

———— *Worship.* London, Nisbet, 1948, XXIII + 350 pp.

URS VON BALTHASAR, Hans.— *La prière contemplative. Traduit de l'allemand par Robert Givord.* Bruges, Desclée de Brouwer, 1959, 329 pp.

VÁZQUEZ DE MELLA, Juan.— *Filosofía de la Eucaristía.* Barcelona, Eugenio Subirana, 1928, 172 pp.

VULLIAUD, Paul.— *La fin du monde. Préface de Mircea Eliade.* Paris, Payot, 1952, 225 + II pp.

ZAEHNER, R. C.— *Mysticism sacred and profane. An Inquiry into some Varieties of Praeternatural Experience.* Oxford, At the Clarendon Press, 1957, XVIII + 256 pp.

CAPÍTULO III

CUADRO GENERAL DE LA LITERATURA MÍSTICA Y POSIBILIDADES HISTÓRICAS DE CONTACTO ENTRE LA MÍSTICA ESPAÑOLA Y LA MÍSTICA UNIVERSAL

1.—MÉTODO DE EXPOSICIÓN

Absurda pretensión sería la de trazar en este capítulo la historia de la literatura mística universal. No es ese mi propósito, pues sólo intento exponer en esquema cuáles han sido los grandes focos del misticismo, tomando este vocablo en su sentido lato, procurando señalar su árbol genealógico y fijando las *posibilidades* históricas de contacto mutuo que nos muestra la historia externa de la literatura mística.

En dos grandes secciones, atendiendo a su contenido, ha de dividirse la literatura mística: el misticismo que pudiéramos denominar esporádico o profano y aquel otro que ha sido cultivado metódicamente como un elemento constitutivo de la vida religiosa. Dentro de estas dos grandes agrupaciones podría emprenderse la historia interna de las doctrinas místicas, clasificándolas por su sistema interior. En este sentido, aunque no es tal nuestro plan, veríamos que los místicos religiosos, coincidiendo todos en considerar como elemento fundamental de su especulación la doctrina revelada y el poder inefable de la Gracia, ofrecen variedades que convierten el panorama de la mística doctrinal en algo semejante al que ofrece la historia de la filosofía: unos místicos son ontólogos o metafísicos; otros prefieren la observación interior psicológica. En sus resultados, unos son analíticos, otros sintéticos y armónicos, sufriendo todos, en suma, las influencias del ambiente filosófico en que se educan y de las doctrinas y sistemas elaborados por la mente humana.

La exposición rigurosamente cronológica del misticismo religioso nos obligaría a tratar primeramente de la mística india; después, de las construcciones místicas de la filosofía clásica; luego, del misticismo cristiano, y, en último lugar, de la mística mahometana. Por razones de claridad en la marcha expositiva de este libro he alterado este orden, y teniendo en cuenta que, si bien la tradición cristiana, con la cual entroncan nuestros místicos, es anterior al mahometismo, en cambio las grandes manifestaciones místicas de los pueblos semíticos en España son cronológicamente anteriores a nuestra mística del siglo de oro, y conviene dejar de antemano fijada su evolución para poder tratar de la existencia o no existencia de relaciones mutuas. Por otra parte, era preciso, para ver con nitidez el cuadro de la mística medieval, exponerle inmediatamente después de hablar de la filosofía griega y del misticismo alejandrino, dejando a un lado el grupo de la mística semítico-oriental, a la cual se puede así aludir, con conocimiento de causa, en el curso ulterior de la exposición.

La demostración de muchas afirmaciones hechas en este capítulo le convertirían en un libro, y por eso me remito a la bibliografía, citada en cada caso en nota, en la que puede comprobarse la exactitud de estas aseveraciones.

Por vía de apéndice lleva el presente capítulo una bibliografía, que creo bastante completa, de las ediciones y traducciones de obras publicadas en nuestra patria hasta el año 1500, y que pueden ofrecer interés para el estudio del ambiente intelectual de todo el período en que el fervor religioso de los españoles se *nutría todavía* con obras cuya procedencia extraña en gran parte, nos prueba la necesidad de exponer en este capítulo el cuadro de la Mística universal en su más amplio sentido, y cuyo contenido, sin duda, influyó en ese momento prodrómico en que, lenta y calladamente, se iba elaborando el sentimiento místico, que ardientemente se manifestó poco después.

LOS LIBROS
DE LA MADRE
TERESA DE IESVS
fundadora de los monesterios
de monjas y frayles Carmelitas descalços de la primera regla.

En la hoja que se sigue se dizen los li-
bros que son.

EN SALAMANCA.
Por Guillelmo Foquel.
M. D. LXXXVIII.

2.—LA MÍSTICA INDIA

La primera doctrina de la India fue el politeísmo, que inspiró los himnos llamados vedas. Luego del politeísmo védico, el pensamiento indú pasó al panteísmo brahmánico. Primeramente, los numerosos dioses se agruparon bajo tres dioses soberanos; después aparecen tras de éstos la gran Alma (atma), que obra por mediación de ellos y anima todas las cosas; su órgano es el Sol. Finalmente, tras del Sol y de la Luz, aparece una potencia ideal, a la que se da el nombre de oración o palabra santa: Brahma. La India pasó del naturalismo al panteísmo y a la doctrina de la emanación, que hace salir de Dios a todos los seres como una fuente universal, sin admitir distinción absoluta entre ellos. Más adelante distinguieron en el ser infinito la fuerza que crea y la fuerza que destruye. Así, frente a Brahma aparece el dios destructor Siva, por cuyo influjo el mundo sería destruido bien pronto si no existiese otra fuerza reparadora que le preserva: Vishnú. Brahma, Siva, Vishnú, representan la creación, la destrucción y el renacimiento y constituyen la trinidad o trimurti india. Esta doctrina de las tres potencias divinas origina la de las encarnaciones. La intervención de Vishnú penetra en todas las cosas, se convierte a sí misma en criatura y nace de edad en edad para defensa de los buenos. Estas teorías se completan con la de la transmigración de las almas, según la cual el alma, principio de la vida, es indestructible y no hace más que cambiar de condición exterior, la cual se determina por el valor propio de cada alma, siendo, por tanto, el mérito y el demérito morales la única ley del Universo, lo cual da un gran contenido moral a la doctrina brahmánica. Ésta, sin embargo, está viciada por la doctrina de las castas, inventada por una política sacerdotal para justificar el despotismo de los brahmanes. Más adelante, contra esta doctrina de las castas, surge la doctrina budista, desarrollando todos los principios de humanidad y fraternidad que estaban en germen dentro del brahmanismo. La transición entre el brahmanismo y el budismo está representada por una filosofía independiente de esta metafísica religiosa que acabamos de aludir. Esta filosofía es la que precedió a la reforma del Buda y la preparó.

Los primeros sistemas filosóficos fueron simples comentarios de los vedas; después, como veremos que pasa en otras religiones, fue lentamente la especulación filosófica emancipándose de la teología brahmánica, dando origen a una serie de sistemas verdaderamente maravillosa, en la cual se encuentran representadas casi todas las teorías que ha excogitado la mente humana. Las principales doctrinas o sistemas de la Filosofía india son seis, que en sánscrito se denominan Darsanani o teorías. El sistema de Kapila, de Patandjali, de Gotama, de Kanada, de Kjaímini y de Viasa; denominándose cada uno de ellos Sankhya, Yoga, Nyaya, Veiçésnikam, Mimansa y Vedanta. De estos sistemas, los cuatro primeros son puramente filosóficos y no deben nada a la revelación ni a los libros sagrados, mientras que los otros dos no son más que un desenvolvimiento de los principios teológicos contenidos en los vedas. Por esto, Colobreooke ha creído oportuno dividir los sistemas indios en dos clases: ortodoxos y heterodoxos. El sistema Sankhya tuvo por fundador a Kapila, personaje fabuloso a quien se supone hijo de Brahma y encarnación de Vishnú.

El sistema de Kapila distingue tres fuentes de conocimiento: la perfección, la inducción y el testimonio. El conocimiento puede aplicarse a veinticinco principios, que constituyen el principio de la ciencia y que la agotan. Estos veinticinco principios son: primero, la naturaleza; después, la inteligencia; en seguida, las cinco partículas sutiles que constituyen la esencia de los cinco elementos: la tierra, el aire, el fuego y el éter; los once órganos de la sensibilidad, la consciencia y, finalmente, los cinco elementos mismos. A estos veinticuatro principios hay que añadir el alma individual, que Kapila sitúa en el último rango, como situó la naturaleza en el primero. En el sistema de Kapila no aparece todavía la existencia de una inteligencia superior a la inteligencia humana.

En esto es en lo que difiere el sistema de Kapila y el de Patandjali, que admite los mismos veinticuatro principios de Kapila, pero que en el veinticinco sitúa a Dios en vez del alma individual [1].

Esta doctrina está expuesta en un libro titulado *Yoga Sastra* (la regla del Yoga). Esta doctrina de la creencia en Dios es una fuente de misticismo. El Yoga *(Jugum, jungere* en latín) es la unión con Dios, y en el *Yoga Sastra* se trazan todas las fases de la unión con la divinidad, con una precisión y minuciosidad no superadas por ninguna escuela de la Mística heterodoxa posterior. El *Yoga Sastra* se divide en cuatro lecturas, en las que se trata sucesivamente de la contemplación, de los medios de llegar a ella, de las facultades sobrenaturales que otorga y, finalmente, del éxtasis.

El sistema de Gotama, puramente lógico, no interesa para nuestro objeto y, lo mismo que el de Kanada, son muy escasa y fragmentariamente conocidos y no se relacionan con el misticismo. Los otros dos sistemas, el Mimansa y el Vedanta, no son independientes, como estos cuatro primeros, sino que están profundamente sometidos a los vedas y la revelación. El Mimansa se divide en primer Mimansa y último Mimansa, teniendo ambos por objeto el determinar el sentido de la revelación. El primer Mimansa se ocupa de estudiar la ley que prescriben al hombre las escrituras sagradas. El último Mimansa enseña al hombre el concepto de Dios mismo. Bajo esta forma divina o teológica, el Mimansa se conoce por el nombre de Danta (fin de los vedas) y constituye un sistema separado especulativo y distinto del sistema práctico. Por esto se reserva la denominación de Mimansa al primer Mimansa, y la de Vedanta al segundo. Del misticismo de la escuela de Patandjali se deriva la reforma de Sakya Muni, apellidado el Buda, es decir, el sabio.

Sakya Muni jamás pretendió hablar en nombre de la divinidad, ni se consideró más que como un filósofo que por medio de su doctrina metafísica y de su moral realizó la reforma conocida bajo el nombre de budismo, y en su predica-

---

[1]   Sobre la posible influencia de Kapila en la filosofía europea medieval véase más adelante la pág. 108.

ción no se encuentran las supersticiones que después se agregaron a su doctrina. El budismo tiene, sobre todos los otros sistemas de la filosofía india, la ventaja de que se le puede asignar una existencia histórica y de conocerse la vida real de su fundador. Esta doctrina remonta, por lo menos, a cinco siglos antes de la Era Cristiana. Las consecuencias políticas y sociales de la doctrina de Buda predicando la destrucción de las castas y la igualdad de los hombres fueron inmensas en la sociedad india, fundando un orden social totalmente nuevo en los pueblos que adoptaron sus doctrinas. La filosofía del Buda es muy sencilla. En la India toda la religión y todas las escuelas filosóficas, como indicamos anteriormente, creían en la metempsicosis. De aquí las promesas de liberación que contienen todos los sistemas indios, sea en nombre de los vedas o en nombre de la ciencia. Por la ciencia o la piedad, según ellos, puede el hombre sustraerse a esta ley, consistiendo la beatitud en absorberse en el seno de Brahma, o séase Dios. Pero esta liberación, prometida por la religión y la filosofía, no era bastante para satisfacer al espíritu indio. Como Brahma o Dios está frecuentemente confundido con el mundo mismo en las creencias indias, Brahma está sometido, en parte al menos, a sufrir el perpetuo cambio a que el mundo está obligado; por tanto, ser absorbido en Brahma no era bastante para escapar a los peligros y miseria de la transmigración. El único medio de librarse era el aniquilamiento. Esto es lo que Buda vino a enseñar al mundo indio, y esta es la doctrina desoladora, tan opuesta a los instintos más manifiestos de la naturaleza humana, que todavía, bajo el nombre de budismo, reina sobre un considerable número de hombres [2].

El procedimiento para llegar al aniquilamiento o nirvana forma la parte ética del sistema de Buda. El nirvana se consigue por medio de la ciencia, es decir, por el conocimiento ilimitado de las leyes físicas y morales del mundo tal cual es, o también por la práctica de seis perfecciones trascendentales: la

---

[2]   Esta doctrina del Nirvana, como equivalente al aniquilamiento, es la corriente entre los expositores europeos del Budismo. Bournuf, en un artículo de la *Revista de Dos Mundos,* rectificó esta exposición, diciendo que el Nirvana venía a ser la *requies* eterna, la luz perpetua que los cristianos piden para sus muertos. (Véase: Gómez de Baquero, E., *La nueva teosofía,* conferencia. Madrid, 1891, pág. 33.)

3.—EL MISTICISMO SEMÍTICO

Hemos reunido en el presente apartado el misticismo judaico y el mahometano teniendo en cuenta varios motivos de coincidencia histórica, aunque no doctrinal. La influencia del Antiguo Testamento en la Mística universal va ligada en nuestro estudio a la tradición cristiana, de la cual forma parte; la doctrina ecléctica o sincrética de algunos judíos que ocupan un importante lugar en la historia del pensamiento va expuesta al tratar de la doctrina filosófica que les caracteriza; así, Philón es considerado como un neoplatónico, y León Hebreo, estudiado entre los renacentistas que resucitan las enseñanzas del divino Platón. Además, el contacto con España de la doctrina contenida en algunos libros religiosos del judaísmo o en las obras de sus grandes pensadores medievales se verificó sincrónicamente con los siglos de convivencia del pueblo árabe con nosotros, y por esto, al reseñar las vicisitudes del misticismo, puedo entonces recoger lo que interese del panteísmo filosófico judío.

El islamismo no es una religión pagana. Sus místicos pueden ser situados en la misma línea y calidad teológica que los monjes budistas. El misticismo árabe no nace (como el cristianismo de la predicación de Cristo) a consecuencia de las doctrinas de Mahoma. El profeta es un fatalista, y este espíritu es el que anima el Alcorán. Y las consecuencias de esta doctrina no son favorables al misticismo, sino opuestas, pues en vez de estimular a la inteligencia le concede un lugar secundario. Mahoma declara repetidas veces: «Nada de monjes en el Islam; la guerra santa es el monacato del Islam.» Hasta que las circunstancias históricas y el contacto con otros pueblos lo impusieron no surgió el misticismo mahometano.

En Alejandría, como veremos luego, se realiza el enlace de la filosofía griega con la doctrina cristiana, influyendo así, sin solución de continuidad, el pensamiento helénico en los primeros Padres de la Iglesia. En Alejandria también se verifica el contacto del mundo clásico con el mundo oriental, y desde allí se irradian las influencias clásicas sobre la cultura musulmana. Dos judíos helenistas, Aristóbulo y Filón, recogen, respectivamente, las doctrinas de Aristóteles y Platón para fusionarlas con el dogma mosaico. Por otra parte, los esenios y terapeutas introducen en la cultura occidental las ideas religiosas del Oriente: el ascetismo y la doctrina panteísta de la emanación. De este choque surgen el gnosticismo (herejía cristiano-zoroastra) y el neoplatonismo, que luego se difunden por Siria y Persia, unidos a la propaganda cristiana, y cuando el neoplatonismo es perseguido oficialmente, encuentra un refugio en Persia y sus gérmenes producen más tarde las escuelas de Nisibe y Chondisapur.

El mahometismo, como antes dije, es opuesto al misticismo. El contenido filosófico de la doctrina de Mahoma es pobrísimo. No resuelve ni aun se plantea en ella ninguno de los problemas típicos de la Teología: la naturaleza y atributos de Dios, la presciencia y predeterminación de los actos humanos, el libre arbitrio, etc. Es, pues, una teología agnóstica en que se deja un vacío absoluto en las relaciones del alma con su creador, limitándose a la afirmación de un monoteísmo, con un Dios, señor absoluto que premia o castiga, inaccesible al amor humano. Las influencias culturales antes aludidas producen una clase de hombres que no pueden conformarse con la sequedad de esta doctrina, y así es como, al salirse de los angostos límites del dogma, surgen los primeros heterodoxos islámicos. El amor a la cultura de algunos califas contribuyó, sin proponérselo, a este resultado, favoreciendo la difusión de la ciencia griega por las traducciones de Platón, Aristóteles, Porfirio, Galeno, Tolomeo, etc.

La influencia grecocristiana produjo la herejía de los *motáziles* o *cadríes,* cuyo resultado doctrinal es la afirmación de la libertad humana para elegir entre el bien o el mal, a pesar de que el Alcorán parece hacer depender los actos humanos exclusivamente de la voluntad de Dios.

Otra herejía, ligada con la influencia de Zoroastro y con el ansia de libertad del sometido pueblo persa, fue la de los *xiies* o partidarios de Alí, que llegaron a tener enorme fuerza política, fundando dinastías y amenazando gravemente la unidad del Islam. Por necesidades políticas se organizan secretamente, y para justificar su doctrina (que es un sincretismo del dualismo mazdeísta y de las herejías cristianas maniquea y gnóstica) decían interpretar alegóricamente el Alcorán, por lo que estas sectas fueron denominadas *batinies* o esotéricas, por explicar el sentido oculto (batín), *místico,* que yacía bajo la letra muerta de la doctrina alcoránica [3].

Estas herejías teológicas o políticas van ampliando el campo visual del Islam. Al lado de ellas subsistió una corriente puramente filosófica, protegida por algunos califas. Pero como las doctrinas filosóficas eran consideradas como verdaderas herejías, tomaron por esta razón (y por la tradición alejandrina) una técnica *esotérica* que luego ha de influir en el misticismo musulmán.

Mahoma, a diferencia de otros fundadores de la religión, no buscó jamás la perfección ascética. Polígamo, sensual y guerrero, no se preocupó en su doctrina de dar satisfacción a los afectos místicos del sentimiento humano. A pesar de esto y al margen del dogma, surgen verdaderos ascetas que, además de cumplir los ritos alcoránicos, se entregan por devoción a la práctica de la mortificación. Al principio, estos ascetas fueron únicamente peregrinos aislados; después, y a pesar de la prohibición alcoránica, surgieron verdaderos cenobios de ambos sexos, a la manera de los monjes budistas y cristianos. Nos encontramos, pues, ante el ascetismo mahometano organizado religiosamente, del cual ha de surgir en breve la experiencia mística de los sufíes musulmanes. ¿Cuál es el origen de este misticismo? ¿Cuál ha sido su influencia?

Para explicar el nacimiento del misticismo musulmán, dadas su cronología y situación geográfica, dos hipótesis surgen entre los historiadores.

Ante la analogía patente que existe entre el panteísmo extático de los brahmanes y la doctrina de algunos sufíes musulmanes, han supuesto algunos que el misticismo árabe era una

---

[3] Dozy: *Essai sur l'histoire de l'islamisme.* París, Leyde, 1879. Asín: *Algacel. Dogmática,* etc. Zaragoza, 1901.

derivación de la Mística budista o una eflorescencia del espíritu iranio sometido al Islam.

Esta hipótesis vendría a suponer para el misticismo musulmán un proceso semejante al de la transmisión de las fábulas y escritos orientales estudiado por la moderna novelística.

Pero aquí se plantea una compleja cuestión de historia comparada de la Filosofía. A pesar de la aparente antigüedad de la Filosofía india, a partir de los sagacísimos estudios del insigne indianista Barthelemy Saint Hilaire (en el *Journal des Savants,* 1895, pág. 395), son muchos los que creen que los sistemas de la India no son más que un moderno remedo de las grandes escuelas helénicas que a través de Egipto transmitieron al Oriente sus doctrinas. Siguiendo esta hipótesis, el sufismo, colocado geográficamente entre el neoplatonismo alejandrino y el yoga, podría proceder de uno u otro con la misma probabilidad.

Además, hay quien supone, con muy serios fundamentos [4], que el sufismo, en sus orígenes, es un simple caso de imitación, posiblemente consciente, del monacato oriental. Dos son los fundamentos principales de esta tesis: la semejanza o identidad en las ideas místicas y en los ejercicios ascéticos y la comunicación y estrecho contacto entre el elemento cristiano y el pueblo musulmán. Por sólo estos hechos, y sin un análisis interno de las semejanzas, puede sostenerse *a priori* la imitación cristiana, con exclusión de la persa e india.

Cabría suponer, como antes insinuamos, que el extatismo de la escuela yoga, tan parecido al panteísmo sufí musulmán, llegó al Islam a través de la Persia desde el siglo II; pero a esto parece oponerse el análisis minucioso del contenido doctrinal del misticismo árabe, que, según Goldziher [5], procede, en sus primitivos elementos panteístas, del gnosticismo y del neoplatonismo. Además, en los textos sufíes no aparecen citas concretas de Buda o algún asceta indio, en tanto que son frecuentísimas las de Jesús y San Juan Bautista. Este es el estado de la cuestión en lo referente a los orígenes del sufismo musulmán. El contenido del misticismo árabe oriental, fijándonos en su

---

[4] Asín: *Algacel. Dogmática,* etc. 75 sig. 596 *et passim.*
[5] Goldziher: *Neuplatonische und gnostische Elemente im Hadith (Zeitschrift für Assyriologie).*

autor más significado, Algacel, toca los mismos puntos que expusimos al principio de este libro al hablar de la doctrina teológica. El sufismo vino a ser una ciencia metódica desde que los sufíes, a imitación de los jurisconsultos y otros sabios, expusieron por escrito su doctrina. Son clásicos en la materia el Coxairí, el Sahranardi y, sobre todos, Algacel, por su celebérrima *Vivificación de las ciencias religiosas.*

Según los sufíes (no olvidemos que el sufismo fue un *método de vida* antes que una doctrina), todo el que desee practicar el sufismo, debe, ante todo, elegir, para su iniciación, un preceptor instruido. El sufismo es un método práctico para curar las enfermedades del espíritu, y por esto es preciso un experto clínico que dirija la curación. Una vez elegido este director espiritual [6], el neófito ha de someterse a todas las pruebas que le imponga, consistentes en rezos, ayunos rigurosos durante tres días, vigilias, abluciones, aislamiento, etc. Después se verifica un lavatorio para la purificación, rezándose una oración adecuada durante esta operación. Después de esta y otras ceremonias preliminares, el candidato ha penetrado ya en la sociedad sufí y ocupa el primero de los cinco grados por que ha de pasar, o sea el de *aspirante* o *discípulo.* Cada grado tiene una oración peculiar, que se repite durante la permanencia en él. Así, en el primero la oración es: «No hay señor, sino Alá.» Cuando el sufí consigue llegar a la perfecta abnegación, pasa al segundo grado, que se distingue con el nombre de *ciencia,* y al que lo ocupa se le llama *sabio* o *perfecto conocedor de Dios,* pues iniciado ya en la Teología, no se limita al texto externo de la revelación escrita. El tercer grado es el de *identificador,* que es donde empieza a significarse la doctrina panteísta del sufismo. En este grado el velo de lo sensible se descorre, y el sufí penetra en lo más recóndito de los misterios del mundo material y conoce la realidad presente, pasada y futura, advirtiendo que sólo Dios es el ser real, y que toda esencia es una emanación del foco de la esencia divina. A pesar de esta doctrina emanatista y panteísta, como puede verse, el grado de conocimiento aquí alcanzado es paralelo a la *vía iluminativa* de la ortodoxia cristiana.

---

[6] Véase Asín: *Algacel. Dogmática,* etc.

El cuarto grado es el del *amor*, y el sufí se denomina *amante*. La oración propia de este rango, en que se siente el vivísimo deseo de la unión con Dios, es «la muerte, la muerte». Este ansiado momento de identificación con la esencia divina llega por fin, y el sufí puede decir con verdad: «Yo soy Dios», y recibe el nombre de *apasionado*. En este período ya no necesita rezar ni hacer esfuerzo alguno para gozar de tal beneficio. Este grado recuerda al que Santa Teresa explicaba por la *lluvia* divina como modo de oración.

No todos los sufíes profesaron en toda su integridad este sistema panteísta místico, y el sufismo como método de vida se aplicó a las diversas doctrinas de los motacálimes y de los filósofos.

Esta doctrina, elaborada en el Oriente, trascendió a España, en donde la historia del pensamiento musulmán no es más que un trasunto de la cultura islámica oriental, sin enlace alguno con las tradiciones de la cultura indígena.

Durante los tres primeros siglos sigue aquí la cultura un movimiento semejante al de Oriente, por nutrirse solamente de tradición islámica, y por esto, durante este tiempo, sólo hay entre los árabes españoles juristas o filósofos, empezando a apuntar en el siglo III de la hégira los primeros teólogos, en la misma forma de herejías que hemos visto en Oriente. Estas primeras manifestaciones son duramente reprimidas, y la España musulmana es la más ortodoxa de todas las regiones del Islam.

Paralela y simultáneamente al desenvolvimiento del ascetismo musulmán oriental surge también en España una multitud de devotos practicantes, imitadores de las prácticas del monacato oriental y de las de los monasterios mozárabes de Andalucía.

La *escuela-núcleo* del pensamiento filosófico arabigoespañol fue la de Abenmasarra [7], que si bien pertenece a la cultura oriental por su formación, pues no hay medio de enlazar su doctrina con otros precedentes místicos medievales españoles, llevaba sangre española, aunque pertenecía por el parentesco *legal* de la clientela a una familia árabe o berberisca.

---

[7] Asín: *Abenmasarra y su escuela*. Madrid, 1914.

Abenmasarra, perseguido por heterodoxo, tuvo una vida bastante agitada e interesante, de la que no es ocasión de hablar. Sus obras se han perdido totalmente, y sólo vagas noticias del título de dos de ellas han llegado a nosotros: *Libro de la explicación perspicua* (Kitab atabsira) y *Libro de las letras* (Kitab athoruf), que era, probablemente, algún tratado de cábala mística.

A nuestro propósito sólo interesa señalar las fuentes y la influencia de este místico, verdadera clave de la filosofía arabigohispana.

La doctrina de Abenmasarra influyó en la filosofía posterior hondamente, y en vida llegó a formar escuela, teniendo un pequeño núcleo de apasionados adeptos que compartieron con él los trabajos y las persecuciones.

La doctrina de Abenmasarra ha sido reconstituida con magistral perspicacia por el sabio don Miguel Asín, valiéndose de las citas que de ella aparecen en los filósofos posteriores, como Mohidin Abenarabi, el murciano (que en su *Fotuhat* alega varias veces la autoridad de Abenmasarra para sus alegorías panteístas), y estudiando el contenido doctrinal de las fuentes de Abenmasarra que han podido ser identificadas.

La fuente capital del sistema masarrí es la doctrina de Empédocles, que, como casi todos los grandes filósofos y aun podría decirse casi toda la cultura clásica, sufrió una deformación medieval. La doctrina de Platón es conocida a través de la mixtificación alejandrina; los escolásticos y Averroes deforman el sistema peripatético del Estagirita; paralelamente a esto vemos en la literatura cómo la *Crónica troyana* y las leyendas de Dictis y Dares sustituyen a la *Ilíada* homérica. Aun en la tradición de la cultura romana, Ovidio es suplantado por el *Pamphilo* o pseudo-Ovidio medieval, y Virgilio aparece rodeado con una leyenda de hechicero o brujo, tan doctamente estudiada por Domenico Comparetti en uno de los más profundos libros de la erudición moderna. Pues esto mismo sucedía con Empédocles. El Empédocles de Abenmasarra no es el gran filósofo de Agrigento, sino un pseudo-Empédocles, con una biografía fantástica y divertida que le presenta con la fisonomía moral de un sufí musulmán, y cuya doctrina, con vestigios de lo poco que sabe del verdadero Empédocles, es un conglomerado sincrético de neoplatonismo gnóstico, elaborado ya, sin duda, por los pensadores alejandrinos y atribuida al filósofo de Agrigento. La verdadera obra del Empédocles clásico son los tres libros poéticos *sobre la naturaleza* (Περι Φυσεωζ), de los cuales hoy sólo nos quedan fragmentos. Fueron aumentados por la imaginación de estos falsarios, atribuyéndole cinco o seis tratados, entre los que figuraban una *Metafísica, Tratado del alma, Libro de la falsedad de la resurrección espiritual y corporal, Libro de las homilías o sermones ascéticos* y otro libro muy extenso en que exponía su sistema sobre la formación del cosmos y la unión del alma con su propio mundo. Tampoco de esta biblioteca pseudo-empedóclea se conservan más que fragmentos.

Las fuentes del pseudo-Empédocles, determinadas por Asín, son: la idea de Dios expuesta por Empédocles en su Περι Φυσεωζ, los libros del judío Filón, de quien copia, además el esoterismo que reservaba la doctrina para el conocimiento de una minoría de iniciados. Probablemente, la doctrina de Filón debió de llegar al pseudo-Empédocles (como en otros muchos casos que más adelante veremos) a través de otros neoplatónicos posteriores: Plotino, Porfirio y Proclo, que sistematizaron la doctrina del judío helenizante [8]. La teoría metafísica de los tres principios del *todo* es propiamente plotiniana, y también la de las cinco sustancias que forman el mundo inteligible, que es el núcleo de la doctrina pseudo-empedóclea. Esta es la fuente principial del pensamiento de Abenmasarra, doctrina mística que llega a nosotros a través de Abenarabi, que explica el grado místico más elevado, en el que el sufí logra la intuición de la absoluta simplicidad de Dios concebido como UNO; «sin atributos, nombres, acciones ni relaciones ideales que lo determinen, concreten ni multipliquen» [9]. Abenhazam [10] nos transmite otra de las tesis fundamentales de Abenmasarra: «El trono de Dios es el ser que go-

---

[8] Véase Herriot: *Philon le juif.*

[9] Recuérdese la descripción de Dios como algo indefinible hecha por el Areopagita en su texto citado en el capítulo II, y se verá cómo la doctrina de Alejandría, a través de los padres de la Iglesia o de los sufíes musulmanes, llega a producir consecuencias semejantes.

[10] Apud. Asín: *Abenmasarra*, pág. 70.

bierna o rige el cosmos. Dios es demasiado excelso para que se le pueda atribuir acción alguna *ad extra,* que es una consecuencia de la teoría emanatista de las cinco sustancias.

La doctrina de Abenmasarra, que, como dijimos, formó escuela, tuvo sus dos núcleos principales de prosélitos en Almería y en Córdoba. En Almería su discípulo Ismael, contemporáneo de Abenházam, practicó la doctrina y vivió como un asceta a orillas del río Pechina. El jefe del grupo de Córdoba, formado por familiares, como el de Almería, fue Hequem.

El grupo de Pechina, a la muerte de Ismael adquirió enorme importancia, influyendo en las escuelas filosóficas de Almería, y por las predicaciones del místico batiní Abulabás Benalarit se difunde la doctrina hasta Portugal, extendiéndose por el Algarbe, Sevilla y Granada y llegando este movimiento filosófico a tener trascendencia política.

El místico murciano Abenarabi, cuya doctrina ha estudiado minuciosamente el Sr. Asín, y cuya importancia ha crecido enormemente por haberse probado la coincidencia de su escatología con la expuesta por Dante en su *Divina comedia,* también entronca con la tradición masarrí, y sus obras, que tuvieron un éxito enorme en el mundo oriental, hacen retornar, al cabo de cuatro siglos, la doctrina alejandrina del pseudo-Empédocles al lugar de donde surgió.

De un modo semejante a como hemos visto en el pueblo árabe, la especulación filosófica judía, separándose lentamente de los estrechos límites de la religión primitiva, surgió al contacto de las civilizaciones de otros pueblos. Filón de Alejandría (¿30 a. J. C.-41 d. de J. C.?) representa el influjo de la cultura helénica, tomando por esto su doctrina el carácter de un sincretismo grecooriental. Según esta doctrina, Dios ha creado el mundo de la nada (ἐκ μή ὄντων); pero antes produjo el mundo de las Ideas, que sitúa en el Verbo divino (ὁ θεοῦ λόγοσ). La inteligencia humana toma como modelo la del Verbo, y el razonamiento es una *emanación* del alma universal. Los astros son seres inteligibles, compuestos de alma y cuerpo. En todos los entes naturales se dan las cuatro propiedades: *hábito, naturaleza, alma y alma racional.*

Utiliza Filón para elaborar su sincretismo a los estoicos, a Platón, a Aristóteles, la tradición judía y a Pitágoras.

El lazo de unión entre Dios y el mundo son ciertas fuerzas intermediarias, que Filón compara a los ángeles, y que se sintetizan en una esencia fundamental, *el Logos,* vocablo usado por los griegos y que pasa luego a la Kabbala judía convertido en su *Adán Kadmon.*

El misticismo judío se inicia con esta doctrina de Filón y llega a su apogeo en el libro llamado *Zohar* (Spher Ha-Zohar = El libro de la Luz), y que, según Karppe, es una expresión análoga a la de Filón del alegorismo místico.

En Palestina, a semejanza del Egipto, surge la Filosofía entre los judíos y se dividen en dos sectas principales: *fariseos* (separados) y *saduceos.* De los fariseos surgió una escuela ascética, cuyos partidarios se llamaron *essenios* = médicos, como los *therapeutas* o médicos del alma del Egipto y semejantes a los pitagóricos y a los directores de almas del sufismo musulmán. Los fariseos (como los batiníes) establecen una separación entre la ley escrita y la ley oral. La recopilación de esta supuesta tradición oral que, según ellos, arranca de Moisés, es la Mishnah o *Segunda ley,* parte fundamental y más antigua del Talmud. La Mishnah, según los *rabbinos,* fue compilada por Ihudah el Santo (f. 190 d. de J. C.). Este libro fue dividido por su colector en seis partes u órdenes, cada una de las cuales se subdivide en *Masectas* o tratados; cada Masecta, en *Perecks* o secciones, cada Pereck, en Mischnah o Halakas (discusiones).

La Mischnah fue objeto de numerosos comentarios por los discípulos de Ihudah. Hacia fines del siglo III, Rabbí Johanan refundió todos estos comentarios en una obra titulada *Guemarah* (suplementos). Este libro y la Mischnah de Ihudah constituyen el llamado *Talmud de Jerusalén,* del cual no han llegado a nosotros más que cuatro órdenes de las cinco que, según Maimónides, comprendía. El Talmud de Jerusalén no satisfizo las necesidades de las escuelas de Oriente, que le encontraban favorable el cristianismo, y esto dio lugar a otro *suplemento,* que, unido a la primitiva Mischnah de Ihudah, constituye el *Talmud de Babilonia.*

El Talmud tiene mucho más interés filológico y jurídico que filosófico. Es decir, este libro, que contiene la doctrina religiosa de los judíos, no tiene ningún valor filosófico, y es preciso hacerlo constar para comprender que, como observa Munk, el título de filosofía judaica es impropio, pues no existe tal filosofía judía. Ha habido pensadores y filósofos judíos; pero sus doctrinas, relacionadas con la filosofía universal, tiene poco o nada que ver con el contenido del judaísmo. Los judíos han contribuido a transmitir las ideas especulativas del Oriente a la cultura occidental.

El pensamiento judío, como el árabe, surge al contacto de otras culturas. Este contacto engendra la corriente mística, de la cual existen algunos indicios en la literatura talmúdica, y llega a su apogeo en el *Zohar*. En este misticismo, según Karppe, influyeron los essenios, que veneraban el *tetragrama* o nombre infalible del Espíritu Santo por mediación de los ángeles. En el período que va de los siglos VI a XII, el misticismo judío adopta un carácter taumatúrgico, dedicándose más a las especulaciones escatológicas que a las metafísicas.

El fariseísmo representa el paso hacia la especulación racional, de que tan brillantes muestras habían de dar los judíos de España. La doctrina pseudo-empedóclea de origen oriental, que hemos visto influir en la filosofía arábiga hispana, también deja sus huellas en los pensadores hispanojudíos desde principios del siglo XI. Judá Halevi, de Toledo, en su *Cuzarí;* Moisés Benezra, de Granada; Benzadix, de Córdoba (en su *Microcosmos);* Samuel Bentibón y Semtob Benfalaquera utilizan y citan en sus obras la doctrina de las cinco sustancias. Han aparecido algunos fragmentos rabínicos, semejantes a las noticias fragmentarias de la doctrina masarrí, que permiten comprobar entre los hebreos la existencia de los textos del pseudo-Empédocles. También pudiera suponerse una transmisión a través de los árabes, incluso del propio Abenmasarra. La tesis que sostiene Abengabirol en su *Fons Vitæ* de la existencia de una Materia espiritual le hace ocupar un lugar paralelo al de Abenarabi en la filosofía semítica, representando ambos, entre los árabes y los judíos, respectivamente, la supervivencia de una misma doctrina. Los dos, como el pseudo-Empédocles, conciben a Dios como un ser absolutamente simple, cuya esencia es incognoscible y se le representa bajo el símbolo de la luz. Para ambos es la creación un resultado del amor de la voluntad misericordiosa del Uno, y los dos utilizan las mismas alegorías del espejo y del soplo o hálito divino para explicar la producción del cosmos. La pluralidad de materias enumeradas finalmente por ambos autores viene a revelar de un modo definitivo la existencia de una fuente común. La difusión de estas ideas a través de los pensadores judíos puede verse magistralmente expuesta en las *Melanges* de Munk, en donde la vemos aparecer en todas las tentativas místicas o mistizantes de los pensadores judíos, hasta llegar al *Zohar,* cumbre del misticismo hebreo y obra de un judío español del siglo XIII y que ha sido la fuente principal del pensamiento judío posterior [11]. ¿Y estas doctrinas místicas de los semitas españoles han podido enlazar con el misticismo de nuestro siglo de oro?

En Fray Luis de León, gran hebraizante, se ha pretendido ver una influencia *directa* de Maimónides y de Abengabirol [12], y se ha discutido menudamente la cuestión [13]. No es improbable que Fr. Luis conociese a estos autores, aunque solamente un pasaje de sus obras justifique la relación con Abengabirol y ninguno concretamente con Maimónides. Esto no obstante, en Fr. Luis hay influencias lulianas, y, como más adelante veremos, Lulio está profundamente influido por el misticismo árabe.

Nuestra Mística del siglo de oro es la expresión definitiva de la tradición mística cristiana y se enlaza directamente y sin solución de continuidad con los místicos medievales y con la tradición patrística, aunque otras corrientes de pensamiento (el neoplatonismo renacentista, por ejemplo) hayan influido *directamente* en ella.

Por esto, como nada se pierde en la historia del pensamiento, es preciso buscar por otros caminos la posible relación con el misticismo semítico, y ésta aparece, si tenemos en cuenta que la Mística y el pensamiento árabe influyeron grandemente en la evolución de la filosofía escolástica medieval, y solamente a través de los místicos europeos de la Edad Media e incorporadas a la tradición cristiana medieval pudieron

---

[11] Munk: *Mélanges,* 275 y sigs.
[12] Rousselot: *Mystiques esp.,* cap. VI.
[13] Fr. Marcelino Gutiérrez: *F. L. de L. y la Filosofía esp. del siglo XVI.*

llegar a España (salvo lo antes indicado) las doctrinas místico-filosóficas del semitismo, que, a su vez, como acabamos de ver, son transmisión de otra fuente más remota alejandrina, cuya relación directa con la tradición cristiana estudiaremos en el apartado siguiente.

El enlace de la Mística árabe con la Filosofía cristiana es fácilmente probable. Dejando a un lado el caso de Lulio que analizamos en otro capítulo, pronto veremos que éste no fue una excepción, y que si él sufrió este influjo más hondamente, no escapó a él el grupo de filósofos a que pertenece en la historia de la filosofía cristiana medieval.

Desde que Renán en su *Averroes y el averroísmo* afirmó que la introducción de la cultura antigua en Europa, por medio de la escuela de traductores de Toledo, dividía la historia filosófica de la Edad Media en dos partes, nadie duda de la gran importancia del influjo de la ciencia árabe en Occidente. La organización que dio el Arzobispo Don Raimundo a la escuela de traductores de Toledo supone una lenta elaboración previa, traducciones particulares anteriores perdidas y una verdadera peregrinación científica a Toledo en busca del sabor oriental.

Esta comunicación se intensifica con la creación de la escuela, en la cual colaboraron hombres de todas las procedencias: Abelardo de Bath, Hermann el dálmata, Alfredo de Morlay, Gerardo de Cremona, Miguel Escoto y Hermann el alemán, que forman el núcleo extranjero, juntamente con otros nacionales, como Dominico Gundisalvo, Juan Hispalense y árabes y judíos conversos.

Esta influencia en la escolástica europea de las versiones de textos orientales, señalada por Renán, todavía no está bien estudiada. Seguramente un cotejo detenido con los sufíes arábigo-hispanos, como ha observado agudamente el señor Asín, podría ilustrar las concomitancias del panteísmo de Escoto Eriugena con la doctrina de Proclo, que hoy no tiene explicación satisfactoria por la transmisión del Areopagita.

Dominico Gundisalvo influye en la escolástica europea, y su *De Unitate Liber* está inspirado en el *Fons Vitæ* de Abengabirol, cuya relación con el Oriente y el sufismo español acabamos de ver.

Este es el primer eslabón de una cadena de filósofos medievales: Dominico Gundisalvo, Guillermo de Auvernia (m. 1249), Alejandro de Hales (m. 1245), San Buenaventura (m. 1274), Duns Escoto (m. 1308), Rogelio Bacón (m. 1294) y Raimundo Lulio (m. 1315). Algunos de ellos (por ejemplo, San Buenaventura) influyeron profundamente en la formación de nuestro misticismo del siglo de oro, y todos ellos representan una común tendencia dentro del escolasticismo, predominando en sus doctrinas el platonismo sobre Aristóteles y ofreciendo también propensión a confundir en una sabiduría superior y armónica la esfera de la fe con la de la razón, y si todos ellos no son místicos (como San Buenaventura y Lulio), todos exigen a los actos de la razón una cierta iluminación semidivina que les sitúa en las fronteras mismas del misticismo [14].

---

[14] Véase Asín: *Abenmasarra*, etc.

4.—LA FILOSOFÍA CLÁSICA Y EL MISTICISMO

Para un teólogo clásico de nuestro siglo de oro parecería absurdo este intento de buscar el misticismo en el fondo de la cultura pagana. Todas las religiones no son igualmente favorables al desarrollo de los gérmenes místicos que Dios puso en el alma humana. Tal ocurre con el politeísmo griego, y, sin embargo, Grecia tuvo un cierto misticismo que es preciso buscar fuera de la religión. La Mitología, que en Grecia ocupa el lugar de la Teología, excluye el misticismo. Sin embargo, al pueblo griego le tentaba el afán de conocer el porvenir, y para ello acude a las ceremonias de una adivinación grosera. En algunos casos, no obstante, la adivinación·parece superar estas prácticas pintorescas y se acerca algo al misticismo. La crisis de la fe ante las puerilidades de la Mitología hizo necesaria una religión más íntima y secreta, reservada a un círculo de escogidos. Así nacen los misterios, organizados en secreto y en el silencio. Los más célebres fueron los de Eleusis, entre cuyas prácticas se contaba la iniciación paulatina del neófito previa una purificación.

Algunas personalidades religiosas parecen también aproximarse al misticismo: las pitonisas y sibilas dedicadas al culto de una divinidad, haciendo a veces el papel de oráculos.

Pero, a pesar de todo esto, es forzoso reconocer que el misticismo es completamente extraño a la Mitología griega. En Grecia le encontramos después de una larga elaboración debido a la Filosofía y quizá a una doble influencia judaico-cristiana.

Esto no obstante, dentro de la Filosofía griega el pensamiento helénico produce ideas que, desarrolladas más tarde en otro ambiente, son la base y raíz de construcciones místicas sistemáticamente elaboradas.

Ya hemos visto cómo la Filosofía de Empédocles de Agrigento, expuesta en su poema Περιφνεωζ, ofrece doctrinas utilizadas por el pseudo-Empédocles alejandrino, fuente de la mística hispanosemítica.

El gran nombre de Platón, que ejerce un verdadero imperio en el pensamiento universal durante los primeros siglos de nuestra Era, ha de servir de bandera durante todo tiempo a las manifestaciones de casi toda la Filosofía antiperipatética, y con elementos procedentes de su filosofía, mixtificados con otros de muy diversos orígenes, se han construido muchos de los sistemas de la Mística posterior. La propia doctrina de Platón hay momentos en que bordea los límites del misticismo, y los caracteres fundamentales de ella tenían que arrastrar al misticismo a quienes pretendiesen ir más allá en sus conclusiones de donde se detuvo el fundador de la Academia. Después de haber establecido que el objeto de la ciencia es lo *general* y que lo múltiple y lo diverso no es más que una sombra o reflejo de la realidad, Platón se dedica a construir una gran escala jerárquica en la cual la unidad absoluta ocupa la cima, a título de último universal y tiene este mundo de la diversidad y de las variaciones en el que estamos situados.

Cuando la dialéctica de su sistema pasó de manos de Platón a los filósofos de la Decadencia, esta especie de potencia creadora concedida a la lógica produjo necesariamente resultados en apariencia contradictorios, pero que en el fondo no son más que uno: la multiplicación indefinida de los entes, según la mayor o menor sutileza de cada filósofo, y una extremada facilidad para llenar los intervalos por medio de *universales* intermediarios y para producir transformaciones e identificaciones que conducen siempre a las distintas fórmulas del panteísmo. Además, los platonizantes pensaban llegar a la idea de Dios a través de toda esta serie de inteligibles, sin fijarse que esta idea que ellos creían ser un fin era en realidad su punto de partida, pues la habían colocado de antemano como el final necesario de una serie y por la condición misma de este procedimiento dialéctico siempre se les escaparía a su comprensión.

Por esto los neoplatónicos alejandrinos se vieron en la necesidad de imaginar dos mundos distintos, y, sin embargo, necesarios el uno al otro: uno al que consideraron como el verdadero orden racional y que, en realidad, no era más que un producto de la dialéctica; el otro, superior a la razón, sólo podía ser conocido por medio del éxtasis.

La razón, considerada originariamente como existente sin Dios, no podía proporcionar la idea de Dios sin destruirse a sí misma. Esta dificultad fue resuelta de distinto modo por Platón y los neoplatónicos. Platón se detiene en el momento en que va a producirse la contradicción entre la serie que termina y la nueva idea que va a ser engendrada por la potencia del método dialéctico. Percibe el filósofo este *ser* superior al ser, esta unidad anterior a la inmensidad del tiempo y del espacio, en la cual la noción inmediata y la posesión presente de todas las potencias produce la inmutabilidad perfecta y que puede considerarse como la entelequia suprema. Pero Platón no hace más que entreverla como en un sueño, y así, surge el *Demiurgo* del *Timeo,* que existe antes del mundo, que se produce como un reflejo suyo, que discierne, que goza, que gobierna; un Dios, en suma, movible, sea cual sea el principio que rige su movimiento.

Los alejandrinos, por el contrario, le suponen la unidad y la inmutabilidad perfecta; pero esta unidad, superior al ser por la eliminación del ser, en vez de resultar superior a las condiciones del ser infinito, no es más que una concepción abstracta y estéril que corona al edificio arbitrario de la dialéctica, pero que, transportada al mundo, aparece siempre separada de todo lo que es realidad y vida. Los elementos de la Filosofía clásica de Empédocles y Platón se transforman en una doctrina mística en las manos del pseudo-Empédocles y de los neoplatónicos alejandrinos. Las diversas doctrinas místicas que comúnmente se comprenden bajo el nombre de neoplatonismo alejandrino fueron elaboradas por los esfuerzos sucesivos del judío Filón (3 a. de J. C., 50 d. de J. C.), cuyo sistema expusimos anteriormente, y de Plotino (205 J. C.), Porphyrio (232-276), Jamblico y Proclo (412-485). Lo que nos interesa es comprobar su influencia en los Padres de la Iglesia cristiana y principalmente en tres grandes teólogos cristianos que coexisten cronológicamente con ellos y que constituyen el manantial primero de la exposición sistemática o teó-

rica de la tradición cristiana mística posterior. Me refiero a
Clemente Alejandrino (150-220), San Agustín (354-430) y
San Dionisio Areopagita, conocido en la historia de la Filosofía por el *pseudo-Areopagita*. La cuestión del platonismo de los
Padres de la Iglesia ha sido causa de apasionadas controver-
sias. Unos críticos pretenden subordinar la ciencia teológica y
hasta la fe cristiana a la influencia de los platónicos, en tanto
que otros, por defender los intereses de la Iglesia, niegan ro-
tundamente que el cristianismo haya tomado nada de las doctrinas neoplatónicas, considerándolas como opuestas a él.

La discusión se inicia en el año 1700 con la publicación de
la obra de Souverain *Le platonisme devoilé ou Essai touchant le
verbe platonicien* [15].

Esta obra atrajo la atención en un grado muy superior a
sus méritos. Según ella, los Padres, encontrándose continua-
mente en presencia de teorías adversas al cristianismo, se
veían precisados a combatirlas o a conciliarlas con su doctrina.
El medio más simple consistía en explicarlas por la alegoría.
Este procedimiento se adoptó por ambas partes, y así penetra-
ron en el cristianismo las ideas platónicas.

Por otra parte, entre los discípulos de Platón que se habían
convertido al cristianismo había un gran número que no que-
ría renunciar totalmente a sus antiguas doctrinas y buscaba
por todos los medios la posibilidad de una conciliación entre
el platonismo y el cristianismo. El platonismo penetra profundamente en los escritos de los Padres: Justino, Tatiano, Athenágoras, Teophilo, Drineo, Tertuliano, Clemente Alejandrino, Lactancio, etc. están impregnados de ideas platónicas [16].

A esta tesis de Souverain se opuso Baltus [17] defendiendo a
los Santos Padres y probando que no era influencia platónica
sino neoplatónica la que podría en todo caso hallarse en sus
obras. Esta controversia y la cuestión misma ha originado una
bibliografía copiosísima. En los primeros tiempos de la polémica no se llegó a una solución científica; pero el problema se
encontraba planteado y ha podido investigarse profundamente, gracias a los progresos enormes que ha alcanzado en

---

[15] Cologne (Amsterdam), 1700.
[16] Véase Grandgeorge: *Op. cit.*
[17] F. Baltus: *Défense des SS. Pères acussés de Platonisme*. París, 1716.

nuestros días el estudio del neoplatonismo y la exégesis patrística.

En aquella gran crisis espiritual que caracteriza los últimos tiempos del mundo antiguo, en que la Humanidad todavía no es cristiana, pero ya no puede ser pagana, impera un profundo escepticismo y un hastío de todas las cosas, ansias de una nueva norma moral todavía no lograda y un gran agotamiento espiritual genialmente observado por San Cipriano cuando escribía a Demetrio: «Senuisse jam mundum»: *el mundo ha envejecido.*

«Este disgusto de la vida se manifiesta en todos: oradores, poetas, moralistas y filósofos coinciden en afirmar que la vida no merece la pena de vivirse; la conciencia humana se revuelve contra las monstruosas desigualdades de la sociedad, contra el lujo y el despilfarro de las clases ricas, contra la iniquidad de la esclavitud. En esta sociedad que se desmoronaba, los valores espirituales se apartan de la vida activa. El espíritu se repliega sobre sí mismo y un hondo sentimiento de fraternidad humana se va elaborando lentamente, y el exceso de injusticia hace nacer una ardiente aspiración hacia la justicia y la equidad.»

En estas grandes crisis de la civilización surge siempre un sentimiento religioso, y esto ocurrió entonces; los hombres se sentían débiles y desdichados, y, deseando salir de este estado de desolación y de sufrimiento, un ansia de fe se apodera de los espíritus [18]. El antiguo culto no les satisfacía, y entonces se dirigieron a las nuevas religiones de procedencia oriental. Este ambiente fue causa dispositiva para la vigorosa expansión del cristianismo. Al principio, las muchedumbres aceptaban irreflexivamente cualquier novedad, siendo esto la causa de la aceptación que tuvieron los pintorescos cultos de la diosa asiria y las religiones monoteístas de Mitra y Serapis, que ofrecían en sus ceremonias y en sus dogmas algunas relaciones con el cristianismo.

Fue ésta una tendencia general, y ninguna clase social se vio libre de ella, extendiéndose mezcladas con el culto de las nuevas religiones toda clase de supersticiones y el cultivo de

---

[18]   Véase Renan: *Marco Aurelio y el fin del mundo antiguo.*

la magia. Los hombres representativos de la cultura clásica no se avenían a este estado de cosas e intentaron una restauración de la Filosofía; pero su Filosofía, por una presión del ambiente superior a su voluntad, se impregnó de espíritu religioso. «Plotin ne voulut pas obtenir autre chose, en developpant d'une maniere originale et neuve la philosophie qu'il pretendait avoir puisée dans Platon, que le retablissement d'un culte plus ideal de la divinité» [19].

Así, la religión y la filosofía responden a las mismas necesidades y se desenvuelven paralelamente, y, si bien resultaría exagerado afirmar que el neoplatonismo fue casi una religión, es innegable que todo él está animado por un espíritu profundamente religioso. Fue el heredero del helenismo y de la gloriosa tradición luminosa del pensamiento griego, pero en sus manos esta herencia sufrió considerables modificaciones. El éxtasis místico, que es algo fundamental en el neoplatonismo, no es, como hemos visto, de procedencia helénica.

Es cierto, como observa Vacherot [20], que «nous ne voyons ni dans les traités de Plotin, ni dans sa biographie, qu'il ait pris au serieux les pratiques et les ceremonies. Il nie la vertu ordinairement attribuée aux prières, aux invocations, aux sacrifices en ce qui concerne nos rapports avec la divinité. Il repousse la doctrine des Gnostiques sur l'intervention frequente et accidentelle des demons, doctrines conformes a la croyance du peuple et des prêtes et interdit a ce sujet les invocations et les conjurations.»

Esto es exacto refiriéndose a Plotino y aun a Porfirio, su discípulo y continuador en la jefatura de la escuela; pero no lo es ya con respecto a otros sucesores, como Jamblico, que sustituye la vida contemplativa por la teurgia, pretendiendo la unión con la divinidad por medio de prácticas exteriores de oraciones y ritos que suponía revelados a los hombres.

El elemento religioso que contenía originariamente la doctrina neoplatónica se fue desenvolviendo paulatinamente y bajo su bandera se acogieron en el reinado de Juliano el Apóstata los últimos defensores del politeísmo para luchar contra

[19] Amelineau: *Le Gnosticisme*, pág. 63.
[20] *Op. cit.*

la nueva doctrina cristiana, triunfante. Por tanto, el cristianismo y el neoplatonismo, si consideramos la doctrina cristiana en su parte puramente racional o filosófica, tenían un punto de partida común y pretendían un fin semejante. Desarrollándose en el mismo medio social, llegan a conclusiones parecidas. Forzosamente tenían que influir el uno sobre el otro, como nos lo muestra el más ligero examen histórico de la evolución de ambas doctrinas. Su moral es distinta, pues los neoplatónicos no hicieron nunca gran caso de las virtudes prácticas. Se parecen, en cambio, en que para unos y otros el alma debía separarse de todo lo que la sujeta a la tierra, a fin de volver hacia el cielo, su verdadera patria. También la suprema dicha consistía en la unión con el principio primero de los neoplatónicos o con el Dios de los cristianos. Estas son las notas comunes en el punto de partida de ambas doctrinas y en el fin que se proponen; pero hay entre ellas profundas discrepancias en cuanto al procedimiento. Las dos doctrinas admitían una revelación, pero para los cristianos esta revelación sobre la cual se apoyaban era un hecho histórico que había tenido realidad en un tiempo y lugar determinados; para los neoplatónicos, por el contrario, esta revelación concordaba en parte con el orden natural de las cosas o era el término inaccesible de una contemplación mística [21]. Además, para realizar esta unión de lo terrestre y lo divino, el cristianismo, por la doctrina de la gracia, admitía que la divinidad desciende hasta las miserias humanas, mientras que el neoplatonismo, por el contrario, elevaba al hombre hasta la dignidad suprasensible. Las siguientes palabras, tan agudas, de Schopenhauer, resumen cuál es el fundamento racional de todos los sistemas gnósticos de Alejandría: «Son ensayos para suprimir la contradicción que existe entre la producción del mundo por un ser omnipotente, omnisciente y que es la suma bondad, y la triste y deficiente naturaleza de este mundo precisamente.

»Introducen, por tanto, entre el mundo y aquella causa universal una serie de seres intermedios por cuya culpa se ha producido una caída y por ésta después el mundo. Echan, por tanto, como pudiera decirse, la culpa del soberano sobre los

---

[21] Zeller: *Die Philosophie der Griechen*, III, 344.—Grandgeorge: *Op. cit.*

ministros. Naturalmente, este procedimiento había sido ya imitado por la tradición de la caída del hombre, que es verdaderamente el punto culminante del judaísmo. Aquellos seres son, pues, entre los gnósticos, el pleroma, los eones, la hyle, el demiurgo, etc. La serie fue aumentada a placer por cada uno de los gnósticos» [22].

A pesar de los puntos de coincidencia que hemos señalado entre el neoplatonismo y el cristianismo, tenía que entablarse una lucha entre las dos doctrinas. Toda religión cree siempre poseer la verdad, con exclusión de todas las demás. Cuando se intentó basar en el neoplatonismo la resurrección pagana de la filosofía, el cristianismo entabló su lucha, la cual se desenvuelve en condiciones muy diversas por ambas partes. El neoplatonismo, a pesar de su carácter religioso, no era en realidad más que una filosofía sin presentar un dogma cerrado, y siempre sometida a las fluctuaciones de la libre discusión. El cristianismo, aunque se gloriaba de ser una filosofía, según la opinión de todos los apologistas, desde Justino a Tertuliano [23] formaba un contenido dogmático y la unión de los cristianos como Iglesia era mucho más honda que la que la comunidad de sistema producía entre los neoplatónicos. El neoplatonismo tenía su fuerza y su debilidad en que representaba el pasado y era el heredero de todo el helenismo clásico. El cristianismo era una novedad y presentaba la ventaja de ser accesible a todas las clases de la sociedad: para los humildes, que buscaban el consuelo de su miseria y la promesa de un porvenir mejor; para la intelectualidad era a la vez una religión y una filosofía.

A pesar de la lucha entablada entre estas doctrinas, ya queda probado que no eran independientes la una de la otra. La misma discusión sirvió para que se conociesen, y a consecuencia de ella hubo influencias mutuas en su contenido. Así es como el cristianismo sufrió realmente la influencia de la doctrina neoplatónica. Pero no fue sólo por esta causa. La

---

[22] *Apuntes para la historia de la Filosofía,* trad. L. J. García de Luna, pág. 54. Madrid, s. a.

[23] Harnack: *Lehrbuch der Dogmen Geschichte:* «El cristianismo es una filosofía, puesto que tiene un contenido racional y se ocupa en las mismas cuestiones cuya solución investiga la Filosofía; pero no lo es en tanto que proviene de una revelación, es decir, en tanto que tiene un origen sobrenatural.»

acción misma de la literatura contribuyó también considerablemente a ello. El mismo San Jerónimo nos ofrece un testimonio bien patente: «Il suivait alors les leçons de Donat... et celles de Victorin. Il trouvait dans ces deux maîtres l'inspiration de deux écoles, ici le gout pur de la poesie profane, là les traditions de l'eloquence antique mêles à la ferveur chretienne. Luimême confondait tout cela dans sa studieuse ardeur, aimant alors le christianisme plus qu'il ne le connaissait, cherchant le beau langage dans les orateurs, la verité moral dans les philosophes et lissant assez Empedocles et Platon pour en retenir beaucoup de pures maximes qu'il croyait plus tard, disait-il, avoir apprises dans les epitres des apôtres» [24].

Este hecho es preciso señalarlo para comprobar las influencias que venimos persiguiendo, teniendo en cuenta que muchas veces estos Padres de la Iglesia, cuando citan a Platón se refieren realmente a los discípulos alejandrinos que tomaban su nombre. El movimiento que impulsó a los pensadores cristianos a apoyar sus doctrinas con la Filosofía se produce desde el siglo II. Uno de los primeros que sigue esta dirección fue San Justino, mártir, que no conformándose con el conocimiento del Antiguo Testamento para defender su fe, recurre también a los autores griegos, separando lo ortodoxo de lo heterodoxo y utilizándoles para combatir el error, y claro es que la filosofía que brindaba más cantidad de elementos utilizables era la más parecida a la cristiana, es decir, el neoplatonismo, utilizándose también particularmente la doctrina de Platón y la de Filón. A partir de San Justino, mártir, esta tendencia tiene muchos partidarios. Athenágoras, en su *Apología* (Ποεσβεια περί χριστιανῶν) se funda en máximas de poetas y filósofos para refutar el politeísmo. Teófilo reproduce los argumentos de Sócrates y Platón acerca de la unidad de Dios, su invisibilidad, su providencia y sobre la perfección de sus obras. Clemente de Alejandría se muestra favorable a la Filosofía, principalmente a la de Platón, que sirve para llegar más fácilmente a la explicación de las Santas Escrituras. Y no se limita sólo a Platón, pues en su obra se advierte un conoci-

---

[24]   Villement: *De l'eloquence chretienne au 4e siècle*, pág. 33.

miento exacto de Aristóteles, de los estoicos y de Filón [25]. Esta influencia, que se inicia en Clemente, se repite en otros muchos Padres. Así, veremos en *Orígenes* la exposición de la doctrina del logos con arreglo a la escuela de Filón. Es muy interesante señalar esta influencia del neoplatonismo sobre Orígenes, porque a partir de este momento los Padres de la Iglesia griega que se ocuparon de la Filosofía fueron casi todos, y gracias a ellos pudo el neoplatonismo llegar a influir sobre San Basilio el Grande, sobre Nemesio, sobre Sinesio, obispo de Tolemaida, que ya era neoplatónico antes de su conversión al cristianismo; sobre Eneo de Gaza, Juan Philopono, y, principalmente, sobre el pseudo Dionisio Areopagita [26]. Con este nombre hemos llegado a una de las grandes fuentes del misticismo cristiano. Todas las influencias clásicas y orientales que venimos señalando llegan a condensarse en la obra de San Dionisio Areopagita, y a través de ella penetran en toda la tradición cristiana posterior.

Sabido es que hoy no se identifica al autor de estas obras con aquel Dionisio, juez del Areópago, de quien se habla una vez en las Hechos de los Apóstoles (cap. 17, par. 34), que se convirtió al oír la predicación de San Pablo. Este Dionisio llegó, según parece, más tarde a Obispo de Atenas y sufrió el martirio. La crítica, como digo, ha demostrado que estos tratados teológicos de que vamos a hablar no fueron escritos por él. La opinión más común y fundada es la que supone que su autor fue un cristiano del siglo V, en el que culmina la influencia del misticismo de los neoplatónicos alejandrinos. Las obras que se conservan atribuidas a San Dionisio son: 1.ª, el *Tratado de la jerarquía celeste;* 2.ª, el de la *Jerarquía eclesiástica;* 3.ª, el de los *Nombres divinos;* 4.ª, la *Teología mística,* y 5.ª, diez epístolas sobre diversos temas de Teología, de disciplina y de moral. En el *Tratado de la jerarquía celeste* se ocupa de definir la naturaleza de los ángeles, describiendo las diferentes clases en que se dividen, según la mayor o menor participación de la Luz Divina. En la *Jerarquía eclesiástica* nos muestra, en el sa-

---

[25] Grandgeorge: *Op. cit.*
[26] Véase Ritcher: *Neuplatonische Studien.* I, 4, 34.—F. Hitzch: *Grundriss der christl. Dogmengeschichte.* 1870, I, 29.—Vacherot: *Histoire critique de l'Ecole d'Alexandrie.* III, 8, 12, 23.

cerdote cristiano una imagen de la jerarquía celeste y en las ceremonias del culto, principalmente en los Sacramentos, los símbolos de la acción invisible que Dios ejerce sobre las criaturas. El *Tratado de los nombres divinos* tiene por fin explicar cómo sin faltar al respeto a la Majestad Suprema de Dios, que ninguna lengua puede describir, es posible designarla por nombres que no expresan más que aspectos particulares de su esencia y que no la expresan más que revistiéndola de condiciones finitas que no están en armonía con su naturaleza. La *Teología mística* se ocupa, por el contrario, en el conocimiento de Dios considerado en sí mismo. Este tratado en el conjunto de la obra del Areopagita está destinado a oponer a la Teología simbólica del *Tratado de los nombres divinos* la idea de un Dios absoluto, inaccesible, imparticipable. Este es el punto capital y característico de la doctrina del Areopagita. Todo el resto de su sistema es cristiano y ortodoxo. Pero por esta definición y estudio de la divinidad es por donde se relaciona profundamente con el principio uno del platonismo alejandrino, que San Dionisio trata de coordinar con el dogma cristiano, armonizándole con la concepción trinitaria de la teología ortodoxa.

En toda la filosofía cristiana posterior, y principalmente en el misticismo, influye la obra del Areopagita, que a cada paso nos veremos obligados a citar en el transcurso de este estudio.

5.—LA TRADICIÓN CRISTIANA UNIVERSAL HASTA EL SIGLO XV

La obra del Areopagita, de la que acabamos de hablar, es la puerta que comunica el misticismo medieval de la escolástica con las doctrinas filosóficas de la antigüedad. Los tres jalones capitales de la tradición cristiana son: el Areopagita, la abadía de San Víctor y Santa Teresa de Jesús. La cadena intermedia y los elementos no ortodoxos puramente filosóficos que intervienen en esta transmisión son los que es preciso señalar rápidamente en este capítulo.

El carácter fundamental de la filosofía de la Edad Media es la íntima relación entre la especulación filosófica y la Teología. La Filosofía está coartada en su desenvolvimiento por el dogma teológico. Por esto predomina en la filosofía medieval el criterio de autoridad, y cuando no se somete a la autoridad del dogma, se somete a la autoridad de los grandes maestros de la filosofía clásica, sobre todo de Aristóteles. En la transmisión de la cultura antigua a la Edad Media predominan los elementos lógicos sobre otro alguno. El *Organum,* de Aristóteles, es transmitido y comentado a través de Boecio, de Casiodoro y San Isidoro de Sevilla. Por esto, una gran corriente medieval se caracteriza por el predominio de la dialéctica. La otra corriente que comparte con ella el dominio de la filosofía medieval es la corriente mística; viviendo primeramente apartadas, después se unen en el momento cumbre de la escolástica, y al final de la Edad Media vuelven a separarse, quedando reducida la dialéctica a un nominalismo vacío, preocupado de las distinciones verbales y extremándose el misticismo hasta la experiencia extática y quietista. Durante la primera parte de la Edad Media influyen en la Filosofía las tendencias que acabamos de ver en los Padres de la Iglesia: Platón y el neoplatonismo predominan en esta época. Hay un nombre en la historia de la filosofía que se enlaza directamente con el Areopagita y es el puente por donde penetran en la escolástica las ideas y las cuestiones desarrolladas en la filosofía patrística. Me refiero a Juan Escoto Eriugena (800-873), maestro de la escuela palatina de Carlos *el Calvo,* docto helenista, traductor del falso Areopagita, comentarista de Marciano Capella y autor del peregrino tratado *De Divisione Naturae.* Según Eriugena, siguiendo al Areopagita y los neoplatónicos, Dios es el ser en su absoluta unidad, sin división y sin determinaciones negativas; el mundo es el ser dividido y limitado; la creación es una división y un análisis de lo que encierra la unidad divina. Por esto titula su libro como hemos visto. Con su finura y profundidad habituales dice así de Eriugena el gran filósofo Schopenhauer:

«Al leer a Dionisio Areopagita, al que se refiere con tanta frecuencia Eriugena, he hallado que éste ha sido su modelo por completo. Tanto el panteísmo de Eriugena como su teoría de lo malo y del mal se hallan ya en Dionisio [27] en sus rasgos fundamentales; pero, naturalmente, en éste sólo está indicado lo que Eriugena desenvolvió, expresó con atrevimiento y expuso con calor. Eriugena tiene mucha más inteligencia que Dionisio, pero el asunto y la dirección de las consideraciones se lo dio Dionisio y le preparó mucho, por lo tanto, el camino. El que Dionisio sea falso, no importa nada para el caso; es indiferente que se haya llamado de manera distinta del autor del libro *De Divinis nominibus.* Pero como además vivió probablemente en Alejandría, creo que él, de modo distinto, desconocido para nosotros, ha sido también el canal por el que debe haber llegado hasta Eriugena una gotita de sabiduría india, puesto que, como indicó Colebrooke en su disertación sobre la Filosofía de los indios, se halla en Eriugena la tesis III de la Carika de Kapila» [28].

Esta difusión de las doctrinas platónicas a través de los alejandrinos, de San Agustín y del Areopagita chocó con la influencia aristotélica y dialéctica. Y así se plantea en la Edad

---

[27] Obsérvese que, a pesar de esta afirmación de Schopenhauer, la Iglesia no admite este panteísmo del pseudo-Areopagita, que es un autor ortodoxo.
[28] *Apuntes para la historia de la Filosofía,* párr. IX.

Media en los términos en que lo había hecho Porphirio en su introducción al *Organum,* de Aristóteles, tan divulgada en la Edad Media, el mismo problema que separó a Platón de Aristóteles: el de las ideas, que en esta época se convierte en la célebre cuestión de los universales. San Anselmo (siglo XI), llamado el segundo Agustín, cuya doctrina utiliza en parte, fue quien resolvió la cuestión de los universales en el sentido platónico, defendiendo la realidad eterna de las ideas generales. Esta doctrina de San Anselmo, que tiene por base la realidad de la idea o la unidad del pensamiento con el ser, fue la que, llevada a sus últimos límites, arrastró a algunos filósofos, como Guillermo de Champeaux, casi hasta el panteísmo. Frente a la doctrina derivada de Platón surge otra derivada de Aristóteles que niega toda realidad a las ideas universales. Esta doctrina es la llamada nominalismo. San Anselmo es casi un místico, como puede verse en el Prefacio de su tratado sobre la *Fe en los misterios de la Trinidad y de la Encarnación del Verbo de Dios.* Sus oraciones y sus discursos no agotan su entusiasmo, manifestándose además en sus himnos y en su salterio de la Virgen. Anselmo, platónico en las cuestiones filosóficas, como hemos visto, es el precursor de la gran escuela mística medieval, que se inicia de una manera definitiva con San Bernardo. La desconfianza del nominalismo, que había caído en la herejía, con las doctrinas de dos de sus más conspicuos defensores, Roscelino y Abelardo, es lo que influye en el desarrollo de la tendencia mística que aparece ya en la obra de San Bernardo. La impugnación de la Filosofía de Abelardo, llevada a cabo por San Bernardo (1091-1153), es uno de los escritos más interesantes del siglo XII. San Bernardo desprecia la Filosofía, y la originalidad de su doctrina consiste más que en lo teológico, en lo que no pasa de San Agustín, en sus ideas sobre el amor de Dios y la gracia y el libre arbitrio, que dan lugar a la exposición de un sistema místico en el cual hay toda una jerarquía de amores, en cuyo último grado la voluntad que ama y la inteligencia que contempla se confunden y se unen entre sí, y ambas juntas con la divinidad. San Bernardo se enlaza ya con la escuela mística que dominó en la célebre Abadía de San Víctor, de París, cuyos jefes fueron Hugo (1096-1141) y Ricardo (1162-1163). Ricardo de San Víctor es

discípulo de Hugo de San Víctor y ambos son los mantene-
dores de la tradición contemplativa de la célebre Abadía pari-
siense. La escuela de San Víctor estudia preferentemente el
estado del alma en los diversos grados de su elevación hacia
Dios, con gran finura en su análisis psicológico. En la escuela
de San Víctor aparecen concretados muchos de los grados de
oración que luego admite la mística posterior. A partir sobre
todo de la obra principal de Ricardo *Benjamin major, de Gratia
contemplationis, occasione accepta ab arca Moysis,* aparece la
serie de alegorías que sirven para explicar los distintos aspectos del misticismo.

En el segundo período de la Filosofía escolástica interviene
un elemento nuevo, merced a la influencia del pueblo árabe.

Los árabes dieron a conocer a Europa todo el resto de la
enciclopedia aristotélica, de la cual antes no se utilizaba más
que el *Organum*. Esta es la importancia de la escuela de traductores de Toledo, de la cual tratamos en otra sección de este capítulo. Este influjo de Aristóteles renueva, a la par que las investigaciones de tipo experimental sobre la naturaleza, las especulaciones metafísicas, y así como en el período anterior
hemos visto dividirse la Filosofía alrededor de la cuestión de
los universales en las dos escuelas de nominalistas y realistas,
así también en este segundo período la conciliación con el
dogma cristiano del nuevo volumen de la filosofía griega que
acaba de incorporarse a la cultura se hace desde dos puntos de
vista: o el intelectualista y racional, que representa Santo
Tomás de Aquino, o, por el contrario, la tendencia opuesta,
representada por los franciscanos, rivales en la escuela de los
dominicos, en la que predominan las nociones de libertad y
de amor.

El espíritu de San Francisco no se expresó en una obra
doctrinal de teología, sino que se transmitió entre sus discípulos por el alto ejemplo de su vida. Los escasos escritos poéticos que conservamos del Santo y la tradición nos muestran
cómo su doctrina fue ante todo una efusión mística de amor.
La creación era una prueba de la grandeza de Dios y el amor a
todo lo creado el más alto deber de la mística humana. En
toda la tradición franciscana veremos aparecer reiteradamente
el sentimiento cósmico de que hemos hablado, unido a la otra

nota fundamental del espíritu de San Francisco: *la alegría,* que ilumina blandamente todas las asperezas de la mortificación.

Los primeros discípulos de San Francisco se contentaron con la imitación en su conducta de la vida del maestro, y creían de buena fe que la ciencia y el estudio podían constituir un peligro, perdiéndose por el orgullo de la sabiduría la *sancta simplicitas* del espíritu. La expansión formidable de la Orden hizo pronto surgir nuevas necesidades, produciéndose una verdadera crisis en la tradición franciscana e iniciándose el ambiente cultural en la Orden que culmina en la figura representativa de San Buenaventura.

Al hablar de la Filosofía de Abenmasarra y su influjo en Europa, indicamos los principales jalones de esta cadena de pensadores franciscanos. También entre ellos hay excelentes observadores de la naturaleza y renovadores de los métodos científicos, como, por ejemplo. Rogelio Bacón, cuya *Opus Majus* es uno de los monumentos científicos más grandes en la Edad Media. A este mismo grupo, como vimos, pertenece la original figura de Raimundo Lulio; pero la personalidad más importante, rival de la de Santo Tomás, representativa del mayor esfuerzo metafísico realizado por la Orden de San Francisco, fue la del inglés Duns Escoto, llamado el Doctor Sutilis, y que representa frente a la Filosofía de la inteligencia de Santo Tomás la Filosofía de la voluntad. Ya en la misma escuela franciscana encontramos el nombre de San Buenaventura (1221-1274), que es el más conspicuo representante del misticismo en esta segunda etapa de la filosofía escolástica. El misticismo del Doctor Seraphicus, independientemente de su carácter general, se relaciona profundamente con la doctrina de San Agustín y muy particularmente con el pseudo-Areopagita, al cual sigue, hasta en el título, en alguna de sus obras; me refiero al tratado *De Ecclesiastica hierarchia.* En su *Teología mística,* de dudosa autenticidad, también se cita con frecuencia al Areopagita. El punto de partida de la doctrina mística de San Buenaventura es el pecado original. El hombre había sido creado para contemplar la verdad directamente, sin trabajo y con claridad; pero el pecado de Adán hizo imposible esta contemplación inmediata, dejando a su descendencia sumida en las mismas tinieblas. Desde entonces las facultades del hombre están como nubladas por esta falta, y no son tales como Dios se las había donado. Por esto no es por medio de la cultura intelectual, siempre trabajosa e incompleta, como se puede lograr el total conocimiento de lo verdadero, sino por el restablecimiento, lo más perfecto posible, de la pureza del corazón, volviendo el hombre, en la medida de lo posible, al estado de naturaleza primitivo, tal como Dios le creó. Las fases sucesivas de este retorno del alma a Dios están expuestas por San Buenaventura siguiendo una metáfora bíblica, luego repetida y utilizada por los autores posteriores, y que se expresa en el título de su obra fundamental: *Itinerarium mentis in Deum.* Esta escala, por la cual nos elevamos hasta Dios, es la universalidad de las cosas. «En los objetos, unos son los vestigios de Dios; los otros, las imágenes; unos son temporales; otros, eternos; éstos, corporales; aquéllos, espirituales, y, por consecuencia, los unos están fuera de nosotros y los otros en nosotros. Para llegar al principio primero, espíritu supremo y eterno situado por encima de nosotros, es preciso que tomemos por guías los vestigios de Dios. Es preciso, en seguida, que nosotros penetremos en nuestra propia alma, imagen de Dios eterna, espiritual, y en nosotros; esto es lo que se llama penetrar en la verdad de Dios; pero es todavía necesario que más allá de este grado nosotros alcancemos el Eterno, lo espiritual supremo, por encima de nosotros, contemplando el principio primero. Esto es ya gozar con el conocimiento de Dios y la adoración de Su Majestad.» A estos tres grados de la escala espiritual corresponden, según el Santo, tres aspectos de nuestra naturaleza: la *sensibilidad,* que nos hace percibir los objetos materiales exteriores, denominados por San Buenaventura bellamente los *vestigios de Dios;* la *inteligencia,* que investiga el origen y fin de estos objetos; la *razón,* que se eleva más alto todavía, llegando a considerar a Dios en su poder, en su sabiduría, en su bondad, concibiéndole como existente, como vivo, como inteligente, puramente espiritual, incorruptible, intrasmutable. Este es el esquema de la teoría mística de San Buenaventura, que él, en el resto de sus obras, como San Agustín y como Escoto Eriugena, trata de conciliar con la filosofía de Aristóteles, procurando unir el racionalismo al supernaturalismo. En este sentido, es representativa su obra *De Re-*

ductione artium ad theologiam, a la cual hemos de aludir en el curso de esta obra [29].

La gran figura de Santo Tomás es fundamental en cualquier aspecto que estudiemos de la Teología, y por tanto influye grandemente en la elaboración de los tratados doctrinales posteriores de Mística. Ya hemos visto en el capítulo II el interés de su doctrina sobre la distinción de las virtudes y los dones; pero, esto no obstante, Santo Tomás es un temperamento absolutamente intelectualista, y basta con dejar consignada su enorme influencia en la evolución general de la Teología. Siguiendo cronológicamente esta evolución de la Mística cristiana que venimos haciendo, llegamos al tercer período de la escolástica, que se caracteriza por la exageración de las dos tendencias, mística y dialéctica, que hemos señalado anteriormente. El misticismo que aparece en este período de la escolástica se produce por una desconfianza del entendimiento humano en la eficacia de todo aquel mecanismo intelectual, que llegó a un casuismo verdaderamente confuso y extremado. En la disolución de la escolástica que se produce en esta época, una parte del espítitu regresivo medieval se queda estancado en el nominalismo huero y vacío de sentido, en tanto que otros espíritus, cansados de aquella infecunda gimnasia intelectual, se entregan al misticismo e inician una corriente que el Renacimiento hace fecunda e influyente en la Filosofía posterior. A causa de este origen, el misticismo de esta época toma un carácter mucho más extremado, metafísico y especulativo, apareciendo los primeros místicos alemanes, que son los representantes típicos de esta tendencia. Este misticismo se coloca, desde luego, en el seno del ser absoluto por la contemplación y las lentas gradaciones que hasta ahora había seguido la Mística. De este ser absoluto nace el mundo y el bien supremo: es la identidad con Dios. Este es el misticismo del maestro Eckart (¿1260?-1328), de Tauler (1290-1361), Suso (1300-1366) y Ruysbroeck (1293-1381).

Eckart es el verdadero fundador del misticismo especulativo alemán. Sus exageraciones constituyeron la doctrina fun-

---

[29] Véase Margerite: *Essai sur la phil. de S. B.—S. Bonaventure,* por E. Bouchitté y, sobre todo, los estudios de Gilson citados (como los anteriores) en la bibliografía.

damental de la célebre secta de los begardos, que, condenada al fin como herética, arrastró en su caída la doctrina del maestro Eckart, muerto un año antes de que apareciese la bula que le condenaba. Vacherot, en su *Historia de la Escuela de Alejandría* [30], dedica un interesante estudio al misticismo de Eckart, mostrando sus relaciones con el misticismo neoplatónico. La doctrina de Eckart no es más que un panteísmo atrevido y completo: el amor no llega a Dios sino después de la inteligencia; ver a Dios significa pensar en él, y pensar en Dios es ser Dios, pues en Dios el ser y pensar son idénticos. Eckart no se conforma con la unión de amor, sino que llega a la unidad del ser. Esta unidad de las sustancias exige la destrucción de la personalidad humana, y en esto consiste el verdadero renunciamiento. Este panteísmo tiene en sí el germen de muchas doctrinas heréticas, y por esto fue condenado por la Iglesia [31].

Discípulo de Eckart fue el dominico Juan Tauler, fundador de la Asociación mística de los amigos de Dios, que extendían entre el vulgo estas nociones por medio de la predicación en lengua vulgar y con un culto más sencillo y puro. La obra principal de Tauler, su *Imitación de la pobre vida de Jesucristo,* contiene, bajo una forma todavía escolástica, la teoría y la práctica del misticismo. Escarmentado con el ejemplo de Eckart, procura huir Tauler del misticismo panteísta, hacia el cual le arrastraban las doctrinas, recientemente renovadas por su maestro, de la Escuela de Alejandría. En gran parte de sus obras, sobre todo en las de la última época, sustituye las abstracciones metafísicas por los consejos de moral práctica, viniendo a representar el término medio entre la severidad del ascetismo de Suso y los sueños contemplativos de Ruysbroeck. A pesar de algunas frases sueltas de sabor panteísta, Tauler construye sus doctrinas procurando huir del panteísmo y defendiendo la tesis del libre arbitrio frente a la de la predestinación. La influencia de Tauler, a quien llamaban el Doctor Iluminado, fue muy grande en la Mística posterior. La doctrina de Tauler, brevemente expuesta, es la siguiente: El hombre

---

[30] T. III.
[31] Junt: *Essai sur le Mysticisme Speculatif, de Maître Eckart.* Estrasburgo, 1871.

es la imagen de la Trinidad. Por la memoria, o más bien por la reminiscencia, conserva el recuerdo de Dios y aspira a recobrarlo. Por la razón tiene fe en Dios y le conoce mediatamente. Por el amor o la voluntad (que casi todos estos místicos confunden) el hombre tiende hacia Dios.

Esta Trinidad, esta triple facultad llega a ser una por la sindéresis o visión suprema mediata de Dios, que es una especie de éxtasis. Esta división es el resultado del pecado, y el instrumento de la regeneración es la abstracción absoluta, la ignorancia consciente y voluntaria de todas las cosas creadas, condición inexcusable de la verdadera y divina ciencia. Esta abstracción teórica, unida a la abnegación práctica, constituyen la verdadera y fecunda pobreza que edifica el alma humana y la hace como consustancial con Dios: imperfectamente durante esta vida y absolutamente después de la muerte, sin perder su naturaleza [32]. También en el misticismo de Enrique Suso predomina el empleo de las prácticas ascéticas. Fue este místico gran colaborador en la Asociación de los amigos de Dios, y tiene una biografía algo semejante a la de Santa Teresa en cuanto a la actividad y energía de su proselitismo. Su obra principal es el libro de *La sabiduría eterna,* primeramente redactado en alemán y después traducido por él mismo al latín bajo el título de *Horologium AEternæ Sapientiæ,* que posteriormente fue traducido a varias lenguas y difundido en sinnúmero de ediciones. Tiene también, como Santa Teresa, una interesante biografía y una importante colección de cartas. Su doctrina no es original más que en la forma, utilizando, en parte, la del maestro Eckart. Es una especie de panteísmo místico afectivo (sin caer en la heterodoxia) de un Dios sin atributos que se manifiesta en el mundo y en nosotros conteniendo en sí todas las criaturas, que reciben sus formas respectivas por una ideal forma de emanación de él y al mismo tiempo un deseo invencible de retornar a su fuente primera. Suso, siguiendo la característica que le marca su nombre (dulce), es un delicado poeta lleno de ansias líricas y de imágenes graciosas o sublimes. Nadie como él ha expresado tan vivamente los raptos del alma ante Dios, que para él

---

[32] Véase la obra de Schmidt citada en la bibliografía de este capítulo.

es, sobre todo, el arquetipo de la belleza y la fuente de la alegría; nadie como él ha descrito en tratados tan brillantes la embriaguez de la vida celestial, los «juegos del amor», «las danzas gozosas del Cielo». Suso proclama también las excelencias del dolor, proponiendo como regla de vida la imitación de la pasión de Cristo, recomendando a todos las austeridades que él mismo practicaba. «Su espíritu era un alma llena de bondad, y su temperamento el de un artista que expresa con viveza el amor a Dios.»

Esta tendencia hacia la embriaguez mística en que el alma pierde toda conciencia de sí misma llega a su cumbre con el gran místico Ruysbroeck. Escribió en flamenco, su lengua materna, siguiendo la tendencia de vulgarización iniciada por el maestro Eckart. El misticismo de Ruysbroeck es muy difícil de reducir a un sistema doctrinal. Es más bien una especie de embriaguez lírica, en medio de la cual las palabras se escapan llenas de entusiasmo, como chispas refulgentes de una hoguera interior. En el fondo de esta exposición tan poética llena constantemente de alegorías, se pueden rastrear los principios comunes a todo el misticismo especulativo: la esencia divina es una unidad simple que no puede expresarse por palabras ni representarse por ninguna imagen. Para concebirla no basta la razón; son precisos los auxilios de una iluminación sobrenatural. Uno en su esencia, Dios es trino en personas: el Padre es el principio; el Hijo es la sabiduría eterna increada del Padre; el Espíritu Santo es el amor, emanado a la vez del Padre y del Hijo, y uniéndolos en un solo Dios. Al hablar de la creación, aunque la admite y le da este nombre, la idea de Ruysbroeck parece como si se aproximara a la de la emanación, como en gran parte de los místicos. En el camino que el alma debe recorrer para llegar a la perfección, Ruysbroeck distingue tres vías o grados: la vía activa, la via íntima o afectiva y la vía contemplativa. Dios y el alma se unen por el amor, pero no son una sustancia. Esta distinción pretende librar a su doctrina de la nota panteísta, aunque, sin embargo, en algunos pasajes de las *Noches espirituales,* arrastrado por su entusiasmo, Ruysbroeck traspasa los límites por él fijados [33].

---

[33]   Véase la obra de Schmidt (pág. 437 y sigs.)

El misticismo alemán del siglo XV no es más que una continuación de esta gran escuela mística especulativa del siglo XIV. Sin embargo, algunos de los autores del siglo XV, como Enrique Harth y Dionisio el Cartujano, influyen notoriamente, como veremos, en nuestra Mística.

Dionisio el Cartujano es uno de los autores que más influyeron en nuestro misticismo del siglo de oro, y muy especialmente sobre Santa Teresa [34].

Fue Dionisio el místico y el filósofo escolástico más importante de los Países Bajos en el siglo XV. Nació en Ryckel (Limbourg), en 1402. Fue *maestro en artes* por la Universidad de Colonia, ingresó en la Cartuja de Ruremunde en 1423 y murió en 1471.

Sus obras constituyen una verdadera enciclopedia, que trata de todas las secciones de la exégesis, la filosofía, la teología y la mística [35].

En filosofía es un tomista acérrimo, y como místico es un secuaz del pseudo-Areopagita. Según él, todo conocimiento especulativo sirve de preparación a los actos de la vida interior. Dionisio describe minuciosamente·los deleites del éxtasis y la vía espiritual que conduce a él en sus comentarios al pseudo-Areopagita y en sus tratados *De oratione, De meditatione, De contemplatione, De donis Spiritus Sancti* y en otros muchos que tan difundidos y leídos fueron en España durante los siglos XV y XVI.

El otro gran místico alemán de esta centuria, Jacobo Boehmer (1575-1624), es ya contemporáneo de la Escuela mística española. El misticismo francés del siglo XV responde a las tradiciones de la escuela de San Víctor y es mucho más psicológico y prudente, basándose sobre observaciones y experiencias interiores. Representa en esta época tal tradición Juan Gerson (1364-1429), así llamado por el lugar de su nacimiento. No nos interesa ahora hablar de la gran influencia social y política que ejerció en vida este místico doctrinal y gran teólogo. Veamos brevemente en qué consiste su siste-

---

[34] Véase más adelante el capítulo V de esta obra y el libro de Etchegoyen sobre la Santa.

[35] La mejor edición es la dirigida por Dom Baret, de la Cartuja de N.-D. des Prés (Francia).

ma [36]. La Teología ordinaria, según Gerson, tiene por instrumento la razón y procede, a la manera de las otras ciencias, por el análisis y la argumentación. Lo peculiar de la Teología mística es el estar fundada sobre la omnipotencia del amor, esperando la verdad por la unión del alma con el ser supremo. Para esclarecer esta noción del misticismo, Gerson realiza un análisis de las potencias y las operaciones del alma. Considerada en su propia naturaleza, el alma es una sustancia espiritual, simple y libre. Posee dos órdenes de facultades. Las unas, intelectuales, *vis cognoscitiva;* las otras, sensibles, *vis affectiva.* La menos noble de las facultades, la sensibilidad *(sensualitas),* se ejercita por medio de los órganos y comprende, con los sentidos exteriores, el sentido común, que juzga las sensaciones externas, la imaginación, que reproduce la imagen de los objetos ausentes y la memoria que conserva los juicios aportados por el sentido común. Por encima de la sensibilidad, la razón *(ratio)* tiene por función el percatarse de las consecuencias de las proposiciones ya conocidas y de formar las ideas abstractas y generales. Por encima de todas estas potencias interiores está la inteligencia o entendimiento *(mens),* que descubre los primeros principios por la virtud de un rayo emanada del espíritu divino. Esta luz se concede a todo hombre. Los diversos grados del entendimiento se corresponden con otras tantas maneras de la facultad afectiva: a la sensibilidad, el apetito sensual; a la razón del apetito racional, el entendimiento, la sindéresis o amor del bien absoluto. Todas estas facultades pasan por diversos estados. Para la inteligencia, la cogitatio o vaga consideración, en la cual el espíritu se abandona a todas las impresiones de los objetos sensibles; la meditación, el esfuerzo voluntario del alma por buscar la verdad; la contemplación, intuición tranquila de las cosas espirituales por el entendimiento. Después de este análisis, Gerson investiga la verdadera naturaleza del misticismo y las raíces que tiene en la naturaleza humana; según él, este ansia de corazón hacia la divinidad no se apoya ni sobre los sentidos ni sobre la razón, ni aun sobre el entendimiento. Tiene su

---

[36] En los párrafos siguientes ofrezco un extracto de la magistral y exacta exposición de la doctrina de Gerson, hecha por C. Jourdain.

base y su instrumento en la parte sensible o afectiva de
nuestro ser, en esta misteriosa apetencia del bien absoluto,
que Gerson denomina sindéresis, y en la operación de la sindéresis, que llama él *dilectio estática.* Una vez determinado el
fundamento psicológico del misticismo, Gerson investiga por
qué causas y por qué caminos el amor divino llega hasta nosotros. Aparte de los casos extraordinarios en que Dios nos
atrae por medios sobrenaturales, este movimiento del alma
hacia Dios tiene por condiciones el conocimiento de sus perfecciones infinitas que deriva de una doble fuente: la abstracción y la fe. Cuando el alma logra este grado de conocimiento,
se presentan otros fenómenos. El alma, transformada por el
amor, cesa de ver y de entender por cuenta propia. Entonces
se produce el éxtasis o rapto, al que sigue la unión íntima de
la creación y del creador. Según él, la personalidad no es des-
truida por la unión con la divinidad. El Yo no se abisma en la
esencia infinita: todo se reduce a una asimilación de dos natu-
ralezas, una de las cuales renueva y purifica a la otra, sin ab-
sorberla ni eliminarla; por tanto, la contemplación de este
último fruto de amor no es una intuición inmediata de la divinidad, sino un modo de conocimiento menos imperfecto que
los demás.

La personalidad y la obra de Gerson representan uno de
los esfuerzos más grandes realizados por la Filosofía medieval
para conciliar toda la técnica doctrinal de la Filosofía con los
resultados a que iba llegando por otros procedimientos la tradición mística que venimos señalando. A pesar de su posición
social, tan influyente, Gerson apenas hizo escuela, y es que el
espíritu místico de la época iba por otros derroteros menos
eruditos y de un carácter más popular, conforme a los deseos
de las almas cansadas de escolástica y tecnicismo. Esta tendencia y este deseo se satisfacen plenamente con la obra llamada
Imitación de Jesucristo, cuyo autor no se conoce con seguridad,
aunque se atribuye al religioso Tomás de Kempis
(1380-1471). Toda la ciencia doctrinal se esfuma ante esta efusión de piedad ardiente, que prefiere el amor a la ciencia:
«Vale más experimentar la contrición que saber su definición.» «Todo hombre desea saber naturalmente; pero, ¿qué
vale la ciencia sin el temor de Dios?» «El amor es fuerte

como la muerte.» El éxito de la *Imitación de Cristo* fue enorme; bien pronto se traduce este libro a todas las lenguas. Ponía el alma piadosa en relación directa con Cristo sin la ciencia enojosa del teólogo. Roma vio en esta tendencia un peligro y prohibió la lectura de esta obra; pero al fin tuvo que ceder, ante la clamorosa opinión universal, que la defendía y sostenía, y es que en aquellos momentos la *Imitación de Cristo* venía a responder a una necesidad común de todos los pueblos de Europa. Era el período de decadencia de la Escolástica. Los esfuerzos del entendimiento humano no habían bastado para resolver los problemas, y el espíritu fatigado se refugia en el seno de este misticismo ardiente y piadoso. En otra parte hablamos del ambiente social y de la relajación de las costumbres. En la crisis moral del mundo, las almas encuentran una guía y un consuelo en la fe ardiente y en la caridad sublime que respira la obra de Kempis. Esta tendencia es, quizá, la que recoge y representa en la tradición cristiana la Mística española, que es su última y definitiva expresión. Parece como si un hálito surgido del sepulcro de Kempis se extendiese por toda Europa, encontrando su concreción y manifestación más excelsa en el misticismo español del siglo de oro, que más adelante estudiamos.

6.—OTRAS MANIFESTACIONES NO RELIGIOSAS DEL MISTICISMO

Muy difícil será el poder resumir concretamente el influjo de las distintas corrientes artísticas y de pensamiento de que vamos a hablar ahora. En general, podemos decir que estas influencias pertenecen a dos grupos: 1.º Las diversas aportaciones de la literatura y del pensamieno italianos, desde Dante hasta el neoplatonismo renacentista. 2.º El misticismo caballeresco, que, aunque también influye por otros caminos, en muchos casos se entremezcla y junta con la misma corriente italiana. La personalidad de Dante no sólo tiene interés literario o artístico, sino que ocupa también un lugar en la historia del pensamiento. Pertenece en este sentido, dentro de la segunda época de la escolástica, a la misma tendencia que vimos manifestarse en Alberto el Grande, San Buenaventura o Lulio. La tradición franciscana, cuya producción teológica hemos estudiado al tratar de las escuelas medievales cristianas, toma en esta época un carácter profano, pero influye grandemente en la poesía. Es como si su espíritu emanado de los claustros en que reinaba el espíritu de San Francisco perfumase toda la poesía amorosa de esta época. En este siglo, que es el primero que va a lanzar su influencia sobre nuestra cultura, se manifiesta en Italia toda una producción poética impregnada del espíritu franciscano: las continuaciones en prosa de Fray Jacopone están llenas de poesía. Domenico Calvalca, los autores de *Fioretti,* Guido de Pissa, Bartolomeo de San Concordio, Jacobo Passavanti, Giovanni Dalle Celle. Aunque estos poetas no tienen una individualidad personal acusada, dejaron su espíritu y su fisonomía espiritual y moral en la producción anónima de aquella serie de *Fiori, Giardini* o *Tesori,* y unas veces, en medio de esta literatura candorosa e infantil, predomina el amor que lo ilumina todo, como en Calvalca, o el horror al vicio, tomando un carácter verdaderamente ascético, como en Passavanti. Este ambiente es el que domina en el siglo de Dante y con la influencia italiana, y, unido a la corriente de Dante y Petrarca, llega a España en los últimos tiempos de la Edad Media; pero, antes de puntualizar estas influencias, es preciso que señalemos la diferencia que existe entre la influencia italiana de carácter medieval y la producida a fines del siglo XV y durante el siglo XVI de tipo renancentista. Quizá en esta última época subsistan elementos del período anterior; pero lo que es claro y seguro es el hecho de que en la influencia italiana medieval no hay elementos típicamente neoplatónicos, sino que está elaborada dentro de la doctrina escolástica. Precisamente es un arduo problema de literatura comparada el explicar la procedencia de algunas ideas de aspecto platónico que hay en Dante. También el origen de la psicología y casuística amorosa de Petrarca, a pesar de su clara filiación escolástica, parecen ofrecer dudas que sólo podrían resolverse buscando otro género de influencia por los derroteros de la poesía caballeresca provenzal. En Castilla hay un influjo italiano de Dante y Petrarca, ampliamente estudiado por los eruditos de ambos países [37]. Únicamente debemos señalar un hecho, y es el de que esta imitación castellana se fija más bien en lo externo que en lo íntimo, y así vemos cómo nuestra poesía del siglo XV está llena de selvas y alegorías dantescas, sin que por esto llegase a España lo más personal y profundo del espíritu poético de Dante. Un autor catalán nos ofrece la Literatura medieval, cuyo influjo debemos ver asimilado al de esta corriente, conteniendo su poesía problemas de índole muy semejante a los que presenta la poesía italiana de esta época. Me refiero a Ausias March. Las relaciones de la poesía de Ausias March con otras literaturas han sido recientemente estudiadas en una obra magistral por Amadeo Pagés. Él ha puntualizado las exageraciones que venían corriendo acerca del influjo de Petrarca sobre March, que tiene un sistema original de tipo escolástico inspirado en la doctrina de Santo Tomás sobre el amor, y en la que, a nombre de Aristóteles, corría por la Edad Media sobre la amistad [38]. Lo cierto es que

---

[37]   Recuérdense los trabajos de Sanvisenti, Farinelli, Croce, miss Bourland, etc.
[38]   Véase, además del libro de Pagés, París, 1912, las observaciones que le hizo Rubió y Lluch en el *Anuario de l'Institut d'Estudis Catalans*, 1911-1912.

la influencia de Petrarca ha llegado a nuestra lírica del siglo de oro mezclada casi siempre con la del gran poeta catalán. En el influjo de Petrarca y Dante encontramos dos notas parecidas; sólo son conocidas a medias por nosotros. De Dante, en la Edad Media, se populariza, hasta llegar a mecanizarse, la imitación de la alegoría externa y se pierde casi en su totalidad lo más lírico e íntimo de su espíritu, expuesto en el *Convivio* y en la *Vita Nuova;* de Petrarca, en cambio, en la primera época se percibe al tratadista medieval, moralista y humanista sapientísimo, y es preciso el ambiente renacentista para que llegue a nosotros todo el contenido de la exaltación amorosa de sus poesías italianas. Falta un estudio detenido de la influencia de la técnica lírica de Petrarca en nuestra literatura. Creo yo que esta indagación habría de proporcionar resultados muy interesantes. Sólo se ha hablado de la imitación de Petrarca por nuestros líricos, como Boscán, Garcilaso, Herrera, Góngora, etcétera; pero me parece que la influencia de la técnica discursiva, del discreteo amoroso de Petrarca, pudo ser más extensa, saliéndose de, los límites de la poesía lírica. Todavía no se ha hecho un buen estudio de la génesis literaria del conceptismo del siglo de oro. Sin duda uno de los elementos que vienen a integrar su formación es este discreteo, a veces tan intelectualista, de la poesía petrarquesca.

Todas estas influencias se producen en el ambiente ideológico de España; pero es muy difícil puntualizarlas concretamente en nuestros místicos, que seguramente en muchos casos no tuvieron noticias *directas* de ninguno de estos autores. Sin embargo, es evidente que la técnica petrarquesca se manifiesta concretamente, quizá por una influencia difusa de ambiente, en nuestra poesía religiosa. Desde la celebérrima poesía de Escribá hasta las ingenuas poesías de Santa Teresa, vemos como nota permanente esta misma manera de expresión, tan grata a los místicos, de lograr la afirmación de una idea por medio de negaciones.

En las dos corrientes fundamentales que presenta la literatura caballeresca medieval, el ciclo Carolingio y el ciclo Bretón, hay notorias aportaciones de las ideas medievales sobre el amor; pero en el ciclo Bretón llegan éstas a presentar verdaderos caracteres místicos por su exaltación y apasionamiento. Toda la materia de Bretaña contenida en la literatura medieval está llena del mismo espíritu, convirtiendo el amor en una deidad suprema que rige los destinos humanos y a la cual todo se sacrifica. Cuantos se han ocupado [39] de la historia de los libros de caballerías en España y del ambiente que engendró en Cervantes la idea de escribir el *Quijote,* han puntualizado bien los jalones que sigue desde estos ciclos medievales el espíritu caballeresco en nuestra literatura. No hemos de repetir esto, pero sí es preciso señalar que, además de la influencia directa que llega al siglo de oro por medio de los libros de caballerías, penetró también en España, a través de la corriente italiana, el espíritu de la exaltación mística de la caballería, cuya influencia en la obra de Dante, unida a la religiosa, ha estudiado De Sanctis en un capítulo magistral de su *Historia de la Literatura italiana* [40]

El héroe de la caballería, el caballero, presenta un verdadero contenido místico en su ideal; es el hombre que se esfuerza en realizar en la tierra la verdad y la justicia, cuya imagen es la mujer y cuyo culto es el amor. No es un extático; su vida es activa, llena de aventuras y de hechos maravillosos. Su tipo es algo semejante al del Santo de las leyendas y poesías medievales; como éste, llega a ser un tema literario, y es notoria su influencia en la poesía, en la novela y en las crónicas.

La permanencia de las notas medievales, característica fundamental de la España del Renacimiento, hace que subsista aquí también el tipo del caballero y el ideal de la caballería. Al estudiar más adelante el ambiente español del siglo XVI, señalamos la influencia de *El cortesano,* de Castiglione. El tipo ideal de esta obra es un trasunto refinado y renacentista del caballero medieval. En nuestro siglo XVI son muchos los casos que podríamos citar de permanencia en las costumbres y en el ambiente social de estos sentimientos e ideas medievales. Baste un ejemplo bien significativo. Me refiero a las fiestas que en Flandes hizo la Reina Doña María de Hungría, hermana del Emperador, en honor de Felipe II cuando éste era príncipe. El relato de estos festejos, que parece

---

[39]   Gayangos, Menéndez Pelayo, Bonilla, etc.
[40]   Vol. I. págs. 63-64 especialmente. (Ed. Laterza. Bari, 1912.)

una reminiscencia del *Paso Honroso,* de Suero de Quiñones, o de cualquier otro libro medieval, encuéntrase publicado en un rarísimo pliego titulado *Relación muy verdadera de las grandes fiestas que la Serenísima Reina Doña María ha hecho al Príncipe nuestro señor en Flandes, en un lugar que se dice Uinci, desde el 22 de agosto hasta el postrero día del mes. Enviada por el Sr. Don Herónimo Cabanillas.* (Medina del Campo, 1549, 8 hojas sin foliar.) La lectura de esta relación convencerá a cualquiera de la importancia que tenían en la vida social de entonces estas reminiscencias de tipo caballeresco y medieval. En otro lugar hablamos de la posible influencia de la lectura de libros de caballería en la exaltación activista de Santa Teresa. Es notorio el hecho de que en nuestra literatura del siglo de oro ambas tendencias se dan la mano en un género de libro de caballería a lo divino, de escaso valor literario, pero de suma importancia como dato y síntoma representativo del ambiente [41].

También de procedencia italiana es en gran parte la corriente neoplatónica del Renacimiento. Se equivocan los que retrasan la influencia de estas ideas hasta la toma de Constantinopla por los turcos, siendo así que desde la segunda mitad del siglo XIV fueron muy íntimas las relaciones literarias entre Grecia e Italia. La fecha del Concilio de Florencia puede señalar el momento en que empieza a producirse este contacto por la confluencia en él de los dos más conspicuos representantes del platonismo y del neoplatonismo italiano: Jorge Jemisto Pleton y el Cardenal Bessarion. Desde entonces puede decirse que la ciudad de los Médicis es la sede ideológica del neoplatonismo europeo; los estudios de estos humanistas, renovando el conocimiento directo de Platón, perdido en las dos últimas etapas de la escolástica, produjo el hecho de que de nuevo, como en la antigüedad, pudieron los filósofos contemplar puros y frente a frente los sistemas de Aristóteles y Platón. Y por esto surgió en la mente de los pensadores del Renacimiento la idea de concordar lo que había de opuesto en estas doctrinas, siendo pensadores españoles e italianos los más asi-

---

[41] Recuérdense como ejemplo característico las obras de Jerónimo de Sempere: *Libro de caballería celestial del pie de la Rosa Fragante* (1554) y *Segunda parte de la caballería de las hojas de la Rosa Fragante* (1554).

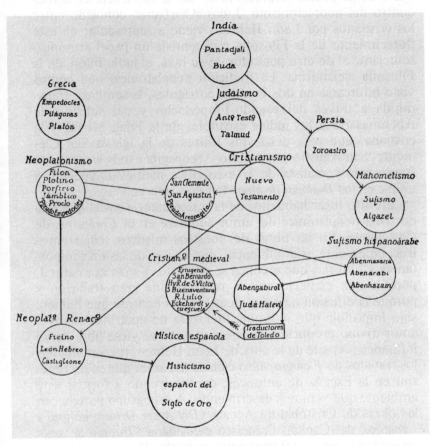

India
Pantadjali
Buda

Grecia
Empedocles
Pitágoras
Platón

Judaismo
Ant.º Test.º
Talmud

Persia
Zoroastro

Neoplatonismo
Filon
Plotino
Porfirio
Jámblico
Proclo
PseudoEmpedocles

Cristianismo
San Clemente
San Agustín
PseudoAreopagita

Nuevo
Testamento

Mahometismo
Sufismo
Algazel

Cristian.º medieval
Ertugena
San Bernardo
H.y R.de S.Victor
S.Buenaventura
R.Lulio
Eckehardt y
su escuela

Abengabirol
Judá Halevi

Sufismo hispanoárabe
Abenmasarra
Abenarabi
Abenhazam

Traductores
de Toledo

Neoplat.º Renac.º
Ficino
León Hebreo
Castiglione

Mística española
Misticismo
español del
Siglo de Oro

Gráfico de las doctrinas

duos trabajadores en esta empresa. Un judío español, médico arrojado a Italia por el decreto de expulsión de los Reyes Católicos, es el primer representante de la tendencia armónica dentro del neoplatonismo. Judas Abarbanel, conocido entre los cristianos por León Hebreo, viene a representar en este florecimiento de la Filosofía renacentista un papel armónico semejante al de otro pensador de su raza, el judío Filón, en la Filosofía alejandrina. La tradición neoplatónica, que hemos visto bifurcarse en dos grandes corrientes, la semítica, transmitida a través del pseudo-Empédocles y del sufismo de Abenmasarra a los judíos españoles de la Edad Media, y la cristiana, que pasa desde los Padres de la Iglesia San Clemente, San Agustín y el pseudo-Areopagita a toda la corriente franciscana y realista de la escolástica medieval, vuelven a unirse en los *Diálogos de amor* de León Hebreo.

En otro lugar hablamos de la trascendencia social que esta doctrina neoplatónica del amor adquiere en el *Cortesano,* de Castiglione. En las obras de nuestros místicos señalaremos frecuentemente esta influencia, que es una de las más importantes y notorias que en ellos se advierte. Y esto era natural, porque esta escuela venía a reforzar una gran tradición y porque la difusión de estas ideas fue tan enorme que hubiera sido imposible que toda una literatura de doctrinas sobre el amor divino producida en este ambiente se viese libre de tal influencia. Aparte de la obra de León Hebreo, fueron muchos los tratados de *Philographia* o ciencia del amor que se escribieron en la España de entonces, contribuyendo a formar este ambiente que venimos describiendo. A este grupo pertenecen las obras de Cristóbal de Acosta (*Del Amor Divino, natural y humano),* del Capitán Francisco de Aldana (*Tratado de amor en modo platónico),* del Jurisconsulto Carlos Montesa (*Apología en alabanza del Amor). El Diálogo del amor,* anónimo, impreso en Burgos en 1593; de Maximiliano Calvi (*Tratado de la hermosura del amor),* etc. Como vemos, los autores de este género de libros pertenecen a todas las clases sociales; no podían mostrarse extraños a su influencia los escritores místicos del siglo de oro, el origen de cuyas ideas tratamos de indagar en este estudio.

BIBLIOGRAFÍA DEL CAPÍTULO III

§ 2.—LA MÍSTICA INDIA

BELLONI (F. F.).—«La Bhagavadgitá». (18 págs., Il Rinov, 1909, 6.)
────── «Le Upanishad». (38 págs. Ibíd., 1909, 5.)
BALLANTYNE.—«Christianity contrasted with Hindū philosophy».
BERTHOLET (Alfred).—«Christentum und Buddhismus». (18 S. Rel. w. Geisteskultur, 2, I.)
CARUS (Paul).—«L'Evangile du Boudha raconté d'après les anciens documents», par ... (Traduit de l'anglais avec autorisation de l'auteur par L. de Millorré. París. Leroux, 1902.)
COLEBROOKE (M. H. T.).—«Essais sur la Philosophie des Indous». (Traduits de l'anglais par G. Pauthier. París, Firmin Didot, MDCCCXXXIV.)
────── «Miscellaneous essays». (London, 1873.)
DAHLMANN (J.).—«Die Sãmkhye Philosophie als Naturlehre und Erlösungslehre». (1902.)
DAVIDS (Rhys).—«Buddhism». (London, 1894.)
DEUSSEN (P.).—«Das System des Vedãnta». (Leipzig, 1883. 2. Aufl, 1906.)
────── «Die Sûtra's des Vedãnta». (Leipzig, 1887.)
────── «60 Upanishad's des Veda». (Leipzig, 1893.)
────── «Allgemeine Geschichte der Philosophie». (Leipzig, 1894.)
────── «Vier philosophische Texte». (1906.)
GARBE (Richard).—«The Philosophy of Ancient India». (Chicago, 1899.)
────── «Die Bhagavadgitã aus den Sanskrit übersetzt». (1905.)
────── «Beiträge zur indischen Kulturgeschichte». (1903. S. 3-94. Die sechs Systeme Indischer Philosophie.)
────── «Die Sãmkhya-Philosophie». (Leipzig, 1894.)

HANDT (W.).—«Die atomische Grundlage der Vaisesika-Philosophie». (1900.)

HOPKINS (E. W.).—«The Great Epic of India». (1902.)

JACOBI (U.).—«Die indische Logik». (Nachr. der Göttinger, Ges. der Wiss., phil.-hist. Klasse, 1901.)

MÁDHAVA'CHÁRYA.—«The Sarva-darsána-samgraha, or Review of the different systems of Hindu philosophy». (From the 14 century translated, by E. B. Cowell and A. E. Gough, 1882.)

MASSON-OURSEL (Paul).—«Esquisse d'une histoire de la philosophie indienne». (París, 1923. Un vol. 314 págs.)

MÜLLER (Max).—«The six systems of Indian philosophy». (1899.)

——— «Beiträge zur Kenntnis der indischen Philosophie». (Zeitsch. der D. Morgenl. Gesellschaft VI.)

OLDENBERG (Hermann).—«Die indische Philosophie». (Páginas 32 a 44 de la Allgemeine Geschichte der Philosophie, 1909. Berlín, y Leipzig.)

——— «La Religion du Veda», par ... (Traduit de l'allemand par Víctor Henry. París, Alcan, 1903.)

——— «Le Bouddha, sa vie, sa doctrine, sa communauté», par ... (Traduit de l'Allemand par A. Foucher. Deuxième édition française. París, Alcan, 1903. La edición alemana, en Berlín, 1897.)

OLTRAMARE (Paul).—«Histoire des idées théosophiques dans l'Inde». (Thome I, La theosophie brahmanique. París, 1907.)

——— Ibíd. (París, 1923.)

THIBAUT (G.).—«The Vedánta-sutras». (3 ts. 1890, 1896, 1904.)

VALLEE POUSSIN (L. de la).—«Bouddhisme. Opinions sur l'histoire de la dogmatique». (París, G. Beaucheme et C.e, 1908 + 417, en 8.°)

ADICIONES

Bibliograhica Asiatica. — Calcutta. K. K. Roy. Abril 1968.
BOUQUET, A. C. — *Hinduism.* Londres. 1948.
CIOMANA, ERIA. — *Hinduism.* London. 1932.
Catalog of Theses and Dissertations Available in the Rajasthan University Library. Jaipur. Rajasthan University Library. 1966, 316 pp.
Catalog of Theses and Dissertations. Mysore. Mysore University Library, 1968. 66 pp.
Catalogue of Goverment of India Civil Publications. Delhi. Government of India. Publications Branch. 1969. 761 pp.
CHAUDHURI, G. — *Index Indo-Asiaticus.* Calcutta. Published by ed. (P.O. Box 11215, Calcutta 14), 1968.
DEVI, Vidya. — *Books Published in USA on India between the Period 1900 A. D. to 1960: A Descriptive Bibliography.* Chandigarh. Panjah University. 1965. 152 pp.
Early Writings on India: A Catalog of Books on India in English Language Published before 1900. New Delhi. India International Center. 1968. 124 pp.
ESNOUL, Anne-Marie. — *Ramanuja et la mystique vishnouite.* París, Editions du Seuil. 1963.
GIDWANI, N. N. — *Index India.* Jaipur. Rajasthan University Library. Enero 1967.
GIDWANI, N. N., y K. NAVALANI. — *Indian Periodicals: An Annotated Guide.* Jaipur. Published by comps. 1969. 190 pp.
India and South East Asia: A Select Bibliography. New Delhi. Indian Council for Cultural Relations. 1966.
JAIN, Vijay Kumar. — *Guide to Indian Periodical Literature.* Gurgaon (Haryana). Prabhu Book Service. 1964.
KHOSLA, Raj K. — *Directories of Booksellers, Publishers, Libraries and Librarians in India, Who's who 1968-69.* New Delhi. Premier Publishers. 1968.
LACOMBE, O. — *La Doctrine morale et métaphysique de Ramanuja.* París. Adrien-Maisonneuve. 1938.
MACAULIFFE, M. A. — *The Sikh Religion, its Gurus, Sacred Writings and Author.* Oxford. 1909.

NIKHILANANDA, S.— *Ramakrishna, Prophet of New India.* Nueva York. 1942.

RENOU, L.— *La Civilitation de l'Inde ancienne.* París. Flammarion. 1950.

RUMI, J.— *Masnavi.* Londres, 1881.

SENGUPTA, Benoyendra.— *Indiana. A Select List of Reference and Representative Books on All Aspects of Indian Life and Culture.* Calcutta. World Press. 1966. 125 pp.

SINGH, Avtar.— *Bibliographical Works on India: A Study and a Descriptive Bibliography of Bibliographies Published in English Language on India between 1900 to 1967.* Chandigarh. Panjab University. 1967-68. 165 pp.

SING, Ganda.— *A Bibliography of the Punjah.* Patiala. Panjabi University. 1966. 246 pp.

SUZUKI, D. T.— *Zen Buddhism,* Nueva York, 1956.

VOLWAHSEN, A.— *Inde bouddhique, hindoue, jaïna.* Friobourg. Office du Livre. 1968.

§ 3.—EL MISTICISMO SEMÍTICO [1].

ADLER (H.).—«Ibn Gabirol and his influence upon Scholastic Philosophy». (Londres, 1865.)

ADMEN ZEQUI.—«Étude bibliographique sur les Encyclopédies arabes». (El Cairo, 1891.)

ALMAGRO CÁRDENAS (A.).—«La cultura arabigosevillana en sus manifestaciones literaria, científica y artística». (Discurso leído en la Universidad de Sevilla, 1894.)

APTONWITZER (V.).—«Das Shriftwerk in der rabbinischen Literatur». (Viena, 1908.)

ASÍN Y PALACIOS (Miguel).—«Algazel. Dogmática, Moral, Ascética». (Zaragoza, 1901.)

——— «Bosquejo de un dicc. técnico de filos. y teol. musulmanas». (Zaragoza, 1903. Revista de Aragón.)

——— «La psicología de la creencia según Algazel». (Zaragoza, Revista de Aragón, 1902.)

——— «La psicología del éxtasis en dos grandes místicos musulmanes: Algacel y Mohidín Abenarabi». (Cultura Española, 1906)

——— Gazzali. Apud. «Encyclopaedia of Religious and Ethics».

——— «La indiferencia religiosa en la España musulmana según Abenhazam, historiador de las religiones y de las sectas». (Cultura Española, 1907.)

——— Mohidín. Apud. «Homenaje a Menéndez y Pelayo». (T. II.)

——— «La Psicol. según Mohidín Abenarabi». (Actes du XIVe Congrès int. des Orient.)

——— «La moral gnómica de Abenhazam». (En Cultura Española, 1909.)

——— «Los caracteres y la conducta». (Tratado de Moral práctica por Abenhazam de Córdoba. Traduc. española por ... Madrid, 1916.)

——— «El filósofo zaragozano Avempace». (En Revista de Aragón, 1900 y 1901.)

——— «El filósofo autodidacto». (En Revista de Aragón, 1901.)

---

[1] Teniendo en cuenta la dificultad que ofrece esta bibliografía para los no arabistas, he incluido en ella algunas obras que no se refieren *exclusivamente* a misticismo, sino también a la filosofía y la cultura en general.

ASIN Y PALACIOS (Miguel).—«El averroísmo teológico de Santo Tomás de Aquino». (En Homenaje a Codera. Zaragoza, 1904.)
——— «Introducción al Arte de la Lógica, por Abentomlús de Alcira». (Texto árabe y traducción española por ... Madrid, 1916.)
——— «Un faqîh siciliano contradictor de Al-Ghazzali». (Centenario de la nascita de Michele Amari. Palermo, 1910.)
——— «Sens du mot "Tehafot" dans les œuvres d'El-Ghazzali et d'Averroes». (Revue Africaine. Argel, 1906.)
——— «La Escatología musulmana en la Divina Comedia». (Madrid, 1919.)
BACHER (W.).—«Die Bibelexegese des Moses Maimûni». (Buda-Pest, 1896.)
BAHYA.—«Al Hidaya 'Ila Fara 'Id Al-Qulub Des Bachja Ibn Josef Ibn Paquda aus Andalusien». Im arabischen Urtext zum ersten Male nach der Oxforder und Pariser Handschrift sowie den Petersburger Fragmenten, herausgegeben von Dr. A. S. Yahuda. (E. J. Brill, Leiden, 1912. Un tomo de XVIII, 113-407 págs. en 4.º Una buena recensión con resumen del prólogo, interesante para el estudio de la influencia de los sufíes sobre Bahya, puede verse en Bol. Ac. Historia de 1914, por Bonilla.)
BARANY.—«Salomon ibn Gabirol Mint Exegeta». (1885.)
BARTOLOCCIUS:—«Bibliotheca magna Rabbinica de scriptoribus et scriptis hebraicis, ordine alphabetico, hebraice et latine digestis». (Roma, 1675. 4 vols.)
BEER (P.).—«Leben und erken des Moses ben Maimon». (Prag., 1834.)
——— «Al-Gazzali's Makasid al-falasifat». (Leiden, 1888.)
BESSE.—«Les moines orientales antérieurs au Concile de Chalcedoine». (París, 1900.)
BLOCHET.—«Études sur l'Esotérisme musulman». (Louvain, 1910.)
BOERT (T. J.).—«Die Widersprüche der Philosophie nach Al-Gazzali und ihr Augleich durch Ibn Rosd». (Estrasburgo, 1894.)
———— «Geschichte der Philosophie im Islam». (Stuttgart, 1901.)
BONILLA Y SAN MARTÍN (Adolfo).—«Historia de la Filosofía Española». (T. II, Madrid, 1911.)
BOUYGES (Maur.).—«Algazeliana; sur dix publications relatives à Algazel». (En «Mél. Université St. Joseph» de Beyrouth, VIII, 1922.)
BROCKELMANN.—«Geschichte der arabischen Litteratur». (Weimar, 1898.)
BUXTORFIUS.—«Bibliotheca hebraica». (Basilea, 1640.)
CARRA DE VAUX.—«La doctrine de l'Islam». (París, G. Beauchesne et Cie., IV + 320 págs. en 8.º)
——— «Gazali». (París, 1902.)

CASTRO Y CASTRO (J. de).—«Estudios de filosofía hispano-judaica».
DEPPONT (Oct.) y COPPOLANI (Xav.).—Les confréries religieuses musulmanes». (Alger, 1897.)
DOUTTE.—«Les Marabouts». (París, 1900.)
DOZY.—«Histoire des musulmans d'Espagne».
DUKES (L.).—«Salomo ben Gabirol aus Malaga und die ethischen Werke deselben». (Hannover, 1860.)
ENCYCLOPEDIA (THE JEVISH).—Londres y New-York, 1901 y siguientes.
FALKENHEIM (S.).—«Die Ethik des Maimonides». (Königsberg, 1832.)
FINKELSCHERER (J.).—Maimûni's Stellung zum Aberglauben und zur Mystik». Diss. Jena, 1895.
FORGET (Ch.).—«Dans quelle mésure les philosophes arabes, continuateurs de la philosophie grecque, ont ils contribué à l'essor de la philosophie scolastique?» (Science Catholique, 1895.)
FRANCK (A.).—«La Kabale ou la Philosophie réligieuse des Hébreux». (París, 1843. ibíd., 1852.)
FRANCO (M.).—«Histoire et litterature juives pays par pays». (1905.)
FRANK (L.).—«Yehuda Halevi». (1902).
FÜRST (J.).—«Bibliotheca judaica». (Leipzig, 1883.)
GABRIELI.—«La Risala di Qusta b. Luca sulla diferenza tra lo spiritu e l'anima». (Roma, 1910.)
GAIRDNER (V. H. T.).—«The Way of the mohammedan mystic». (Leipzig, 1912.)
GAUTHIER (L.).—«La philosophie musulmane». (Argel, 1899.)
——— «Hayy Ben Yadgham, roman philosophique d'Ibn Thophaïl» (Traducción de ... Argel, 1900.)
——— «Ibn Thophaïl, sa vie, ses œuvres». (Argel, 1909.)
——— «La théorie d'Ibn Rochd (Averroes) sur les rapports de la religion et de la philosophie». (Argel, 1909.)
——— «Accord de la religion et de la philosophie». (Tratado de Ibn Rochd, traducido y anotado por ... Argel, 1905.)
GETINO (P.).—«El averroísmo teológico de Santo Tomás de Aquino». (Vergara, 1906.)
GOLDBSRGER (Ph.).—«Die Allegorie in ihrer exeget. Anwendung bei Maimonides». (1894.)
GOLDZIHER (Ign.).—«Die Zahiriten, ihr Lehrsystem und ihre Geschichte». (Leipzig, 1884.)
——— «De l'ascétisme aux premiers temps de l'islam». (En «Rev. hist. des réligions», XXXVII, 1898.)
——— «Le livre de Mohammed Ibn Toumert». (Argel, 1903.)
——— «Vorlesungen über den Islam». (Heidelberg, 1910. Cap. IV, Asketismus und Sufismus.)

GOLDZIHER (Ign.).—«Neuplatonische und gnostiche Element im Hadith». (Zeitschrift für Assyriologie, XXII, 1909.)

GONZALEZ PALENCIA (Angel).—«Rectificación de la mente. Tratado de Lógica por Abusalt de Denia». (Texto árabe, traducción y estudio previo. Madrid, 1915.)

GRAETZ.—«Les juifs d'Espagne».

GRÜNFELD (Arnold).—«Die Lehre vom göttlichen Willen bei den jüdischen Religionphilosophen des Mittelalters von Saadja bis Maimûni». (Münster, Aschendorf, 1909. VII + 8 págs.)

GUGENHEIMER (J.).—«Die Religionsphilosophie des R. Abraham ben-David ha-Levi». (Augsburgo, 1850.)

GUTTMANN (J.).—«Die Philosophie des Salomon ibn Gabirol». (Göttingen, 1888.)

——— «Die Religionsphilosophie des Abraham ibn Daud aus Toledo. Ein Beitrag. z. Geschichte d. Jüd. Religionsphilosophie u. d. Philosophie d. Araber». (Göttingen, 1879.)

HARKAVY.—«R. Yehuda ha-Levi». (1881.)

HARRIS (M. H.).—«History of the medieval Jews, from the Moslem conquest of Spain to the discovery of America». (New York, 1907.)

HARTMANN (Rich.).—«Zur Frage nach der Herkunft und den Anfängen des Sûfitmus». (En «Der Islam», VI, 1916.)

HEDLAND DAVIS (F.).—«Wisdom of the east the Pasion mystics». (Jalalu'd-Din Rumi, by ... London, John Murray, 1907.)

——— Idem. (Jami, by ... Ibíd., 1908.)

HELL (J.).—«Die Kultur der Araber». (Leipzig, 1909.)

HOROWITZ (S.).—«Die Psychologie d. jüd. Neuplatonikers Ibn Gabirol». (Breslau, 1900.)

HORTEN.—«Die philosophischen Systeme der spekulativen Theologen im Islam». (Bon, 1912.)

HUSIK (Isaac).—«A Histoy of Medioeval Jewish Philosophy». (New-York, 1916.)

JACOBS.—«History of Jews spaniards». (Londres, 1895.)

JAEL.—«Ibn Gebirol's Bedeutung für die Ges-Gesch. der Philosophie». (Breslau, 1876.)

JOEL (M.).—«Die Religionsphilosophie des Mose ben Maimom». (Breslau, 1859.)

KAHLBERG (A.).—«Die Ethik des Bachja ibn Pakuda». (1906.)

KARPPE (S.).—«Étude sur les origines et la nature du Zohar». (París, Alcan, 1901. El mejor estudio de conjunto sobre el misticismo judío.)

KASANSKY.—«Der Mysticismus im Islam». (Somarkand, 1906, 8.º, 240 páginas.)

KAUFMANN (David).—«Studien über Salomon Ibn Gabirol». (Budapest, 1899.)

——— «Die Theologie des Bachja ben Pakuda». (Sitzungsberichte der Akad. in Wien A., 1874.)

KAUFMANN (David).— «Yehuda ha-Levi». (Breslau, 1877.)
——— «Simeon b. Josefs Sendschreiben an Menachen b. Salomo. Ein Beitrag zur Geschichte der jüdischen Exegese und Predigt im Mittelalter». (Berlín, 1887.)
KAYSERLING.—«Biblioteca española-portugueza-judaica». (Strasburgo, 1890.)
KRAUSS (S.).—«Talmudische Archäologie». (1910. 3 vols.)
KREMER (Alf. von).—«Geschichte der herrschenden Ideen des Islams». (Leipzig, 1868.)
LABOURT.—«Le christianisme dans l'empire Perse». (París, 1904.)
LAMMENS (H.) [S. J.].—«L'Islam. Croyances et institutions». (Imprimerie Catholique, Beyrouth, 1926. 288 págs. En 8.º)
LOEWENTHAL (A.).—«Pseudo-Aristoteles Ueber die Seele». (Berlín, 1891.)
MACDONALD (Duncan B.).—«Developement of muslim Theology, Jurisprudence and Constitutional Theory». (New-York, 1903.)
——— «The life of Al-Ghazzali».
MALTER (H.).—«Die Abhandlung dès Abu Hamid Al-Gazzali». (1896.)
MANDOUNET (Pedro).—«Siger de Brabant et l'averroïsme latin au XIIIᵉ siècle». (Friburgo, 1899.)
MARMORSTEIN (A.).—«Legendenmotive in der rabbinischen Literatur». (A. R. XV, 1 y 2.)
MASSIGNON (Louis).—«Essai sur les origines du lexique technique de la mystique musulmane». (París, 1922.)
MATTER.—«Histoire critique du gnosticisme». (París, 1828.)
MEHREN (A. F.).—«Traités mystiques d'Ibn Sîna».
——— «Études sur la philosophie d'Averroës concernant son rapport avec celle d'Avicenne et Gazzali». (Museo de Lovaina, t. VII, 1888, y t. VIII, 1889.)
——— «Vues d'Avicenne sur l'astrologie et sur le rapport de la responsabilité humaine avec le destin». (Madrid, 1904.)
MOUSER (G. M.).—«Das Verhältnis von Glaube und Wissen bei Averroes». (1911.)
MUHAMMAD IQBAL (Shaikh).—«The development of metaphisics in Persia. A contribution to the history of muslim Phylosophy». (London, 1908.)
MÜLLER (M. J.).—«Philosophie und Theologie von Averroes». (München, 1859.)
MÜLLER (P. J.).—«Ibn Gebirol en zijne Godsleer». (1888.)
MUNK.—«Melanges de philosophie juive et arabe». (París, 1859.)
MÜNZ (I.).—«Die Relig.-phil. des Maim. und. ihr Einfluss». (Berlín, 1887.)
MYER (J.).—«Quabbalah. The philosoph. writings of S. ibn Gabirol...» (Philadelphia, 1888.)

NAGY (A.).—«Un nuovo codice des Fons Vitæ di Ibn-Gabirol...» (Rendiconti della Accad. dei Lincei, serie V, t.º V, fasc. 1-5.)

NEUMARK.—«Geschichte der jüdischen Philos.»

NICHOLSON (Reyn. A.).—«The mystics of islam». (Londres, 1914.)

———— «Studies in islamic mysticism». (Cambridge, 1921.)

ORSCHANSKY (L.).—«Abraham ibn Esra als Philosoph. Zur Geschichte der Philosophie im XII. Jahrhundert». (1900.)

PHILIPPSOHN.—«Die Philosophie des Maimonides». (Magdeburgo, 1834.)

PLANTAVITIUS.—«Biblioteca hebraica». (Lodovæ, 1644.)

PONS Y BOIGUES.—«El filósofo autodidacto de Abentofail». (Zaragoza, 1900.)

QUIRÓS RODRÍGUEZ (Carlos).—«Averroes. Compendio de Metafísica». Texto árabe con traducción y notas. (Madrid, 1919.)

RENÁN (Ernesto).—«Averroes et l'averroïsme. Essai historique». 2.ª ed. (París, 1861.)

REVEL (A.).—«Letteratura ebraica». (Milano, 1888.) (Biblioteca Hœpli, 2 ts.)

REVILLE (Jean).—«Le doctrine du Logos dans le IVᵉ Evangile et dans les œuvres de Philon». (París, 1881.)

RIBERA (Julián).—«Origen del colegio nidami de Bagdad». (Apud «Homenaje Codera».)

———— «La viña de un peripatético». Almanaque de Las Provincias. (Valencia, 1906.)

ROHNER (A.).—«Das Schöpfungsproblem bei Moses Maimonides, Albertus Magnus und Thomas von Aquin». (Münster, 1913.)

ROSENMÜLLER (E. F. C.).—«De sacra poesia hebraeorum».

ROSIN (D.).—«Die Ethik des Maimonides». (Breslau, 1876.)

ROSSI (..... de).—«Dizionario storico degli autori Ebrei e delle loro opere». (Parma, 1802.)

SACHS.—«Die religiöse Poesie der Juden in Spanien». (Berlín, 1845.)

SAISSET (E.).—«Précurseurs et disciples de Descartes». (París, 1862.)

SCHEMÖLDERS.—«Essai sur les écoles philosophiques chez les arabes». (París, 1842.)

SCHEYER (S.).—«Das psichologische System des Maimonides». (Frankfurt, 1845.)

SCHIFF (Mario).—«Una traducción española del Mose Nebuchim de Maimónides». (Rev. Crit. de Hist. y Lit. Esp., mayo-junio 1897.)

SCHREINER.—«Beiträge zur Geschichte der theologischen Bewegungen im Islam». (1898.)

SCHWAB (M.).—«Les manuscrits du Consistoire israelite de Paris provenant de la Guenize du Cairo». (*Rev. des Etud. Juiv.*, julio 1911.)

SMITH (W. R.).—«Lectures of the Religion of the Semites». (1914.)

SNOUKC HURGRONJE (C.).—«Les confréries religieuses, la Mecque et la panilamisme». (En «Verspreide Geschiften», vol. III.)

STEINSCHNEIDER (M.).—«Hebräische Bibliographie». (Berlín, 1858-82.)

―――― «Jüdische Literatur. Index der Autoren und Personen». (1899.)

STOSSEL (D.).—«Salomo ben Gabirol als Philosoph und der Förderer der Kabbala». (Leipzig, 1881.)

WEIFS (S.).—«Philo von Alex. und Mos. Maim.» (Halle, 1884.)

WITTMANN (M.).—«Die Stellung des hl. Thomas von Aquin zu Avencebrol». (Münster, 1900.)

WOLF (J. C.).—«Biblioteca hebraea». (Hamburgo, 1715-43.)

ADICIONES

ABELSON, J. — *Jewish Mysticism*. Londres, 1913.

ADLER, Elkan N. — *Talmud incunables of Spain and Portugal*. New York, Jewish Studies, 1935.

AFFIFI, A. E. — *The Mystical Philosophy of Muhyid Din-Ibnul Arabi*. Cambridge. Cambridge Univ. Press. 1939.

ALONSO GARCÍA, Damián. — *Literatura oral del ladino entre los sefardíes de Oriente*. Valencia-Madrid, Artes gráficas Sol; 1970, 263 pp.

ALTMANN, A. — «The Motif of the Shells in Azriel of Gerona», *Journal of the Yewish Studies,* 9, 1958, pp. 63-79.

ALVAR, Manuel. — *Poesia tradicional de los judíos españoles*. México, Ed. Porrua, S. A., 1966.

AMADOR DE LOS RÍOS, J. — *Historia social, política y religiosa de los judíos de España y Portugal*. Madrid. Aguilar, 1960.

ANAWATI, G. C., y L. GARDET. — *Mystique musulmane*. París, 1968.

ARBERRY, A. S. — *The Doctrine of the Sufis*. Lahore. 1966.

ASÍN PALACIOS, Miguel. — *El Islam cristianizado*. Madrid. Edit. Plutarco. 1931.

———— «Un precursor hispanomusulmán de San Juan de la Cruz», en *Huellas del Islam*. Madrid, 1941.

———— «Ibn Masarra y su escuela: orígenes de la filosofía hispanomusulmana», en *Obras escogidas,* Madrid, 1946, vol. I, pp. 1-216.

———— «El místico Abu'l-Abbas Ibn al-Arif de Almería», en *Obras escogidas*. Madrid, 1946, vol. I, pp. 217-242.

———— *Huellas del Islam*. Madrid. Espasa-Calpe. 1947.

BAER, Fritz. — *Die juden im christlichen Spanien*. Berlin, Akademie Verlag. 1929.

BAER, Y. — *A History of the Jews in Christian Spain*. Philadelphia. The Jews Publication Society of America. 1961. 2 vols.

BENSION, A. — *The Zohar in Moslem and Christian Spain*. Londres, 1932.

BOUMAN, Johan. — *Gott und Mensch im Koran. Eine Strukturform religiöser Anthropologie anhand des Beispiels Allah und Muhammad*. Darmstadt. Wissenchaftliche Buchgesellschaft. 1977, 256 pp.

CANTERA BURGOS, Francisco.— *Judaizantes del arzobispado de Toledo, habilitados por la Inquisición en 1495 y 1496 por... con la colaboración de Pilar León Tello.* Madrid, Facultad de Filosofía y Letras, 1969. 211 pp.

——— *El poeta Rodrigo Cota y su familia de judíos conversos, por...* Madrid, Facultad de Filosofía y Letras. «Cátedra de Lengua Hebrea e Historia de los judíos». 1970. 155 pp.

——— *Alvar García de Santa María. Historia de la judería de Burgos y de sus conversos más egregios.* Madrid. Instituto Arias Montano, 1952. 624 pp.

CARO BAROJA, J.— *Los judíos en la España moderna y contemporánea.* Madrid, 1961.

——— *La sociedad criptojudía en la corte de Felipe IV. Discurso leído, el día 12 de mayo de 1963, en la recepción pública de D... y contestación por el Excmo. Sr. Don Ramón Carande y Tovar.* Madrid, Imp. y Ed. Maestre, 1963. 154 pp.

CARRIAZO, J. de M.— «Precursores españoles de la Reforma. Los herejes de Durango (1442-1445)», en *Sociedad española de Antropología, Etnografía y Prehistoria,* IV, 1925, pp. 26-63.

CARTAGENA, Alonso de.— *Defensorium unitatis christianae. Edición, prólogo y notas del P. Manuel Alonso, S. I.* Madrid, C. S. I. C. «Instituto Arias Montano» Escuela de Estudios Hebraicos. 1943. 386 pp.

CARVALHO, Joaquim de.— *Leâo Hebreu, filósofo. (Para a historia do Platonismo no Renascimento).* Coimbra. Imprensa da Universidade, 1918. 157 pp.

CORBIN, H.— *L'Imagination créatrice dans le soufisme d'Ibn'Arabi.* París, 1958.

CRUZ, Gerónimo de la.— *Defensa de los estatutos y noblezas españolas. Destierro de los abusos y rigores de los informantes.* Zaragoza. Hospital Real de Nuestra Señora de Gracia. 1637. 300 pp.

ELIAS DE TEJADA SPINOLA, F.— *O racismo. História breve das suas doctrinas.* Lisboa, Pro domo, 1945. 167 pp.

FERNÁNDEZ Y GONZÁLEZ, Francisco.— *Ordenamiento formado por los procuradores de las aljamas hebreas, pertenecientes al territorio de los estados de Castilla en la asamblea celebrada en Valladolid el año 1432. Publicado por vez primera en el Boletín de la Real Academia de la Historia.* Madrid. Imp. Fortanet. 1886. 115 pp.

GARCÍA IGLESIAS, L.— *Los judíos en la España antigua.* Madrid. Ed. Cristiandad. 1978. 228 pp.

GINSBURG, Ch. D.— *The Kabbalah.* Londres, 1955.

GUADALAXARA Y XAVIER, Fr. Marco de.— *Memorable expulsión y iustissimo destierro de los moriscos de España.* Pamplona, Nicolás de Assiayn Imp. del Reyno de Navarra, 1613. 164. pp.

HALPERIN, D. A.— *The ancient synagogues of the iberian peninsula.* Gaisnesville, University of Florida press, 1969. 86 pp.

HUJWIRI.— *Kashf al-Mahjub.* Londres, 1911.

KRIEGEL, Maurice.— *Les juifs à la fin du Moyen Âge dans l'Europe Méditerranéenne.* Hachette. Litterature. 1979. 284 pp.

LACALLE, José María.— *Los judíos españoles.* Barcelona. Sayma. 1961. 174 pp.

LAZARE, Bernard.— *L'Antisémitisme. Son histoire et ses causes.* París. Leon Chailley. 1894. 420 pp.

LEVERTOF, P. P.—«The Spanish Church under the Moors», *Theology. Journal of Historic Christianity,* XXXIII, Londres, 1936, pp. 283-292.

LÉVI-PROVENÇAL, E.— *L'Espagne musulmane au X siècle.* París, 1932.

LÓPEZ MARTÍNEZ, Nicolás.— *Los judaizantes castellanos y la Inquisición en tiempos de Isabel la Católica.* Burgos, 1954.

LÓPEZ ORTIZ, José.—«La Curia hispano-musulmana», *Religión y Cultura,* VI, 1929, pp. 66-81.

——— «El tribunal de la fe de los Omeyas cordobeses», *Cruz y Raya,* II, 1933, pp. 35-59.

MILLÁS VALLICROSA, J. M.— *Selomó ibn Gabirol como poeta y filósofo.* Madrid, 1945.

——— *Yehuda ha-Leví como poeta y apologista.* Madrid, 1947.

——— *La poesía sagrada hebraicoespañola.* Madrid, 1948.

——— *Literatura hebraicoespañola.* Barcelona, 1968.

ORTEGA, Manuel L.— *Los hebreos en Marruecos. Prólogo de Pedro Sainz Rodríguez.* Madrid, Compañía Ibero-americana de Publicaciones, 1929. 369 pp.

PAULY, Jean de.— *Le livre du Zohar.* Paris. F. Rieder et Cia Ed. 1925. 282 pp.

PINTA LLORENTE, Miguel de la.— *Proceso criminal contra el hebraísta salmantino Martín Martínez de Cantalapiedra. Edición y estudio por...* Madrid-Barcelona. C. S. I. C. «Instituto Arias Montano». 1946. 424 pp.

——— *Procesos inquisitoriales contra la familia judía de Juan Luis Vives. I. Procesos contra Blanquina March, madre del humanista. Introducción y transcripción paleográfica de... y José María de Palacio y de Palacio.* Madrid-Barccelona. C. S. I. C. «Instituto B. Arias Montano». 1964. 107 pp.

PORCEL, Baltasar.— *Los chuetas mayorquines. Siete siglos de racismo.* Barcelona. Barral Ed. 1971. 130 pp.

PULIDO MARTÍN, Ángel.— *El Dr. Pulido y su época. Por su hijo... Prólogo de D. Jacinto Benavente.* Madrid, Imp. Fundación Domenech, 1945. 256 pp.

RAMOS, Carlos.— *Algunos aspectos de la personalidad y de la obra del judío zaragozano Bahya Ben Yosef Ibn Paquda.* Zaragoza, Institución Fernando el Católico C. S. I. C., 1950.

RIERA, Juan.— *Carlos III y los chuetas mallorquines.* Valladolid, Cuadernos Simancas de Investigaciones históricas, 1975. 94 pp.

ROTH, C.— *A History of the «Marranos».* Nueva York, 1966.

ROTH, C.— *Los judíos secretos. Historia de los marranos. Traducción de Juan Novella.* Madrid, Altalena editores, 1979. 273 pp.

SÁNCHEZ ALBORNOZ, Claudio.—«El Islam de España y Occidente», en *Settimane di Studio del Centro Italiano di Studi sull'alto Medioevo. XII, L'Occidente e l'Islam nell'alto Medioevo.* Espoleto. 1965. pp. 149-308.

SCHOLEM, G. G.— *On the Kabbalah and its Symbolism.* Nueva York, 1957.

———— *Major Trends in Jewish Mysticism.* Nueva York, 1961.

SÉROUYA, H.— *La Rabbale.* París, 1957.

SERRANO, Vicente, y IONEL MIHALOVICI, María.— *Fuentes del Pensamiento judío.* Madrid, Ed. Studium, 1974. 170 pp.

SHAH, I.— *The Way of the Sufi.* Nueva York, 1969.

SICROFF, Albert A.— *Les controverses des status de «pureté de sang» en Espagne du XVᵉ au XVIIᵉ siècle.* Paris, Didier, 1960. 318 pp.

SMEDT, Marc.— *Las místicas orientales.* Barcelona. Ed. Martínez Roca. 1975. 250 pp.

SMITH, M.— *Readings from the Mystics of Islam.* Londres, 1950.

SWEETMAN, J. W.— *Islam and Christian Theology.* Londres, 1950.

TISHBY, I.—«Gnostic Doctrines in Sixtenth Jewish Mysticism», *Journal of Jewish Studies,* 7, 1955, pp. 22-46.

URVOY, D.—«Les emprunts mystiques entre Islam et Christianisme et la véritable portée du *Libre d'Amic», Estudios Lulianos,* XXIII, Palma de Mallorca, 1979, pp. 37-44.

VAJDA, G.— *Introduction a la pensée juive du moyen âge.* París, 1947.

VALLE RODRÍGUEZ, Carlos del.— *Gramáticos hebreos españoles. Notas bibliográficas. Separata del repertorio de las Ciencias Eclesiásticas de España.* Salamanca, Universidad Pontificia, 1976. 62 pp.

———— *Sefer Sahot de Abraham Ibn Ezra. Edición crítica y versión castellana.* Salamanca, Universidad Pontificia, 1977. 510 pp.

WAGNER, Klaus.— *Regesto de documentos del archivo de protocolos de Sevilla referentes a judíos y moros.* Sevilla, Anales de la Universidad Hispalense. Serie Filosofía y Letras, 1978. 115 pp.

XIMÉNEZ PATON, Bartolomé.— *Decente colocación de la Santa Cruz (Cuenca, 1635). Discurso en favor del santo y loable estatuto de la limpieza (Granada, 1638). Edición y noticia preliminar de Antonio Pérez y Gómez.* Valencia, Artes gráficas Soler, 1971.

§ 4.—LA FILOSOFÍA CLÁSICA Y EL MISTICISMO.

ADAM (James).—«The Religious Teacher of Greece Edited, with a Memoir, by his Wife, Adela Marion Adam». (Edimburg Clark, 1908, 524 p. en 8.º)

AMELINEAU.—«Le Gnosticisme».

AREOPAGITA (S. Dionysius).—«Opera. Acc. commentarii quibus illustrantur». Gr. et. lat. Studio et opera B. Corderii S. J. Accur. et rec. J. P. Migne. (Dos vol. París, 1857.)

BALTUS (F.).—«Défense des SS. Pères accusés de Platonisme». (París, 1716.)

BARDY (Gustave).—«Clement d'Alexandrie». (París, J. Gabalde, 1927. 319 pp. 18.º)

BATIFFOL (P.).—«La litterature grecque chrétienne».

BIET (L'Abbé).—«Essai historique et critique sur l'Ecole d'Alexandrie». (París, 1853.)

BROWNE (H.).—«The religion of the Athenian philosophers». (London, 1909.)

CONTON (L.).—«Amore nella letteratura e nelle arti figurative degli antichi». (Adria, 1902.)

DEIBER (A.).—«Clément d'Alexandrie et l'Egypte». (Le Caire, 1904. 4.º Av. 40 figg. Mem. de l'Instit. fr. d'archeol orient. X.)

DENIS.—«Histoire des théories et des idées morales dans l'antiquité».

FICHTE (J.).—«De philosophiae novae Platonicae origine». (Berol, 1818, en 8.º)

FREPPEL.—«Les Pères apostoliques et leur époque. Les apologistes chrétiens au IIᵉ siècle».

———— «Clément d'Alexandrie. Origène».

GABRIELSSON (J.).—«Uber die Quellen des Clemens Alexandrinus». (Teil I Upsala u. Leipzig, 1906, en 8.º)

CHAIGNET.—«Hist. de la psychol. des Grecs». (París, 1887-92.)

HARNACK.—«Lehrbuch der Dogmengeschichte».

HERRIOT (Ed.).—«Philon le Juif; essai sur l'Ecole juive d'Alexandrie». (Couronné par l'Institut. Hachette.)

HUIT (Ch.).—«Les origines grecques du Stoïcisme».

KIRCHNER (C. H.).—«Die Philosophie d. Plotin». (Halle, 1854. en 8.º)

LOBECK (Chr. A.).—«Aglaophamus sive de Theologiae mysticae Graecorum causis». (Dos vols. Regimont, 1829, en 8.º)

LOUIS (M.).—«Le Démon de Socrate et les doctrines religieuses de la Grèce». (Ann. phil. Chret., 80,2.)
——— «Les doctrines religieuses des philosophs grecs». (París, P. Lethielleux, 1909.)
——— «Doctrines religieuses des philos. grecs». (Lathielleux, París, 1910, 374 p., en 8.º)
——— «Philon le Juif». (De la col. C. et R. Bloud, París.)
MATTER.—«Histoire de l'Ecole d'Alexandrie». (París, 1840.)
——— «Hist. crit. du Gnosticisme». (París, 1828.)
MIGUÉLEZ (P.).—«La tradición monoteísta y el espiritualismo en las religiones paganas». (La C. de D., ts. XXXVII, págs. 429-30; XL, págs. 321-330, 429-39, 514-523, 561-569; XLI, págs. 92-101, 254-272, y XLII, págs. 20-34.)
MEYER (W. A.).—«Hypatia v. Alexandria. Beitr. z. Gesch. d. Neocetismo.)
——— «Hypatia v. Alexandria. Beitr. z. Gesch. v. Neoplatonismus». (Heidelb., 1886, en 8.º)
HITZCH (F.).—«Grundiss der christl, Dogmengeschichte». (1870.)
P. Ų.—«Il misticismo di Plotino». (Rinn., v. VI, p. 1-26.)
PFATTISCH (P.).—«Der Einfluss Platos auf die Theologie Justins des Märtyrers. Eine dogmengeschichtliche Untersuchung nebst einem Anhang über die Komposition der Apologien Justins».
RICHTER (Arth.).—«Neu-Platonische Studien». (Leben u. Geistesentwickelung d. Plotinus. Plotinus Lehre vom Sein. Theologic u. Physik d. Plotinus. Psychologie d. Pl. Etnik d. Pl. 5 Thle. in I Bde. Halle, 1867, en 8.º)
RIVIERE (J.).—«Saint Justin et les apologistes du II siècle».
ROBIN.—«De l'influence du Stoïcisme à l'époque des Flaviens et des Antonins».
SIMON (Jules).—«Histoire de l'Ecole d'Alexandrie». 2 vol. París, 1845.)
STEIN.—«Der Streit über den angeblichen Platonismus der Kirchenväter». Zeitschrift für die historische Theologie, 1864, 318 págs.
STEINHART (C.).—«Meletemata Plotiniana». (Halis, 1840, 4.º, Nebst 5 weiteren Schriften üb. d. neuplaton. Philosophie von Busse, Geiger (C. Marius Victorinus Afer), Krause, H. F. Müller u. Neander. (1845-1904. 4.º u. 8.)
VACHEROT.—«Histoire critique de l'Ecole d'Alexandrie». (3 vols. París, 1846-1851.)
WEISSENFELS (O.).—«De Platonicæ et Stoicæ doctrinæ affinitate». (Pr. Berlín, 1891. [Namentlich Epiktet, Plato und Phaedon, berückrichtigt].)
ZELLER.—«Die Philosophie der Griechen».

ADICIONES

BARTH, P. — *Los estoicos.* Madrid. Revista de Occidente. 1930.
BONHÖFFER, A. — *Epiktet und die Stoa.* Stuttgart, 1890.
BRÉHIER, E. — *The Philosophy of Plotinus.* Chicago. The Univ. of Chicago Press. 1958.
CHERNISS, H. E. — *Aristotle's Criticism of presocratic philosophy.* Baltimore, 1935.
DIELS, Hermann. — *Doxographi Graeci.* Berlín, 1879.
DODDS, E. R. — «The Parmenides of Plato and the Origin of the Neoplatonic One», *Classical Quarterly,* XXII, 1928, pp. 129-49.
ELORDUY, Eleuterio. — *El estoicismo.* Madrid. Gredos. 1972, 2 vols.
FESTUGIÈRE, A. J. — *Epicure et ses dieux.* París, 1946.
FRANK, E. — *Plato und die sogenannten Pythagorer.* Halle, 1923.
GADAMER, H. G. — *Platos dialektische Ethik. Phaenomenologische Untersuchungen zum Philebos.* Leipzig, 1931.
GENTILE, M. — *La metafísica presofística.* Padova, 1939.
INGE, Dean. — *The Philosophy of Plotinus.* New York. Greenwood Press. 1962. 2 vols.
JAEGER, Werner. — *La teología de los primeros filósofos griegos.* México. Fondo de Cultura Económica, 1952.
JASPERS, Karl. — *Socrates, Budda, Confucius, Jesus.* New York. Hartcourt Brace & World, Inc. 1966.
MANASSE, E. M. — *Ueber Wahrteit in Platons Sophistes.* Heidelberg, 1936.
POHLENZ, M. — *Die Stoa.* Göttingen. Vandenhoek-Ruprecht. 1948.
SCHUHL, P. M. — *Essai sur la formation de la pensée grecque. Introduction historique à une étude de la Philosophie platonicienne.* París. P. U. F. 1949.
STENZEL, J. — *Studien zur Entwicklung der platonischen Dialektik von Sokrates zu Aristoteles.* Leipzig. Teubner. 1931.
THEILER, W. — *Zur Geschichte der teleologischen Naturbetrachtung bis auf Aristoteles.* Zürich, 1925.
ZELLER, Eduard. — *The Stoics, Epicureans and Sceptics.* New York. Russell & Russell. 1962.

§ 5.—LA TRADICIÓN CRISTIANA HASTA EL SIGLO XV

AFFÓ.—«De' cantici volgari di S. Francesco». (Guastalla, 1777.)
ALAS (Leopoldo) [Clarín].—«La leyenda de oro. Un nuevo capítulo de la vida de San Francisco de Asís, por Pablo Sabatier (en francés)». (París, 1896. Art. pub. en La Ilustración Española y Americana, 1897. t. LXIII.)
ALENÇON (P. Edouard d').—«La Bénédiction de Saint François. Histoire et authenticité de la relique d'Assise». (París, Mersch, 1896. 15 págs.)
———— En 1906 publ. la definitiva ed. de todas las obras de Fr. Tomás de Celano referentes a la vida de San Francisco.
———— «De Legenda Sancti Francisci a Fr. Juliano de Spira conscripta, brevis dissertatio critica». (Romæ, 1900. Spicilegium Franciscanum.)
———— «Legenda brevis Sancti Francisci nunc primum edita». (Romæ, 1899. Spicilegium Franciscanum.)
———— «La légende de Saint François dite "des trois compagnons". A propos d'une nouvelle traduction de cette légende». (París, 1903. Extrait de Etudes Franciscaines.)
———— «De breviario de S. P. Francisci». (En Analecta Ordinis Min. Cap., junii, 1898.)
———— «Date de composition du livre des Conformités». (En Etudes Franciscaines, 1904, t. XII.)
ALENÇON (P. Ubald d').—«Les opuscules de Saint François d'Assise». (París, Poussielgue, 1905.)
ALESSANDRI (Leto).—«Inventario dell' antica Biblioteca del S. Convento di S. Francesco in Assisi compilato nel 1381...» (Assisi, Metastasio, 1906.)
ALVA Y ASTORGA (Fr. Pedro de) [O. M.].—«Naturæ prodigium... hoc est Seraph. P. N. Francisci vitæ acta ad Christi D. N. vitam et mortem regulata...» (Matriti, 1651.)
ANFANGE.—«Die ———— des Minoritenordens und der Bussbruderschaften». (Friburgo, 1885, in 8.º, XII + 210 págs.)
ARNOLD (T. W.).—«The Authorship of the Fioretti. Occasional Paper International Society of Franciscan Studies». (British Branch, núm. III.)
ARON TERRACINI (Benvenuto).—«Appunti su alcune fonti dei Fioretti». En «Bulletino critico di cose francescane», a. II.

ASIS (San Francisco de).—«Obras completas del B. P. ———, según la colección del P. Wladingo, traducidas en romance por algunos devotos del Santo». (Teruel, 1902.)
——— «Opuscula Sancti Patris Francisci Assisiensis sec. codices mss. emendata et denuo edita». (Quaracchi, 1904.)
AUGER (A.).—«Etude sur les mystiques des Pays-Bas au Moyenage». (Bruxelles, 1892.) [T.º XLVI de las *Mémoires de L'Acad. roy. de Belgique*.]
BACH (J.).—«Meister Eckhardt, der Vater der Deutschen Speculation». (Wien, 1864.)
BALTHASAR (Dr. P. Karl) [O. M.].—«Geschichte des Armutsstreites im Franziskanerorden bis zum Konzil von Vienne». (T. VI de la col. «Vorreformationsgeschichtliche Forschungen», del profesor Finke. Münster i. W. 1911.)
BARINE (Arvède).—«Saint François d'Assise et la légende des trois compagnons». (París, Hachette, 1901.)
BAUER (B. R.).—«Freimaurer, Jesuiten u. Illuminaten in ihr. geschichtl. Zusammenhange». (Berl., 1863.)
BAUMGARTNER (P.) [Capuchino].—«Eine Quellenstudie zur Franciskuslegende des Jacobus de Voragine. Ord. Praed.» (En *Arch, Franc. Hist.,* t. II, 1909, págs. 17-30.)
BEAUFRETON (Maurice).—«Anthologie franciscaine du moyenage». (París, G. Grès, 1921.)
BEAULIEU (Ernest Marie de).—«Le voyage de Saint François en Espagne». (París, Société Saint Augustin, 8.º, 32 págs., 1906.)
BESSE (Dom. J. M.).—«Les Mystiques Benedictins des origines au XIIIᵉ siècle». (París, 1922.)
BOEHMER (Eduardo).—«Romanische Studien». (Halle, 1871. En el cuaderno 1.º, pág. 120, estudia el franciscano Canto del Sol.)
BÖHRINGER (Fr.).—«Die Deutschen Mystiker d. 14 u 15 Jahrh. (Joh. Thauler. Heinr. Suso, Joh. Rusbroeck, Gech. Groot, Flor. Radevynzoon», Thom. v. Kempen.) (Zürich, 1855, 8.º)
BONGHI (Ruggero).—«Francesco d'Assisi». (Città di Castello, 1884 2.ª ed. 1910.)
BORNE (P. F. van den).—«Die Anfänge des franziskanischen Dritten Ordens». Vorgeschichte, Entwicklung der Regel. Ein Beitrag zur Geschichte des Ordens-und Bruderschaftwesens im Mittelalter. (Münster i. W., Aschendorff, 1925, VIII, 184 s.) («Franziskanische Studien», Beiheft 8.)
BOUTROUX.—«Etudes d'histoire de la Philosophie; la Philosophie de Jacob Boehm». (París, 1898, in 8.º)
BRÉHIER (E.).—«La philosophie de Plotin». (Revue des Cours et des Conférences. París, 1922.)
BREMOND (Henri).—«Histoire littéraire du sentiment réligieux en France despuis la fin des guerres de religion jusqu'à nos jours». Siete ts. en curso de publicación. París, Bloud et Gay, 1924 y sigs.)

BUENAVENTURA (San).—«Vida de San Francisco de Asís», escrita por el Seráfico Doctor ———, versión castellana del M. R. P. Ruperto M.ª de Manresa, capuchino. (Barcelona, Durán, s. a., 1906.) ——— «Legenda major». (Ed. de Quaracchi, 1898.)

CALLAEY (Dr. Frédegand) [O. M. Cap].—«L'Idéalisme franciscain spirituel au XIVᵉ siècle. Etude sur Hubertin de Casale». (Louvain, 1911.)

CALVINO (Juan).—«Institución de la Religión christiana». (Traducida por Cipriano de Valera, 1588.)

CARMICHAEL (M.).—«La Benedizione di S. Francesco». (Livorno, 1900.)

CARNER (José).—El poeta ——— tradujo al catalán «I Fioretti». (Barcelona, Lluis Gili, 1909.)

CASAL (Hubertino de) [Fin s. XIII com. s. XIV].—«Arbor Vitæ Crucifixe Jesu». (Venecia, 1845.)

CELANO (Fray Tomás de).—«S. Francisci Assisiensis vita et miracula additis opusculis liturgicis, auctore Fr. Thoma de Celano, hanc editionem novam ad fidem mss. recensuit P. Eduardus Alenconiensis ord. fr. min. cap.» (Romæ, Desclée, Lefebvre et soc., 1906.) ——— Eds. de su «Vita secunda»: Rinaldi (Roma, 1806); Amoni (Roma, 1880); Eduardo d'Alençon (Roma, 1906). ——— «Vida primera de San Francisco». Primera versión castellana, por el P. Fr. Pelegrín de Mataró, capuchino de la provincia de Nuestra Señora de Montserrat, de Cataluña. (Barcelona, Herederos de Juan Gili, 1909. Col. «Los Santos», t. V.)

CIVEZZA (P. Marcelino da) y DOMENICHELLI (P. T.).—«La Leggenda di S. Francesco, scritta da tre suoi compagni (Legenda trium sociorum) publicata per la prima volta nella vera sua integrità dai Patri ——— e ——— dei Minori». (Roma, MDCCCXCIX.)

CLOP (P. Eusebio) [O. F. M.].—«Les Cantiques de S. François et leurs mélodies: Cantique du Soleil. Mélodie grégorienne avec accompagnement». (Rome, Desclee et Cie., 1909.)

COLLELL (Jaume).—El canónigo ——— tradujo al catalán «I Fioretti». (Vich, «Gazeta Montanyesa», 1909.)

COSMO (Umberto).—«Le mistiche nozze di frate Francesco con Madonna Povertà». (En «Giornale Dantesco», 1899, t. III.)

CRISTOFANI (A.).—«Il più antico poema della vita di S. Françesco d'Assisi scrito innanzi all' anno 1230». (Prato, Guasti, 1882.)

CRONICA de los XXIV Generales, escrita en el año 1554 en la sancta casa del Abrojo, para la comunidad de la casa de Calahorra». (Ms. 26 del Colegio de San Isidoro de Roma.) [Versión castellana de la «Chronica XXIV Generalium».] ——— de Salimbene. Magnífica ed. por Holder-Egger, en «Mo-

numenta Germaniæ Historica, Script.», t. XXXII. (Hannover, 1905-1908.)
[La biografía de Salimbene, en «Neues Archiv der Gesellschaft für ältere deutsche Geschichtskunde», 1911, t. XXXVII y siguientes. Hannover y Leipzig.]

CHEVALIER (Ulysse).—«Répertoire des sources historiques du Moyen-age. Bio-bibliographie.» (París, Picard, 1907, 2 vols.)

CHOLAT (Auguste).—«Le Bréviaire de Sainte Claire conservé au Couvent de Saint Damien à Assise et son importance liturgique». (París, Fischbacher, 1904.)

DANDOLO (Tullio).—«Francesco d'Assisi e due suoi discepoli», (1847.)

DELACROIX.—«Essai sur le Mysticisme spéculatif en Allemagne au XIVᵉ siècle». (París, 1900.)

DENIFLE.—«Zur Verdammung der Schriften des Raimund Lull». («Arch. f. Litt. u. Kirdhg.», 1888.)

DIEPENBROCK.—«Heinrich Susos Leben und Schriften». (Regensburg, 1828.)

DUPERRAY (Jean).—«Le Christ dans la vie chrétienne, d'après Saint Paul». Thèse de doctorat en Théologie présentée à la Faculté de Lyon. (Gand, 1920; XIII + 204 págs.)

ECKART (Meister).—«Meister Eckart und seine Jünger. Ungedrukte Texte zur Geschichte der deutschen Mystik», herausgegeben von Franz Jostes. Friburgi Helvetiorum, 1895, Collectanea Friburgensia, IV.

EHRLE (P.) [S. J.].—«Zur Quellenkunde der älteren Franziskanergeschichte». En la «Zeitschrift Katholische Theologie». (Innsbruck, 1883, págs. 323 y s.)

——— «Kritische Mittheilungen über die ältesten Lebensbeschreibungen des hl. Franziskus». (En Id., íd., íd., págs. 389 y s.)

EIJO GARAY.—«Santo Tomás y la Mística». (Madrid, Voluntad, 1924.)

EISLER (R.).—«Wörterbuch der philosophischen Begriffe». (Berlín, 1913, 3 ts., 3.ª ed.)

——— «Philosophen-Lexikon. Leben, Werke und Lehren der Denker». (Berlín, 1912.)

ENGELHART.—«De Gersonio mystico». (Erlangen, 1823, in 4.º)

EUBEL (P.) [O. M. Conv.].—«Bullarii franciscani epitome sive summa bullarum in eiusdem bullarii quatuor prioribus tomis relatarum...» (Quaracchi, 1908. Un tomo in fol.)

FALOCI-PULIGNANI.—«Gli autografi di S. Frascesco». (En «Misc. Franc.», t. VI, págs. 33-39.)

FELDER (Dr. P. Hilarín) [O. Cap.].—«Die liturgischen Reimofficien auf die heiligen Franciscus und Antonius, gedichtet und componiert von Fr. Julian von Speier († + c. 1250); in moderner Choralschrift mit kritischer Abhandlung und 10 phototypischen Tafeln erstmals herausgegeben». (Freiburg, Schweiz, 1901.)

────── «Liber de laudibus beati Francisci ineditus, auctore fratre Bernardo a Bessa...» (Romæ, 1897.)

────── «Geschichte der wissenschaftlichen Studien im Franciskanerorden». (Freiburg in Br. Obra fundamental.)

FIORETTI (I.).—Las mejores eds. italianas de ────── Cesari (Verona, 1822) y Fornaciari (Florencia, 1902. «Collezione Diamante»). Las mejores eds. paleográficas son las de Manzoni di Mordano, Passerini y Manelli. (Vid. en el lugar correspondiente.) Traducidas al catalán por Carner y por Collell (Vid.)

«FLORETO de Sant Francisco». (Sevilla, 1492.)

FIERENS (A.).—«La question franciscaine. Les écrits des zélateurs de la règle aux premiers temps de l'histoire franciscaine d'après les récentes controverses par ──────». (Extrait de la «Revue d'histoire ecclésiastique», t. VII, núm. 2. Louvain, 1906, 26 págs.

FRANCK (A.).—«Dictionnaire des sciences philosophiques». Publicado bajo la dirección de ──────. (París, 1843-52, 6 ts., 1.ª ed.; ídem, 1875, I t., 2.ª ed.)

GALL (P. Nicolás Dal-) [O. F. M.].—«Il Cantico di Fratre Sole di S. Francesco d'Assisi». (Roma, Tip. dell'Instituto Pío IX, 1908. In 4.º, XII + 35 págs.)

GARAVANI (G.).—«La questione storica del Fioretti di S. Francesco e il loro posto nella storia dell' Ordine». En «Rivista storico-critica delle scienze teologiche», II (1906), págs. 269-90, 578-99.

GASS (W.).—«Geschichte d. christl. Ethikk.» (2 vol. Berlín, 1881-87, in 8.º)

GEBHART (Em.).—«L'Italie Mystique». (París, Hachette, 1890.)

GEILER VON KAYSERSBERG.—Ed. por Dacheux (1877 y 1882). Ed. por De Lorenzi (4 vols., 1831 a 1883.)

GILLET (Louis).—«Histoire artistique des Ordres Mendiants». (París, Laurens, 1912.)

GILSON (Etienne).—«Etudes de Philosophie médiévale». (Strasbourg, 1921.)

────── «La Philosophie de Saint Bonaventure». (París, 1924.)

GIOVANNA (Della).—«Rifioriture romantiche e questioni francescane, estratto del fascicolo di ottobre 1902 della Rivista d'Italia». (Roma, 17 págs.)

GOETZ.—«Die Quellen zur Geschichte des hl. Franz. v. A.» (Gotha, 1904.)

GOLUBOVICH.—«Biblioteca bio-bibliografica della Terra Santa...» (Quaracchi, 1906.)

GÖRRES.—«Der heilige Franziskus von Assisi ein Troubadour». En «Der Khatolik». (Strasbourg, 1826, t. XX.)

GRABMANN (M.).—«Mittelalterliches Geistesleben». Abhandlungen zur Geschichte der Scholastik und Mystik. München, Hueber, XII + 585 págs.
—— «Die Kulturphilosophie des hl. Thomas von Aquin». (Augsburg. Filser, 1925, 217 págs.)
GURNEY SALTER (Emma).—«Franciscan Legendes in Italian art.». (London, Dent., 1905.)
HASE.—«Franz. von Assisi». (Leipzig, 1856.)
HAUREAU.—«Hugues de Saint Victor. Nouvel examen de l'édition de ses œuvres». (París, 1859.)
—— «Les œuvres de Hugues d ‹ S. Victor». (1886).
HERBERT (Abate).—«De la Imitación de Cristo meditada», por el ——, trad. de 15.ª ed. francesa, por D. Joaquín Rubió y Ors. 5.ª ed., 2 ts. E. Subirana. Barcelona, 1912.
HERING (H.).—«Die Mystik Luthers im Zusammenhang z. Theologie u. in ihr. Verhältn. z. ält. Mystik». (Leipzig, 1879, 8.º)
HOLZAPFEL (Dr. Heribert) [O. M.].—«Handbuch der Geschichte des Franziskanerordens». (Freiburg i. B., Herder, 1905.)
HUGUENY (R. P.).—«La doctrine mystique de Tauler» («Revue des Sciences Philosophiques et Théologiques», mars-avril, 1921.)
JODL (Fr..).—«Geschichte d. Ethik in d. neueren Philosophie». T.º I; bis Ende d. 18 Jahrh. (Stuttg., 1882.)
JÖRGENSEN (Johannes).—«San Francisco de Asís. Biografía». Versión castellana de Ramón María Tenreiro, anotada por Fr. José María de Elizondo, Menor Capuchino, 3.ª ed. Exclusivas de venta de Editorial Voluntad. Madrid (ediciones de «La Lectura»), 2 ts.
JOURDAIN.—«Doctrina Joh. Gersonii de Theologia mystica» (París, 1838, in 8.º)
JUNDT (A.).—«Essai sur le mysticisme speculatif de maître Eckart». (Strasbourg, 1871.)
KALLEN (G.).—«Josef Görres und der deutsche Idealismus». Festvortrag bei der Reichsgründungsfeier der Westfälischen Wilhelms-Universität in Münster am 18. Januar, 1926. Münster, Aschendorff, 48 págs. (Aschendorffs zeitgemässe Schriften, II.)
KAMSHOFF.—«Das Brevier des hl. Franziskus». En «Der Katholik». (Mainz, 1902, t. 1.º, págs. 335-340.)
KATONA (Louis).—«Description du Manuscrit Franciscain de Budapesth (Antiqua Legenda S. Francisci)». París, Fischbacher, 1904. («Opuscules de critique historique», t. II.)
KILGENSTEIN (J.).—«Die Gotteslehre des Hugo von St. Victor nebst einer einleitenden Untersuchung über Hugo's Leben und seine hervorragendsten Werke. (Würzburg, 1898.)
KRAUSE (J.).—«Die Lehre des hl. Bonaventura über die Natur der körperlichen und geistigen Wesen, und ihr Verhältniss zum Tomismus». (Paderbon, 1888.)

KREYHER (J.).—«Die mystischen Erscheinungen d. Seelenlebens u. die biblischen Wunder», 2 ts. 8.º (Stutt., 1880.)

KRUITWAGEN (P.) [Franciscano].—«Descriptio nonnullorum Mss. quibus insunt libelli Speculum perfectionis et Actus B. Francisci». En «Arch. Franc. Hist.» (Quaracchi), t. I (1908), págs. 301-412.

LAFENESTRE (G.).—«Saint François d'Assise et Savonarole, inspirateurs de l'art italien». (París, Hachette, 1911.)

LANGENBERG (R.).—«Quellen u. Forschungen z. Geschichte d. deutschen Mistik». (Bonn, 1902, 8.º)

LASSON (A.).—«Meister Eckhart, der Mystiker». (Berl., 1868, 8.º)

LAURAND (l.) [S. J.].—«Le «Cursus» dans la Légende de Saint François para Saint Bonaventure». En la «Revue d'histoire ecclésiastique». (Lovaina), t. IX (1910), págs. 257-262.

LECUY.—«Vie de Gerson». (París, 1832, 2 vols. 8.º)

LEGGENDA di S. Francesco d'Assisi, scrita dalli suoi compagni che tutt' hora conversavano con lui. (Recanati, 1856.) [Hay una traduc. española: «Leyenda de San Francisco de Asís por sus tres compañeros. Manuscrito del siglo XIII, publicado por la primera vez por el Abate Simón de Latreiche, traducido del francés al español por Fray Domingo de París, 3.ª Ord. Min. Cap.». París, Librería de Rosa y Bouret, 1865.]

LEMMENS (P.).—«Documenta antiqua franciscana». (Quaracchi, 1901 y sigs.)

——— «Der hl. Bonaventura, Kardinal und Kirchenlehrer aus dem Franziskaner orden». (Kempten, Kösel, 1909.)

——— «Dialogus de vitis sanctorum fratrum minorum. Scriptum circa 1245». (Romæ, 1902.)

LOPEZ (P. Fr. Atanasio) [O. F. M.].—«Máximas de un Santo. Sentencias piadosas del Beato Gil, compañero de San Francisco de Asís», ordenadas por el ——— (Madrid, G. del Amo, 1910.)

LOTZE (A.).—«Kritische Beiträge zu Meister Eckhart». (Halle, 1907, 8.º)

MALAN (Chavin de).—«Vie de S. François d'Assise». (París, 1841.)

MALVEZZI.—«Saggio sul misticismo cristiano». (Bolonia, 1906.)

MANELLI (A.).—«I Fioretti di Sancto Francesco ilustrati da Attilio Razzolini». (Città di Castello, Lapi, 1908.)

MANZONI DI MORDANO (Luigi).—«I Fioretti di Sancto Franciescho secondo la lezione del codice florentino scritto da Amaretto Manelli» [a. 1396]... Edizione II con XXX fototipie. Roma, Loescher, 1902. (1.ª ed. 1900.)

MARGERIE.—«Essai sur la philosophie de Saint Bonaventure». (París, 1855, in 8.º)

MARTENSEN (H.).—«Meister Eckart». (Hamb., 1842, 8.º)

MENGE (Gisbert).—«Der selige Aegidius von Assisi». (Paderborn, 1906.)

MICHAEL (Em.).—«Salimbene und seine Chronik». (Innsbruck, 1889.)

MIGNON (A.).—«Les origines de la scolastique et Hugues de S. Victor». (París, 1895, 2 vols.)

MINOCHI (Salvatore).—«La legenda antica. Nuova fonte biografica di San Francesco d'Assisi tratta de un codice vaticano...» (Firenze, 1905.)

——— «Le mistiche nozze di San Francesco e Madonna Povertà». (Firenze, 1901.)

MONNIER (León Le).—«Histoire de S. François d'Assise». (París, 1889,)

MONTGOMERY CARMICHAEL.—«The frescoes in the Upper Church at Assisi». En «Franciscan Annals», t. XXXV (1911.)

MORIN (Federico).—«Saint François d'Assise et les franciscains». (París, Hachette, 1853.)

MOUGUEL (D. A.).—«Dyonisius der Karthäuser (1402-1471, sein Leben, sein Wirken, eine Neuausgabe seiner Werke. (Mülheim, 1898.)

MÜLLER (Carlos).—«Die Anfänge des Minoritenordens und der Bussbruderchaften». (Friburgo, 1885.)

NANTES (P. René de) [Capuchicho].—«Histoire des Spirituels...». (Couvin, 1909.)

NOVATI (Dr.).—«Sull'autore del più antico poema della vita di S. Francesco». («Miscell. Francescana», t. V, 1890.)

ORTROY (P. Van).—«La Légende de S. François d'Assise par Mulien de Spire». (Bruxelles, 1902.)

——— «La Légende de S. François d'A., dite "Legenda trium sociorum"». (Bruxelles, 1901.)

OZANAM.—«Les poètes franciscains d'Italie». (París, 1852.)

PAOLI (Francesco).—«Canticci di S. Francesco d'Assisi (texto di lingua)». (Torino, 1843.)

PAPINI.—«Notizie sicure della morte... di S. Fr. d'A.». (2.ª ed. Foligno, 1824.) (Sobre la «Legenda brevis», de Fray Tomás de Celano, vid. pp. 239-243.)

PARDO BAZÁN (Emilia).—«San Francisco de Asís. (Siglo XIII.)». (Con un prólogo por Menéndez y Pelayo. 2.ª ed., París, 1886.) (1.ª ed. en 1882.)

PASSERINI (G. L.).—«I Fioretti del glorioso Messere Santo Francesco e de'suoi frati». (Firenze, Sansoni, 1903.) (La 2.ª ed., 1905, sigue un ms. del siglo XV, de la Riccardiana de Florencia.)

PELTZER.—«Deutsche Mystik und deutsche Kunst». (Strassburg. 1899.)

PÉREZ DE URBEL (R. P. Justo). [Benedictino de Silos]—«Semblanzas benedictinas». (Madrid, Editorial Voluntad, MCMXXVI. 2 tomos.)

PFEIFFER.—«Deutsche Mystiker d. 14. Jhdts. (2 vols., 1845-1857.)

PICAVET (François).—«Esquisse d'une histoire générale et comparée des Philosophies médiévales par ...» (París, Alcan, 1907.)
PORRENTRUY (M. R. P. Luis Antonio de).—«Saint François d'Assise». (París, Plou, 1885.)
POU (P. José M.). [O. M.].—«Fr. Gonzalo de Balboa, primer General español de la Orden». (En «Revista de Estudios Franciscanos», Barcelona, t. VII (1911), pp. 171-180 y 332-342.)
PRAT (F.).—«Dionisio Cartujano y los nuevos editores de sus obras». (Burgos, 1897.)
PREGER (Wilhelm).—«Geschichte der deutschen Mystik im Mittelalter». (Leipzig, Dörffling u. Franke, 1874-1893; in 8.º, 3 vol.)
PRUDENZANO (E.).—«Francesco d'Assisi e il suo secolo». (1852.)
REDERSTORFF (P. Maternus). [O. M.].—«Die Schriften des heil. Franziskus von Assisi. Neue deutsche Uebersetzung nebst Einleitung und Anmerkungen». (Regensburg, Pustet, 1910. 216 pp.) (Versión alemana de las obras de San Francisco.)
ROBINSON (Fr. Pascual). [O. F. M.].—«The Writings of Saint Francis of Assisi». (Philadelphia, The Delphin Press, y London, Dent, 1906.)
——— «The Life of Saint Clare ascribed to Fr. Thomas of Celano... traslated and edited from the earliest Mss. by Fr. Paschal Robinson, of the same Order...» (Philadelphia, The Dolphin Press, 1910.)
——— «A Short Introduction to Franciscan Literatur». (New York, 1907.)
ROUSSELOT (Pierre).—«Pour l'histoire du problème de l'Amour au Moyen-age». (Beiträge zur Geschichte der Philosophie des Mittelalters, t. VI.) (Münster, 1908.)
RUYSBROECK.—«Werken van Jan van Ruysbroeck». (Ed. David. Gent, 1860-1863.)
——— «L'ornement des noces spirituelles, de Ruysbroeck l'admirable, traduit du flamand et accompagné d'une introduction para Maurice Mæterlinck». (Bruxelles, Lacomblez, MCM.)
SABATIER (Paúl).—«Speculum perfectionis seu S. Francisci Assisiensis legenda antiquissima, auctore fratre Leone. Nunc primum edidit...». (París, Fischbacher, 1898.) (Tomo 1.º de la Colection d'études et de documents sur l'histoire religieuse et littéraire du Moyen-age».)
——— «Vie de S. François. Étude critique des sources».
——— «Examen de quelques travaux récents sur les opuscules de Saint François». («Opuscules de critique historique», t. II, fascículo X. París, Fischbacher, 1904.)
——— «Vie de Saint François de Assise». (París, 1894.)
——— «L'Incipit et le premier chapitre du Speculum Perfectionis», par... (París, Fischbacher, 1910.) («Opuscules de critique historique», fasc. XVI.)

SABATIER (Paul).—«S. Francisci Legendæ veteris fragmenta quæ-dam». (París, 1902.) («Opuscules de critique historique», t. I.)

SAN ANTONIO (Juan de).—«Biblioth. Franciscana». (Madrid, 1732.)

SCHMIDT (Charles).—«Etudes sur le mysticisme allemand au XIVᵉ siècle». (Mémoires de l'Academie des Sciences Morales et Politiques, 1847.)

——— «Essai sur Jean Gerson» (Strasbourg, 1835, en 8.º)

SCHUNÜRER (Gustavo).—«Neuere Quellensforschungen über den hl. Franz. von A.» (En Historisches Jahrbuch, Munich, t. XXVIII, 1907.)

——— «Franz von Assisi». (München, 1905.)

STADERINI.—«Sulle fonte dei Fioretti di S. Francesco». (En el Bolletino della Deputazione Umbra di storia patria, 1895.)

STROWSKY (Fortunet.).—«Histoire du sentimment religieux en France au XVIIᵉ siècle. Pascal et son temps». (París, Plou-Nourrit et Cie., 1909-1913. Tres vols, en 8.º m.)

SUSO.—Hay ed. crítica de sus obras por Diepenbrock (1854).

———«Ouvres mystiques du bienheureux Henri Suso», trad. Thiriot. (París, 1899.)

SUTTINA (Luigi).—«Appunti bibliografici di studi francescani». (Erlangen, Junge, 1904. 28 pp. aparte del «Kritischer Jahresbe-richt über die Fortschrite der Romanischen Philologie», t. VI, pp. 275-280.)

TAMASSIA (Nino).—«San Francisco d'Assisi e la sua leggenda». (Padova, Drucker, 1906. Traducido al inglés por Lonsdale Ragg, London, 1910.)

TAULER.—Edic. crítica. (Hamburg, 1864.)

TILEMANN (Enrique).—«Speculum perfectionis und Legenda trium sociorum». (Leipzig, 1902.)

THODE (Enrique).—«Franz von Assisi und die Anfänge der Kunst der Renaissance in Italien». (Berlín, Grote, 1885. XII + 573 pp. La segunda ed. aum. y mejorada, 1904, trad. al francés por Gastón Lefèvre: «Saint François d'A. et les origines de l'art de la Renaissance en Italie».) (París, Laurens, 1909, dos ts.)

TORRE (Arnaldo della).—«I Fioretti di S. Francesco con introdu-zione e commento». (Torino, Paravia, s. a., 1909.)

TRADOS (Joan Salvador).—«Hechos y dichos espirituales de los ilustres y heroicos varones y mujeres de la Religión Seráfica». (Barcelona, Hubert Gotard, 1581.)

VICETIA (A. M. a.) y RUBINO (J. a.).—«Lexicon Bonaventuria-num phil. theol.» (Venetiis, 1880.)

WADDING (Lucas, O. M.).—Ed. de las obras de S. Francisco. (Anvers, 1623.)

——— «Annales minorum». (Roma, 1625.)

WATRIGANT (P. Henri).—«Quelques promoteurs de la médita-tion méthodique au XVᵉ siècle». (Enghien, 1919.)

WAUTIER D'AYGALLIERS (A.).—«Ruysbroeck l'admirable». París, 1923.

WEIS (J. E.).—«Julian von Speier». (Munich, 1900.)
—————— «Die Choräle Julian's von Speier zu den Reimoffizien des Franciskus und Antoniusfestes..., nach Handschriften herausgegeben». (Munich, 1901.)

WERNER (K.).—«Heinrich y Gent als Repräsentant d. cristl. Platonismus im 13. Jahrh.» (Wien. Ac. 1878, en 4.º)

WOLKMANN (Wilh.).—«Der Mystiker Heinrich Suso». (Duisbourg, 1869.)

WULF (Maurice de).—«Hist. de la phil. médiévale». (1912.)
—————— «Storia della Filosofia medioevale prima traduzione italiana del Sac. Alfredo Baldi. Dalle quarta edizione franzese riveduta, emendata e accresciuta dall'autore». (Dos vol. Firenze, Libreria editrice fioretina, 1913.)

ZAMBRINI.—«Le opere volgari a stampa dei secoli XIII e XIV», (Cuarta ed. Bolonia, 1884.)

ADICIONES

ÁLVAREZ, P.— *Santos, bienaventurados, venerables de la Orden de Predicadores.* Vergara. 1920. 3 vols.

ASTRAIN, A.— *Historia de la Compañía de Jesús en la Asistencia de España.* Madrid, 1902-25. 7 vols.

BERNADOT, V. M.— *La Orden de Predicadores.* Bogotá, 1948.

BRACOLONI, L.— *Spiritualitá franciscana.* Milán, 1937. 3 vols.

BRAVO, N.— *Tractatus monasticus de iure et potestate Regularis Observantiae S. Bernardi Hispaniae.* Pamplona, 1946.

BRETÓN, V. M.— *La spiritualité franciscaine.* París, 1935.

CANIVEZ, J. M.— *Statuta Capitulorum Generalium Ordinis Cisterciensis ab anno 1116 ad annum 1786.* Lovaina, 1933.

CARRIÓN, A.— *Sagrada Orden de Predicadores.* Salamanca, 1930.

CASTILLO, H. del.— *Historia General de Santo Domingo y su Orden de Predicadores.* Valencia, 1592-1621. 5 vols.

CLAVEL, A.— *Antigüedad de la Religión y Regla de San Benito Magno.* Madrid, 1645.

DUNHAR, H. F.— *Symbolism in Medieval Thougth and its Consummation in the Divine Comedy.* Yale Univ. Press. 1929.

EMPOLI, M. de.— *Bullarium Ordinis Eremit S. Augustini.* Roma, 1961.

EUCKEN, R.— *Hautprobleme der Religionsphilosophie der Gegenwart.* Berlín, 1907.

FABO, P.— *Historia General de Agustinos Recoletos.* Barcelona, 1927.

GOMIS, J. B.— *Místicos franciscanos.* Madrid, 1948-49, 2 vols.

GRUNEWALD, S.— *Franziskanische Mystik.* Munich, 1932.

GUERNICA, J. de.— *Introducción a la mística franciscana.* Buenos Aires, 1925.

LÓPEZ, Atanasio.— «Notas de bibliografía franciscana», *Archivo Ibero-Americano,* XXV, Madrid, 1926, p. 186; XXVI, pp. 177-209; XXXII, 1929, pp. 342-64; XXXVIII, pp. 353-83, y 1942, pp. 159-69.

LÓPEZ, J.— *Historia General de Santo Domingo y su Orden de Predicadores.* Valencia, 1613.

MÁRQUEZ, J.— *Origen de los Frailes Ermitaños de la Orden de San Agustín.* Salamanca, 1608.

MARTÍNEZ VIGIL, R.— *La Orden de Predicadores. Ensayo de una Biblioteca de Dominicos españoles.* Madrid, 1884.

MONTALVO, B. de.— *Crónica de la Orden del Cister.* Madrid, 1602.

MURISIER, M.— *Les maladies du sentiment religieux.* París, 1901.

OSSINGER, I. F.— *Bilbiotheca Augustiniana.* Ingolstadts, 1768.

PARDO VILLAR, A.— *Los Dominicos en Santiago.* Santiago, 1953.

PIQUER I JOVER, J. J.— *Catalunya Cistercenca.* Barcelona, 1967.

PLAINE, B.— *La Regla de San Benito y su introducción en España.* Valencia, 1900.

PORTILLO Y AGUILAR, S.— *Crónica Espiritual Augustiniana.* Madrid, 1731.

ROS, P. F. de.— *Un maître de Sainte Thérèse: Le Père François d'Osuna.* París, 1936.

SANTA TERESA, D. de.— *Historia General de los Religiosos Descalzos del Orden de Ermitaños del Gran Padre y Doctor de la Iglesia San Agustín.* Madrid, 1664.

SANTOS, F. de los.— *Cuarta Parte de la Historia de la Orden de San Gerónimo.* Madrid, 1680.

SIGÜENZA, J. de.— *Historia de la Orden de San Jerónimo.* Madrid, 1907-9. 2 vols.

STEPHENE, P.— *Le maître de la mystique Saint Pierre d'Alcántara.* París. 1959.

TORRÓ, A.— *Teoría ascético-mística franciscana.* Valladolid, 1925.

VALOUS, G. de.— *Le Monachisme Clunisien des origines au XV siècle.* París, 1935. 2 vols.

WATKIN, E. J. *The Philosophy of Mysticism.* Nueva York, 1920.

YEPES, A. de.— *Crónica General de la Orden de San Benito.* Valencia y Pamplona, 1613-1621. 7 vols.

ZAEHNER, R. C.— *Mysticism, Sacred and Profane.* Oxford, 1957.

ZIEGELBAUER, Magnoald.— *Historia rei literariae Ordinis S. Benedicti, in IV partes distributa.* Augustae Vind. et Herbipoli, Veith, 1754. 4 vols.

ZIMMERMANN, A.— *Kalendarium Benedictinum.* Metten, 1933-38. 4 vols.

§ 6.—MANIFESTACIONES NO RELIGIOSAS DEL MISTICISMO DESDE EL RENACIMIENTO Y SUS RELACIONES CON NUESTRA LITERATURA MÍSTICA.

BARTOLOCCI.—«Biblioteca magna rabinica». (Roma, vol, III, 1675.) (Sobre León Hebreo.)

BELLONI (A.).—«Il Seicento». (Milano, 1898.)

CARVALHO (Joaquim de).—«Leäa Hebreu, filosofo. (Para á historia do platonismo no Renascimento.)» (Coimbra, 1918. El último y más completo estudio sobre León Hebreo.)

CIAN (Vittorio).—«I contatti letterari italo-provenzali e la prima rivoluzione poetica d. lett. italiana». (Messina, 1900.)

COSMO (Umberto).—«Che legenda di S. Francesco abbie Dante specialmente conosciuta». (Florencia, 1899, en el «Giornale Dantesco», serie III, a. VII, págs. 63-70.)

CROCE (B.).—«Primi contatti fra Spagna e Italia». (Memorie. Napoli, 1893.)

DELISLE (L.).—«Anciennes traductions françaises du traité de Pétrarque sur les remèdes de l'une et l'autre fortune». (Notices et Extr. des Ms., t. 34, I.)

DELITZSCH.—«Leo der Hebräer. Charakteristik seines Zeitalters, seiner Richtung und seiner Werke». (In «Litteraturbläter des Orientes», 1840, 4.º, n.º 6.)

DE SANCTIS.—«Storia della letterature italiane. Nuova edizione a cura di B. Croce». (Bari, Latenza, 1912.) (Especialmente vol. I, capítulo II.)

ELSEE (Charles).—«Neoplatonism in relation to christianity, en essai». (Cambridge, University Press, 1908, 144 p. 12.º)

FARIA (A. de).—«Portugal e Italia». (Ensaio de Diccionario Bibliographico.) (Liorna, 1898.)

FLAMINI (F.).—«Il Cinquecento». (Milán, 1902.)
——— «Imitazione italiane in Garcilasso de la Vega». («Le Bibl. d. scuole ital.», 1 juillet 1899.)

FRANKC.—«Système de la Kabbale». (París, 1842.) (Sobre León Hebreo.)

FÜRST.—«Biblioteca Judaica». (Leipzig, 1863.) (Sobre León Hebreo.)

GIDEL (Ch. Ant.).—«Les troubadours et Pétrarque». (Angers, 1857.)

HARRISON (John S.).—«Platonism in English Poetry of the XVI and XVIIth centuries». (New-York, 1903.)

HUIT (Ch.).—«Le platonisme pendant la Renaissance». (In «Annales de Philosophie Chrétienne», 1895-1897.)

KAYSERLING.—«Biblioteca española-portugueza-judaica». (Strasburgo, 1890.) (Sobre León Hebreo.)

KŒPPEL (E.).—«Studien zur Geschichte des englischen Petrarchismus in 16. Jahrh.». (Rom. F. V., 1891.)

LAFENESTRE (Georges).—«La crise de la beauté à Florence au xvᵉ siècle. (R. d. D. M., 1 décembre 1906.)

LEFRANC (A.).—«Le platonisme dans la littérature en France à l'époque de la Renaissance (1500-1550)». (R. d'h. l. Fr. III, 1896.)

——— «Marguerite de Navarre et le Platonisme de la Renaissance». (París, 1899.)

MENÉNDEZ PELAYO.—«Ideas Estéticas». (T. II, 1.ª ed.)

——— «Estudios de crítica filosófica».

——— «Boscán». (T. XIII de la «Antología de poetas líricos».)

MEZIERES (A.).—«Petrarque, étude d'après nouveaux documents». 3.ᵉ edit. Couronné par l'Ac. Fr. París, Hachette.)

MILÁ Y FONTANALS (MANUEL).—«Notas sobre la influencia de la literatura italiana en la catalana». (Barcelona, 1877.)

MUNK.—«Mélanges de philosophie juive et arabe». (París, 1859.) (Sobre León Hebreo.)

PAGÉS (Amadeo).—«Auzias March et ses predécesseurs». (París, 1912. Véase RUBIÓ.)

PARIS (Gastón).—«L'Art d'aimer» dans le T. I. de «Le Poésie du Moyen-age». (París, Hachette.)

PETRARCA (Francisco).—«Tractado del clarissimo Orador y poeta Francisco Petrarcha, que trata de la excelencia de la vida solitaria. Donde se tratan muy altas y excelentes doctrinas y vidas de muchos sanctos que amaron la soledad.» (Medina del Campo, 1551, Guillermo de Millis.)

——— «Tratado del cla | rissimo Orador y poeta Fran | cisco Petrarca q trata de la excelencia de la vida solitaria. Donde se tratan muy | altas y excelentes doctrinas y vi | das de muchos Sanctos q ama | ron la Soledad. (Escudo del i.) ¶ En Medina del campo por Guillermo | de Millis. Año 1553. (Al fin.) Fue impresa en Medina del Campo | por Guillermo de Millis». (117 hs. fols. en 8.º)

——— «Los Trivm- | phos de Franci- | sco Petrarca, ahora nueuamen- | te traduzidos en lengua Ca- | stellana, en la medida, y | numero de versos, | que tiene[n] en el Toscano, | y con | nueua glosa». (E. del i.) Vendese en Medina del Campo, en casa | de Guillermo de Millis. | Con Pruilegio Imperial. | Esta tassado en ... (Al fin.) Impresso en Medina | del Campo en casa | de Guillermo de Millis | detras de Sant Antolin. Año M.D.LIIII. (4.º — 189 hs. fols. + 10 de prels y 3 al fin sin n.)

PIERI (Marius).—«Le petrarquisme au xviᵉ s. Petrarque et Ron-

sard ou de l'influence de Petrarque sur la Pléiade française».
(Marseille, 1895.)

PUCCINOTI (F.).—«Di Marsilio Ficino e dell-accademia platonica
fiorentina». (Firenze, 1865.)

ROCHOLL.—«Der Platonismus der Renaissancezeitt». («Zeitschr.
f. Kirchengesch», XIII, 1, 1892.)

ROSSI.—«Saggio sui trattati d'Amore del cinquecento. Contributo
alla storia dei costumi italiani nel secolo XVI». (Recanati, 1889.)
———— «Dizionario storico degli autori ebrei e delle loro opere».
(Parma, 1802.) (Sobre León Hebreo.)

ROUSSELOT (Pierre).—«Pour l'histoire du problème de l'Amour
au Moyen-age». (Münster, 1908.)

RUBIO Y LLUCH (A.).—«Comentaris sobre une critice d'Auzias
March». (Barcelona, 1912.) (Sobre el libro de Pagés.)
———— «El renacimiento clásico en la literatura catalana». (Bar-
celona, 1889.)

SAINT-MARC GIRARDIN.—«Du Banquet de Platon et de
l'amour platonique jusqu'à la fin du XVe siècle». (R. de D. M.,
15 oct. 1847.)

SAVJ LOPEZ (P.).—«Un petrarchista spagnuolo, Gutierre de
Cetina». (Vecchi, 1896.)

SCARANO (N.).—«Fonti provenzali e italiane della lirica Petrar-
chesca». (Studi d. fil., romanza 22, 1900, VIII, 1901.)
———— «El Platonismo nelle poesie di Lorenzo de Medicis».
(Ag. y sept. 1893.)

SCHIFF (M.).—«La première traduction espagnole de la Divine
Comédie». Estr. de «Homenaje a Menéndez y Pelayo», etc.
(Madrid, 1899.)

SIEVELING (K.).—«Die Geschichte der platonischen Akademie
zu Florenz». (Hamburg, 1844.)

SÖDERHJELM (W.)—«Petrarca in der deutschen Litt.» (München, 1886; cf. Z. f. vgl. Litt., I, 177.)

SOLMI (Edmondo).—«Benedetto Spinoza e Leone Hebreo. Studio su
una fonte italiana dimenticata dello spinozismo». (Modena, 1903.
Véase Recensión, por G. Gentile, en «Crítica», vol. II, 1904.)

STEIN.—«Leo Hebraens». (In «Archiv. für Geschichte der Philosophie». Berlín, 1889.)

VIANEY (J.).—«L'influence italianne chez les précurseurs de la
Pléiade». (Ann. Bordeaux, Bull. ital., 2. 1903.)

WHITTAKER (Th.).—«The Neo-Platonists, a study in the history
of Hellenism». (Cambridge, 1901.)

WOLF.—«Biblioteca hebraeorum». (Hamburgo, 1715-1733.)
(Sobre León Hebreo.)

ZIMMELS.—«Leo Hebraeus, ein jüdischer Philosoph der Renaissance, sein Leben und seine Lehren». (Breslau, 1886.) (In 8.º
120 páginas.)
———— «Leone Hebreo. Neue Studien». (Viena, 1892.)

ADICIONES

ABAD, A. M.—«Ascetas y místicos españoles del Siglo de Oro anteriores y contemporáneos al V. P. Luis de la Puente», *Miscelánea Comillas*, X, 1948, pp. 27-125.

ALATORRE, Antonio.—«Quevedo, Erasmo y el Doctor Constantino», *Nueva Revista de Filología Hispánica*, 7, 1953, pp. 673-685.

ALVENTOSA, J. S.—*La escuela mística alemana y sus relaciones con los místicos de nuestro siglo de oro*. Madrid, 1946.

ANDRÉS, Melquíades.—*Nueva visión de los alumbrados de 1525*. Madrid, 1972.

ANDRÉS MARTÍN, Melquíades.—*Los recogidos. Nueva visión de la mística española (1500-1700)*. Madrid. Fundación Universitaria Española. 1976. 850 pp.

ASENSIO, E.—«El erasmismo y las corrientes espirituales afines», *Revista de Filología Española*, 36, Madrid, 1952, pp. 31-99.

BATAILLON, M.—«Alonso de Valdés, auteur du Dialogo de Mercurio y Carón» en *Homenaje a Menéndez Pidal*. Madrid, 1925, I, pp. 403-405.

——— *Erasme et l'Espagne*. París, 1937.

BAYER, R.—«Les thèmes du néoplatonisme et la mystique espagnole de la Renaissance», en *Hommage à Ernest Martinenche*. París, 1939, pp. 59-74.

BELTRÁN DE HEREDIA, V.—*Las corrientes de espiritualidad entre los dominicos de Castilla durante el siglo XVI*. Salamanca, 1941.

BOADO, F.—«Baltasar Álvarez, S. I., en la historia de la espiritualidad del siglo XVI», *Miscelánea Comillas*, 51, 1964, pp. 155-257.

BONILLA Y SAN MARTÍN, A.—*Luis Vives y la filosofía del Renacimiento*. Madrid, 1929, 3 vols.

CANTIMORI, D. *Eretici italiani del cinquecento*. Firenze, 1939.

CASTELLAN, Ángel.—«Juan de Valdés y el círculo de Nápoles», *Cuadernos de Historia de España*, 35 y 36, 1962, pp. 202-273; 39 y 40, 1964, pp. 261-308; 41-42, 1965, pp. 136-223; 43 y 44, 1906, pp. 188-244.

CASTRO, Américo.—«Lo hispánico y el erasmismo», *Revista de Filología Hispánica*, 2, Buenos Aires, 1940, pp. 1-34; 4, 1942, pp. 1-66.

CASTRO, Américo.— *España en su historia. Cristianos, moros y judíos.* Buenos Aires. Losada, 1948.
——— *La realidad histórica de España,* México. 1954.
CIONE, Edmondo.— *Juan de Valdés. La sua vita e il suo pensiero religioso, con una completa bibliografía delle opere del Valdés e degli scritti intorno a lui.* Nápoles, 1963.
COLUNGA, Emilio.— «Intelectualistas y místicos en la teoría española del siglo XVI», *La Ciencia Tomista,* IX, Madrid, 1914, pp. 209-221, 377-394; X, 1914, pp. 223-242; XI, 1915, pp. 237-253; XII, 1915, pp. 2-25.
CORVALAN, Octavio.— *Utopía y realidad en el erasmismo español.* Tucumán. Universidad Nacional de Tucumán. 1954.
DOUIE, D. L. *The nature and the effect of the heresy of the fraticelli.* Manchester, 1932.
DILTHEY, Wilhelm.— *Hombre y mundo en los siglos XVI y XVII.* México. Fondo de Cultura Económica. 1947.
ELTON, G. R.— *Reformation Europe 1517-1559. (Meridian Histories of Modern Europe).* Cleveland y New York, 1964.
FERNANDEZ Y F. DE RETANA, Luis.— *Cisneros y su siglo. Estudio histórico de la vida y actuación pública del Cardenal D. Fr. Francisco Ximénez de Cisneros.* Madrid, 1929-1930. 2 vols.
GARCÍA ORO, José.— *La reforma de los religiosos españoles en tiempos de los Reyes Católicos.* Valladolid, 1969.
GROULT, P.— *Les mystiques des Pays-Bas et la Littérature espagnole du seizième siècle.* Lovaina, 1927.
——— «Escritores españoles del siglo XVI en los Países Bajos», *Actas del Primer Congreso Internacional de Hispanistas.* Oxford, 1946, pp. 87-105.
HUERGA, A.— *Predicadores, alumbrados e Inquisición en el siglo XVI.* Madrid, 1973.
HUIJBEN, J.— «Ruysbroeck et Saint Jean de la Croix», *Etudes Carmélitaines,* 17, 1932, pp. 227-236.
INMACULADA, Ramón de la.— «El fenómeno de los alumbrados y su interpretación», *Ephemerides Carmeliticae,* IX, 1958, pp. 49-80.
JAHIER, August.— *Riformatori e riformati dei secoli XV e XVI.* Firenze, 1924.
LONGHURST, John E.— *Erasmus and the Spanish Inquisition. The case of Juan de Valdés.* Alburquerque. New Mexico, 1950.
LLAMAS-MARTÍNEZ, E.— «Orientaciones sobre la historia de la teología española en la primera mitad del siglo XVI (1500-1550)», en *Repertorio de Historia de las ciencias eclesiásticas en España.* Salamanca, 1967, vol. I, pp. 95-174.
LLORCA, Bernardino.— «Alumbrados españoles en los siglos XVI y XVII», *Razón y Fe,* CV, Madrid, 1934, pp. 323-342 y 467-485.
MARAVAL, José Antonio.— *Carlos V y el pensamiento político del Renacimiento.* Madrid, 1960.

MÁRQUEZ, Antonio.—«Origen y naturaleza del iluminismo según un parecer de Melchor Cano», en *Revista de Occidente,* 63, 1968, pp. 320-333.

—— *Los alumbrados. Orígenes y Filosofía, 1525-1559.* Madrid. Taurus, 1972.

MONLERAS, Donato.—«Dios, el hombre y el mundo en Alonso de Madrid y Diego de Estella», *Collectanea Franciscana,* 27, 1957, pp. 233-281, 345-384; 28, 1958, pp. 155-210.

PALACIOS, A.—«Sadilíes y alumbrados», *Al-Andalus,* XI, 1946, pp. 248-255.

PIÑERA, Humberto.—*El pensamiento español de los siglos XVI y XVII.* Nueva York, 1970.

RICART, D.—*Juan de Valdés y el pensamiento religioso europeo en los siglos XVI y XVII.* México, 1938.

SANCHIS ALVENTOSA, Joaquín.—*La Escuela Mística Alemana y sus relaciones con nuestros místicos del Siglo de Oro.* Madrid, 1946.

SANTA TERESA, Domingo de.—*Juan de Valdés. Su pensamiento religioso y las corrientes espirituales de su tiempo.* Roma, 1957.

SELKE, Angela.—*Algunos aspectos de la vida religiosa en la España del siglo XVI; los alumbrados de Toledo.* Madison. Wisconsin, 1953.

VAN DEN BRINK, Bakhuirez J. N.—*Juan de Valdés, reformateur en Espagne et en Italie.* Ginebra. Librairie Droz, 1969.

APÉNDICE AL CAPÍTULO III

Obras impresas en España hasta el año 1500, que han de ser especialmente estudiadas para determinar los elementos filosóficos y teológicos que influyeron en la formación de nuestra literatura mística.

ABUDARHAM.—«Comentario sobre el orden de las oraciones». (Lisboa, 1489.) Fol. 170 hjs.

AMBROSIUS (S.).—«De officiis», Barcelona, por Pedro Michael. (1943.)

«ANTICHRISTO». Trad. por M. Martínez de Ampies. Zaragoza [por Pablo Hurus]. (1496.)

ANTONINUS de Florencia.—«Suma de Confesión (Defecerunt)». Sevilla Men, Ungut y Stanislao polono, 1492, 7 de abril, 4.º Hay nueve ediciones más.

ARISTÓTELES.—«Ethicas. De moribus». Zaragoza, Pablo Hurus, 1492, 22 de septiembre, fol.

——— «Ethicas», trad. al castellano. Sevilla, Men, Ungut y Stanislao polono, 1492.

——— «Ethica», compendiada por el bachiller de la Torre. Sevilla, Men, Ungut y Stanislao polono, 1493, 5 de junio, 4.º

——— «Ethica», compendiada por el bachiller de la Torre. Sin indicaciones tipográficas, pero en Zaragoza, por Juan Hurus, 4.º

——— «Ethica. Politica. Oeconomica». Sin indicaciones tipográficas, pero en Valencia, por Lamberto Palmart, ca. (1475.)

«ARTE de bien morir». Sin indicaciones tipográficas, pero en Zaragoza, por Juan Hurus, ca. 1489, 4.º

«ARTE de bien morir». Sin indicaciones tipográficas, pero en Zaragoza, por el impresor anónimo del Turrecremata, ca., 1481. 4.º, fol.

BARTOLOMAEUS Pisanus.—«Summa de casibus conscientiæ»; en castellano. Sin indicaciones tipográficas; fol. 352 hojs., no fols.

BASILIUS Magnus.—«Instituciones de moribus»; sin indicaciones tipográficas, pero en Burgos, por Juan de Burgos, ca. 1490, 4.º
——— «Instituciones de moribus»; sin indicaciones tipográficas, pero en Salamanca, segundo grupo romano, ca. 1495. 4.º
——— «Instituciones de moribus». Salamanca, segundo grupo romano, 1496, 4.º
——— «Instituciones de moribus»; sin indicaciones tipográficas, pero en Pamplona, por Arn. Guillén de Brocar, ca. 1500, 4.º
BENEDICTUS (S.), Regula.—«Monserrat», por Juan Luschner, 1499, 12 de junio, 8.º
BERNARDUS.—«Espistola de regimine domus». Sin lugar ni año, pero en Valencia, por Nicolás Spindeler. 4.º
BERNARDUS (S.).—«Meditationes». Barcelona; por Pedro Posa, 1499, 4.º
BOECIO.—«De consolacio». Sin lugar, pero probablemente impreso en Valencia, 1489.
——— «De consolación» y «Vergel de consolación». Sevilla. Men, Ungut y Stanislao polono, 1497.
——— «De consolación» y «Vergel de consolación». Sevilla. Men, Ungut y Stanislao polono, 1499.
BONAVENTURA (S.).—«Instructio novitiorum. De quator virtutibus». Monserrat; por Juan Luschner, 1499, 16 junio, 8.º
——— «Forma de los novicios y otros tratados». Sevilla. Men, Ungut y Stanislao polono, 1497.
——— «Diaeta salutis». Pamplona. Arn. Guillén de Brocar, 1497, 3 de noviembre, 8.º
——— «Soliloquio». Sevilla. Men, Ungut y Stanislao polono, 1497, 30 de noviembre, 8.º
——— «Incendium, amoris», etc. Monserrat; por Juan Luschner, 1499, 27 de mayo, 8.º
——— «Meditationes». Barcelona; por Pedro Michael, 1493, 16 de julio, fol.
——— «Meditationes». Barcelona; por Pedro Michael, 1499, fol.
——— «Meditationes». Monserrat; por Juan Luschner, 1499, 16 de abril, 8.º
——— «Contemplacions sobre la vida de Jesucrist». Barcelona. Juan Rosembach, s. a. (ca. 1494), 4.º
BOTELER (Ant.).—«Escala de paradis». Barcelona; por Juan Rosembach, 1495, 27 de noviembre, 4.º
«CARMEN de passione Christi». Sin indicaciones tipográficas, pero en Sevilla, por Men, Ungut y Stanislao polono. 4.º
CARROÇ (Francesch.)—«Moral consideració contra las persuasions de amor». Sin indicaciones tipográficas; en Valencia (?), ca. 1490 (?), 4.º
CASTROVOL (Pedro de).—«Commentum super libros ethicorum». Lérida. Hern. Botel, 1489, 2 de abril, fol.

CASTROVOL (Pedro de). — «Commentarius in symbolum apostolicum. Pamplona; Arn. Guillén de Brocar, 1489.
——— «Super psalmum Athanasii et Credo». Pamplona; Arn. Guillén de Brocar, 1489.
CATO. — «De contemptu mundi». Sin indicaciones tipográficas, pero en Sevilla, por Men, Ungut y Stanislao Polono, ca. 1495. 4.º
«CATO cum contemptu mundi». Sin indicaciones tipográficas, pero en Salamanca, segundo grupo romano, ca. 1500. 4.º
CAVALCA (Domenico). — «Espejo de la Cruz». Trad. por Alf. de Palencia. Sevilla. Ant. Martínez, 1486, 20 de febrero; fol.
——— «Espejo de la Cruz». Trad. por Alfonso de Palencia. Sevilla. Men, Ungut y Stanislao polono, 1492, 13 de noviembre, 4.º.
CISNEROS (García de). — «Exercitatorio de la vida espiritual». Monserrat. Juan Luschner, 1500, 13 de noviembre. 8.º
«CONFESIONAL»: Valencia. Sin nombre de tipógrafo, pero con los caracteres de Nicolao Spindeler, 1493, 25 de febrero. 4.º
——— En lemosín; sin indicaciones tipográficas. 4.º
COSTANA (Pedro de). — «Tractatus de confessiones sacramentali». Sin indicaciones tipográficas (en Salamanca ?), fol.
——— «Super decalogo». Salamanca, segundo grupo gótico, 1500, 18 de julio. 4.º
DE GUI (Pedro). — «Janua artis Raimundi Lulli». Barcelona; por Pedro Posa, 1482, 25 de febrero, 4.º
——— «Janua artis Raimundi Lulli». Barcelona; por Pedro Posa, 1488. 8.º
——— «Janua artis Raimundi Lulli». Sevilla, 1491. 1.º de marzo. 4.º
DE LI (Andrés). — «Suma de paciencia». Zaragoza (Pablo Hurus), 1493, 20 de mayo. 4.º
——— «Tesoro de la Pasión». Zaragoza, Pablo Hurus, 1494, 2 de octubre.
«DIALOGUS ecclesiæ et sinagogæ». Sin indicaciones tipográficas, pero en Zaragoza, por Pablo Hurus, ca. 1497. 4.º
DIONYSUS CARTHUSIENSIS. — «De quatuor novissimis s. Cordial». Trad. por Gonz. García de Santa María. Zaragoza, Pablo Hurus, 1491, 21 de julio, 4.º
——— «De quatuor novissimis s. Cordial». Trad. por Gonz. García de Santa María. Zaragoza, Pablo Hurus, 1494, 7 de mayo. 4.º
——— «Cordial s. de quatuor novissimis». Trad. por Bern. Valmanya. Valencia; sin nombre de tipógrafo. 1495, 8 de junio. 4.º
——— «De quatour novissimis s. Cordial». Trad. por Gonz. García de Santa María. Zaragoza; sin nombre de impresor. 1499, 20 de diciembre. 4.º
ENCISO (Rodrigo de). — «De amicitia vera et ficta». Sin indicaciones tipográficas (sæc XVI?). 4.º

ESCOBAR (Andrés de).—«Confessional». Sin indicaciones tipográficas, pero en Sevilla, por Stanislao polono, ca. 1500. 8.º

EUSEBIUS.—«Epistola de morte Hieronimi», etc. Sin indicaciones tipográficas. [Zaragoza, impresor del Turrecremata, ca. 1480.] 4.º

«EXPOSITIO aurea hymnorum». Burgos, Fadrique de Basilea, 1493, 7 de noviembre, 4.º Hay seis ediciones más.

FENOLLAR (Bern.).—«Istoria de la passió». Valencia; a expensas de Jaime de Vila, sin nombre del tipógrafo, pero por Pedro Hagenbach y Leonardo Hutz, 1493, 11 de enero. 4.º

FICINUS (Marsilius).—«De christiana religione». Valencia, 1482.

«FLOR DE VIRTUDES». Sin indicaciones tipográficas, pero en Zaragoza, por Pablo Hurus, ca. 1491. 4.º

———— Sevilla; por tres alemanes compañeros. 1498, 3 agosto. 4.º

———— Sin indicaciones tipográficas, pero en Zaragoza, por Pablo Hurus, ca. 1499. 4.º

«FLORETO de San Francisco». Sevilla. Men, Ungut y Stanislao polono, 1492, 24 de agosto. Fol.

«FLORETUS». Sevilla. Men, Ungut y Stanislao polono, 1494. 4.º 34 hjs. no fols.

———— Valencia; por Lope de la Roca, 1496, 3 de agosto. 4.º 34 hjs. no fols.

«FLORS de virtus e de costums». Sin lugar ni nombre de impresor, 1489, 15 de febrero. 4.º

«FLOS SANCTORUM». Barcelona; por Juan Rosenbach, 1494, 1 de febrero; fol. 320 hjs. foliadas.

FUSTER (Jeron.)—«Omelia sobre lo psalm de profundis». Valencia; por Lamberto Palmart, 1490, 15 de abril. 4.º

GAGUINUS (Robertus).—«De puritate virginis Mariæ». Sin indicaciones tipográficas. 4.º

«GAMALIEL con las Actas de Lázaro y la Destrucción de Hierusalem». Sin indicaciones tipográficas, pero en Barcelona, por Pedro Miguel, ca. 1493. 4.º

GARCÍA (Gómez).—«Carro de dos vidas».—Sevilla, Juan Pegnitzer y Magn. Herbit, 1500. 4.º 258 hjs.

GARCÍA DE SANTA MARÍA (Gonz.).—«Tratado de las diez cuerdas de la vanidad del mundo». Zaragoza (Pablo Hurus), 1949. 8.º

GARCÍA DE VILLALPANDO (Antonio).—«Instrucción de la vida christiana». Toledo, por Pedro Hagenbach, 1500. 4.º 58 hjs.

GERARDUS DE ZUTPHANIA.—«Tractatus de spirituali ascensione». Monserrat; por Juan Luschner, 1499, 16 de mayo. 8.º

GERSON (Juan).—«Imitació de Jesu Crist». Barcelona; por Pedro Posa, 1482. 4.º 108 hojas foliadas.

———— «Contemptus mundi». Sin indicaciones tipográficas, pero en Zaragoza, Pablo Hurus, ca. 1490, 4.º

GERSON (Juan).—«Menyspreu de aquest mon». Trad. por Mig. Pérez. Valencia; sin nombre de tipógrafo, pero por Nicolao Spindeler, 1491, 16 de febrero. 4.º

—— «Imitación de Jesuchrist». Sevilla. Men, Ungut y Stanislao polono, 1493, 27 de marzo. 4.º

—— «Libro de remedar a Christo». Burgos. Fadrique de Basilea, 1495, 24 de diciembre. 4.º

—— «Del menosprecio del mundo». Toledo; por Pedro Hagenbach, 1500, 31 de mayo. 8.º

—— «Tratactus de regulis mandatorum». Mallorca. Nic. Calafat, 1485, 20 junio. 4.º

—— «Epistola». Montserrat; por Juan Luschner, 1500. 8.º 12 hojas no fols.; letra gótica.

GORRICIO (Gaspar de).—«Contemplaciones del Rosario». Trad. por Juan Alfonso de Logroño. Sevilla. Men, Ungut y Stanislao polono, 1495, 8 de julio. 4.º

—— «Contemplaciones del Rosario». Sevilla. Men, Ungut y Stanislao polono, 1497.

GUILLERMO de París.—«Postilla evangélica». Sevilla. Men, Ungut y Stanislao Polono, 1497, 28 de febrero. 4.º

«HOMELIÆ diversorum auctorum in evangelia». Salamanca, segundo grupo romano, 1500, 18 de febrero. 4.º

HUGO DE SANCTO CARO.—«Speculum ecclesiæ». En catalán. Caller, Salvador de Bolonya, 1493, 1 de octubre, 4.º

ISAAC.—«De ordinatione animæ». Barcelona; por Diego de Gumiel, 1497. 8.º

JACOBO ben Axer. Johre Deha (Indicador de la Ciencia). Hijar, por Elieser Alantansi, 1487. Fol. 137 hojs. no fols.

—— Orach Chaiim (Sendero de la vida). Hijar, sin nombre del tipógrafo, pero por Elieser Alantansi, en el mes de Ebul (agosto-septiembre), 5245. fol. menor.

—— Orach Chaiim (Sendero de la vida). Leiria, Abraham d'Ortas, 1495, 2 de junio, fol.

—— Orach Chaiim (Sendero de la vida). Sin lugar, ni año, ni nombre del tipógrafo [Lisboa; por Rabbi Elieser?], fol.

—— Eben ha'ezer (Piedra de socorro). Sin lugar, ni año, ni nombre del tipógrafo, pero en Guadalajara, por Salomón, ben Moise Leui Alkabiz. ca. 1482, fol.

JACOBUS de Alexandria.—«Compilatio totius Methaphysices». Sin indicaciones tipográficas, pero en Salamanca, segundo grupo gótico, ca. 1496. Fol.

JERÓNIMO (S.).—«Vitas patrum». Salamanca. Segundo grupo gótico, 1498, 24 de octubre, fol.

JESAÍAS y Jeremías en hebraico, con el comentario de David Kimji. Lisboa; por el Rabbi Elieser, 1492, fol.

JESAÍAS y Jeremías en hebraico, con el comentario de David Kimji. Lisboa, 1497, fol.

JOHANNES Junior.—«Scala cœli». Sevilla (Men, Ungut y Stanislao polono), 1496, 15 de marzo. 4.º

KEMPIS (Thomas de).—«Imitaçao de Christo». Traslad. em portuguez. Leiria, s. a., 12.º

LIBROS menores.—«Bernardus», «De contemptu», etc. Sin indicaciones tipográficas, pero en Valladolid, por Pedro Giraldi y Miguel de Planes, ca. 1497. 4.º

———— «El Catón», etc. Pamplona. Arn. Guillén de Brocar, 1499, 5 de enero. 4.º

————«El Catón», etc. Toledo; por Pedro Hagenbach, 1499, 17 de agosto. 4.º

LOTHARIUS Levita.—«De vilitate conditionis humanae. Barcelona, Pedro Posa, 1499. 4.º

LUCENA (Juan de).—«Vita beata». Zamora. Ant. de Centenera, 1483, 7 de febrero; fol.; hay dos edc. más.

LUDOLFUS de Saxonia (El Cartuxano).—«Vita Christi». En portugués, tomo I-IV, Lisboa, Val. Fernández y Nicolao de Saxonia, 1495; fol.

———— «Lo primer del Cartoxa». Traducido por Juan Ruiz de Corella. Valencia; sin nombre del tipógrafo, pero por Pedro Hagenbach y Leonardo Hutz, 1496; hojs. fol.

———— «Lo segon del Cartoxa». Valencia; sin nombre del tipógrafo, pero por Cristóbal Cofman, 1500; fol.

———— «Lo quart del Cartoxa». Valencia; sin nombre del tipógrafo, pero por Pedro Hagenbach y Leonardo Hutz, 1495, 16 de febrero; fol.

———— «Lo quart del Cartoxa». Valencia; sin nombre del tipógrafo, pero por Lope de la Roca, a expensas del Dr. Mig. Albert, 1495, 6 de noviembre; fol.

LULL (Ramón).—«De conceptione b. Mariæ virginis». Sevilla. Paulo de Colonia y socios, 1491; 4.º

LULLUS (Raim.).—«Arbor scientiæ». Barcelona; por Pedro Posa, 1482; fol.

LULLUS (Raim.).—«Libre de cavayleria». Sin indicaciones tipográficas; fol. 94 hojs. ni fols.; a dos columnas.

MALLA (Fel. de).—«Memorial del pecador remut». Gerona; por Mateo Vendrell, 1483.

———— «Pecador remut». Sin indicaciones tipográficas, pero en Barcelona, por Juan Rosenbach, ca. 1495; fol.

MAYRONIS (Franciscus).—«In categorias Porphyrii». Lérida; por Henr. Botel, 1485. 4.º

MENDOZA (Íñigo de).—«Vita Christi per coplas». Zamora. Ant. de Centenera, 1482. 4.º

MONTALTO (Adam).—«Passio domini nostri Jesu Christi». Sin indicaciones tipográficas, pero en Salamanca, primer grupo romano, ca. 1490. 4.º

PASCUAL (Pedro).—«Obras. Biblia pequeña». Barcelona; por Juan Rosenbach, 1492; 80 hjs. foliadas.

PEREZ (Jac. de Valentia).—«Expositio in cantica cantiorum», Valencia. Por Lamberto Palmart, 1486; fol.

PETRUS Magister.—«Via paradisi». Sin indicaciones tipográficas, pero en Salamanca, segundo grupo gótico, ca. 1498. 4.º

«PROCESO de la vida de Angela de Fulginio». Sin indicaciones tipográficas, pero en Toledo, con los caracteres de Pedro Hagenbach. 4.º

RAYMUNDUS de Capua.—«Vida de S. Caterina de Sena». Traducida por Miguel Pérez. Valencia; por Cristóbal Cofman, 1499, 4.º

«REVELACIÓN de San Pablo». Sevilla. Men, Ungut y Stanislao polono, 1494. 4.º

RODRIGO de Zamora.—«Espejo de la vida humana». Zaragoza; tipógrafo anónimo, 1481.

——— «Espejo de la vida humana». Zaragoza; Pablo Hurus, 1491; fol.

SAVONAROLA (Jeron.).—«Sobre el psalmo: Miserere mei». Valladolid, Diego de Gumiel, s. a.

«TRATADO de la vida y estado de perfección». Salamanca, segundo grupo gótico, 1499; fol.

«VERGEL de consolación». Sevilla, Men, Ungut y Stanislao polono, 1497. Fol. Letra gótica.

VILLENA (Isabel de).—«Vita Christi». Valencia, por Lope de la Roca, 1497. Fol.

VINYOLES (Narcis).—«Omelia sobre lo psalm Miserere». Valencia, por Nicolao Spindeler, 1499. 4.º

VORAGINE (Jacobo de).—«Leyenda de los santos». Sin indicaciones tipográficas, pero en Burgos por Juan de Burgos. Fol.

XIMENES (Franc.).—«De amore Dei». [Barcelona], por Carlos Amoros. s. a.

——— «Libro de los Santos Angeles». Burgos, Fadrique de Basilea, 1490; fol.

——— «Scala Coeli». Barcelona, 1500.

——— «Scala Dei». Barcelona, por Diego de Gumiel, 1494.

——— «Vita Christi». Granada. Mein. Ungut y Joh, Pegnitzer, 1496; fol.

XIMENEZ de PREXANO (Pedro).—«Lucero de la vida christiana». Salamanca, 1493, fol. Hay cinco ediciones más de los años 1495, 1496, 1496 y 1499.

ADICIONES

AGUILAR, Abbas de.— *Sermo.* Burgos. Fadrique de Basilea. 4.º
ALBERTUS MAGNUS.— *Philosophia Pauperum.* Lérida. Enrique Botel. 1485. 4.º
Biblia en lemosín. Valencia. Alfonso Fernández de Córdoba y Lamberto Palmart. 1477.
BONAVENTURA.— *Forma de los novicios, y otros tratados.* Sevilla. Ungut y Polono. 1497. fol.
BREIDEMBACH, Bernardo de.— *Viaje a Tierra Santa.* Zaragoza. Pablo Hurus. 1498.
Constituciones del Arzobispado de Toledo. Salamanca, 1498.
COSTANA, Pedro de.— *Tractatus fructuosissimus atque christiane religioni admodum necessarius super decalogo et septem peccatis mortalibus: cum articulis fidei et sacramentis ecclesiae atque operibus misericordie.* Salmantice. 1500. XVIII die mensis Julii. 4.º
CATO, Dionysius.— *Disticha moralia.* Sevilla. Ungut y Polono. 1495.
DEZA, Diego de.— *Defensiones Sanctii Thomae.* Sevilla. Ungut y Polono. 1491.
DORLANDUS, Petrus.— *Violae animae.* Toledo. Hagenbach. 1500.
FLISCUS, Steph.— *Sententiarum variationes.* Salamanca. 1490. 4.º
Floreto de San Francisco. Sevilla. Men, Ungut y Stanislao Polono. 1492. Fol.
Horas de nostra Dona. Barcelona. Juan Gherlinc. 1488.
ISAAC.— *De religione.* San Cucufate. Juan Hurus. 1489.
JIMÉNEZ de PREXANO, Pedro.— *Suceso de la vida cristiana.* Sevilla. Ungut y Polono. 1496.
JOSEPHUS.— *Guerra Judaica.* Sevilla. Ungut y Polono. 1492.
JUAN XXI.— *Summulae logicae.* Zaragoza. Hurus, 1488-91.
LEO MAGNUS.— *Oración en romance.* Zaragoza. Pablo Hurus. 1499. 8.º
LOTHARIUS LEVITA.— *De vilitate conditionis humanae.* Barcelona. Pedro Posa. 1499. 4.º
MADRIGAL, Alfonso de.— *Floretum S. Matthæi.* Sevilla. Cuatro compañeros alemanes. 1491. Fol.
MANZANARES, Fernando.— *Flores Rhetorici.* Salamanca. 1485. 4.º

Missale Mixtum. Toledo. Pedro Hagenbach. 1499. Fol.

MENA, Juan de. — *Coplas de los siete pecados mortales.* Salamanca. 1500.

MENDOZA, Íñigo López de. — *De las ceremonias de la Misa.* Sevilla. Tres compañeros alemanes. 1499.

Obres o Trobes en Lahors de la Verge Maria. Valencia. Lamberto Palmart. 1474. 4.º

OSMA, Pedro de. — *Commentaria in ethicorum libros Aristotelis.* Salamanca, 1496.

Passio Domini Nostri Jesus Christi. Salamanca. Leonardo Hutz y Lope Sanz. 1496. 4.º

PERALDUS, Guilielmus. — *Enseñamiento de religiosos.* Pamplona. Brocar, 1499.

PÉREZ MACHUCA, Sancho. — *Memoria de nuestra redención.* Valladolid. Giraldi. 1497.

Processionarium ordinis Predicatorum. Sevilla. Ungut y Polono. 1494.

ROMÁN, comendador. — *Trobas de la Pasión.* Toledo. Juan Vázquez. 1486. fol.

SÁNCHEZ de VERCIAL, Clemente. — *Sacramental.* Sevilla. Martínez Segura y Puerto, 1478.

SPOLETO, Cherulino de. — *Flor de virtudes.* Zaragoza. Pablo Hurus. 1491.

Summa utilissima errorum et heresium. Sevilla. Stanislao Polono. 1500. 4.º

TALAVERA, Fernando de. — *Impugnatio catholica.* Sevilla. 1493.

———— *Breve y muy provechosa doctrina christiana.* Granada. Juan Pegnitzer y Menardo Ungut. 1496. 4.º

TORQUEMADA, Juan de. — *Expositio super toto psalterio.* Zaragoza. Hurus. 1482.

TORRE, Alfonso de la. — *Visio delectable.* Barcelona. Mateo Vendrell. 1484. Fol.

TURRECREMATA, Johannes de. — *Expositio in psalmos.* Zaragoza. 1482. Fol.

XIMENES, Franc. — *Primer libre del crestia.* Valencia. Lamberto Palmar. 1483. Fol.

———— *Dotzen libre del Crestia ó sea regiment de princeps.* Valencia. Lamberto Palmart. 1484. Fol.

———— *Libre de les dones.* Barcelona. Juan Rosenbach. 1495. Fol.

CAPÍTULO IV

ANTECEDENTES MÍSTICO-ASCÉTICOS EN LA EDAD MEDIA ESPAÑOLA. ESTADO SOCIAL Y ESPIRITUAL DE ESPAÑA A LA APARICIÓN DEL MISTICISMO DEL SIGLO DE ORO

1.—ANTECEDENTES MÍSTICO-ASCÉTICOS EN LA EDAD MEDIA ESPAÑOLA.

El examen de los precedentes que nos ofrece la Edad Media española de contenido místico y ascético tiene excepcional importancia, dentro del plan de nuestro estudio, porque en esta investigación pretendemos dos cosas: el determinar qué elementos de las doctrinas místicas y panteístas que llevamos expuestas llegaron hasta España y observar, sobre todo, si a través de la Edad Media española hay una tradición continua y permanente de misticismo o si, por el contrario, hay soluciones de continuidad que nos obliguen a buscar luego la explicación de la eflorescencia del misticismo de nuestro siglo de oro en influencias extrañas y no es una tradición indígena ininterrumpida. Además, hemos de indagar si son los caracteres místicos o ascéticos los que predominan en la tradición española, siendo fundamental la observación de este hecho, porque el predominio de la Ascética o de la Mística ha de servirnos para caracterizar, más adelante, con exactitud las manifestaciones de la experiencia religiosa en la literatura española.

Las más primitivas manifestaciones de una doctrina de carácter esotérico y panteísta, que pueden relacionarse con el misticismo, surgen en España por influencia de la filosofía pitagórica. Desde la anexión de Focia al imperio persa (siglo VI antes de J. C.), los focenses se esparcieron por la Europa occidental, estableciendo gran número de colonias. En la parte oriental de España se conservan todavía vestigios de esta colonización griega; los más importantes son los restos del templo y colegio sacerdotal de Elo, en el Cerro de los Santos. Estos restos muestran la influencia de diversas culturas; pero, como observó con acierto el Padre Fita, este templo y colegio sacerdotal de Elo están llenos de la idea pitagórica. Entonces debió de introducirse en España esta doctrina, que más adelante, en el siglo I de nuestra era, tuvo un importante cultivador español en el filósofo Moderato de Gades. Sólo fragmentos han llegado a nosotros de los once libros en que Moderato expuso la doctrina pitagórica. Estos escritos, citados por Porfirio, San Jerónimo y otros autores, debieron de tener gran trascendencia en aquella época. La doctrina de Moderato daba una interpretación simbólica al sistema pitagórico de los números y admitía tres principios de las cosas, además de la materia: *la unidad primera,* superior al ser y a toda esencia; *la unidad segunda,* que es el ser, lo inteligible, las ideas; *la tercera unidad,* que es el alma, participante de la unidad primera y de las ideas. La razón universal para dar nacimiento a los seres había separado de su esencia la cantidad (materia). El mundo, pues, procede de la esencia divina, que se multiplica indefinidamente [1]. Moderato de Gades, si no se equivoca la cronología, pudo ejercer gran influencia en Plotino, y desde luego en la doctrina gnóstica de Prisciliano. Como ya hemos visto al hablar del misticismo árabe, esta doctrina influyó mucho en el sufismo musulmán, y el estudio de estas remotas relaciones de la doctrina de Moderato con la escuela de Alejandría y el arraigo de la Filosofía alejandrina en los místicos árabes españoles podría inducirnos a pensar en una cierta tendencia del pensamiento español hacia el panteísmo místico. Pero este mismo hecho es el que nos hará comprender luego cómo los

---

[1] Véase Bonilla: *Historia de la filosofía española,* t. I.

místicos del siglo de oro, cuya nota fundamental es la oposición al panteísmo, forman escuela aparte, siendo preciso buscar la explicación de su florecimiento por otras causas y no por una tradición de raza.

El más grande filósofo de la España antigua y uno de los valores permanentes en todo tiempo de la cultura española fue, sin disputa, Séneca. La doctrina de Séneca no es mística, pero es necesario hablar aquí del senequismo, por las profundas semejanzas que en su doctrina moral presenta con el ascetismo. Séneca es un pensador libre; difícilmente puede afiliársele a una escuela determinada. Se sabe que en su juventud fue discípulo del filósofo estoico Atalo. Él mismo, en diferentes pasajes de sus obras, se considera secuaz de Zenón de Cicio y se clasifica como partidario de la secta estoica. El estoicismo fue, sin disputa, la Filosofía griega que penetró e influyó más hondamente en la cultura del pueblo romano, más propenso que a las construcciones metafísicas al sentido realista con que informó toda la gran construcción de su ciencia jurídica.

En la doctrina estoica predomina la parte moral; según sus principios, la virtud es el supremo bien que debe realizarse por sí mismo, sin tener en cuenta ninguna otra consideración. La virtud consiste en vivir conforme a la naturaleza ($\chi\alpha\tau\acute{\alpha}$ $\phi\upsilon\sigma\iota\nu$ $Z\tilde{\eta}\nu.$) El varón virtuoso, que es el sabio, debe mostrarse *desprovisto en absoluto de pasiones.* El sabio, además, es imperturbable e impasible, no por carecer del sentimiento del dolor, sino porque cuando el soberano bien se posesiona del alma, ésta descansa sobre una base inmutable y segura. Esta es·la doctrina estoica y la doctrina de Séneca.

Como vemos, el dominio de las pasiones es el mismo recomendado por la vía purgativa en la Ascética. El estado de impasibilidad a que llega el sabio recuerda también algunos de los momentos de la vida espiritual de los ascetas. Por esto la doctrina de Séneca presenta en su ética tan profundas relaciones con el cristianismo, y únicamente la conclusión pesimista de su doctrina, que sólo admite como único remedio de los males terrenos el suicidio, la separa radicalmente de la Filosofía cristiana, que es fundamentalmente optimista.

Séneca ha sido considerado siempre como el filósofo español por antonomasia; su tendencia moral y práctica, no metafísica, coincide con las notas comunes y permanentes del pensamiento filosófico español. El romanticismo y fuego barroco de su estilo es algo también profundamente castizo. Como dice Menéndez Pelayo, «Grande debió ser el elemento español en Séneca cuando a éste siguieron e imitaron con preferencia nuestros moralistas de todos tiempos y cuando aun hoy es en España su nombre el más popular de los nombres de filósofos y una especie de sinónimo de la sabiduría, lo cual indica que sus doctrinas y hasta su estilo tienen alguna esencial y oculta conformidad con el sentido práctico de nuestra raza y con la tendencia aforística y sentenciosa de nuestra lengua, manifiesta en sus proverbios y morales advertencias de expresión concisa y recogida como los apotegmas de Séneca, que pugnan con el genio de la lengua latina y la cortan seca y abruptamente» [2].

Era tal esta conformidad de la moral de Séneca con la moral cristiana y con el medio espiritual del pueblo español, que durante toda la Edad Media se copian y transmiten sus obras ininterrumpidamente. A principios de la Edad Media (570) escribió San Martín Bracarense varios tratados morales. Pues bien, hasta tal punto la tradición senequista estaba arraigada, que estos libros de San Martín se copian a nombre de Séneca y se imprimen como suyos durante los siglos XV y XVI, y en algunos manuscritos, como advirtió el erudito Floranes [3], van interpoladas las sentencias de San Martín con las de Séneca, llegando a engañarse, admitiéndolas como obra del filósofo cordobés, autores de tan sagaz crítica como Nicolás Antonio y el Padre Flórez. Durante el siglo XV el senequismo tuvo un verdadero renacimiento, sobre todo en aquella pequeña corte literaria que formó el Marqués de Santillana a su alrededor en el Palacio de Guadalajara. Ya anteriormente encontramos el espíritu de Séneca en algunas manifestaciones didacticomorales de nuestra novelística medieval, y muy principalmente en los libros de D. Juan Manuel; pero nunca fue tan hondo y social su influjo como en este período

---

[2] *La ciencia española*, 3.ª ed., t. I, 253.
[3] Véase el apéndice de Floranes en la ed. de Hidalgo de la *Tipografía española*, del P. Méndez.

del siglo XV, en que sus obras figuraban en todas las bibliotecas, cuyos catálogos han llegado a nosotros [4], y eran comentadas, traducidas e ilustradas, dejando huellas palpables en las numerosas citas que se hacen de ellas en la literatura de la época.

El resurgimiento que tuvo la filosofía estoica en el Renacimiento europeo fue, sin duda, lo que impulsó a Erasmo a publicar en 1529 la primera edición crítica de Séneca. Desde entonces se difunde ampliamente la doctrina de nuestro gran filósofo en la Filosofía y en la Literatura europeas de este tiempo, siendo interesante recoger el nombre de Justo Lipsio precisamente porque en él influye Séneca de un modo semejante a como luego hemos de ver en Quevedo. Durante el siglo XVI los nombres de Antonio de Guevara, el Pinciano, Pablo Mártir Rizo y los diversos libros que en este siglo y en el siguiente se publican ilustrando o defendiendo a Séneca nos muestran lo ininterrumpido de la tradición. Vuelve a adquirir gran importancia la influencia de Séneca en nuestros moralistas del siglo de oro: en Quevedo, Gracián, Saavedra Fajardo y en el *Tratado de la tribulación,* del P. Rivadeneyra. Quevedo es, sin duda, el senequista más ilustre de nuestra literatura. Sus traducciones de Séneca; la larga correspondencia mantenida con Justo Lipsio, en la que trata de cuestiones referentes a la Filosofía estoica, íntimamente relacionada con Séneca; las citas numerosísimas esparcidas por sus obras, que puntualizó el erudito González de Salas, etc., son muestra de esta filiación doctrinal que culmina en su *Tratado de la doctrina de Epicteto,* siendo, además, la moral de Séneca la que da tono y color a toda la producción literaria de Quevedo y aun a la intachable conducta de su vida pública.

Mi malogrado maestro Bonilla y San Martín dedicó algunos trabajos a probar las relaciones íntimas existentes entre la novela picaresca y la filosofía senequista. Para él, el pícaro es un estoico con sus puntas y ribetes de cínico, y es evidente que en muchos libros de la novela picaresca aparece citado Séneca, y que las numerosas reflexiones de Guzmán de Alfarache están plagadas de reminiscencias de la moral senequista.

---

[4] Por ejemplo, en la de la Infanta Doña María de Castilla, en la del Conde de Benavente, en la del Marqués de Santillana, etc.

Esta tradición no se interrumpe; una de las razones por las cuales arraigó aquí tan hondamente, sin que nada hiciese sospecharlo, la filosofía de Krause, fue, sin duda, el armonismo de su metafísica, y, sobre todo, el predominio de la ética que hay en esta doctrina. En su introductor en España, D. Julián Sanz del Río, se observan notorias y patentes influencias de Séneca. Uno de los últimos pensadores españoles, no por disperso y falto de sistema menos interesante, Ángel Ganivet, resucita a cada paso en sus obras la moral senequista, y en su explicación de la psicología de nuestro pueblo la considera como uno de los fondos inmutables y permanentes.

Hemos hecho esta rápida inspección de la tradición senequista en España para tratar de comprobar el hecho de que cuando las características de una doctrina (aunque su nacimiento sea muy remoto) coinciden con las notas fundamentales de la psicología colectiva, permanece sustancialmente a través de todas las variaciones de la cultura y del pensamiento. Este es el caso del senequismo. Vemos, en cambio, cómo los escasos y exóticos focos del misticismo que aparecen en la Edad Media española son inconexos entre sí y sólo muy remotamente puede señalarse una posibilidad de contacto con el núcleo de nuestros místicos del siglo de oro.

Casi enlazado con estas manifestaciones pitagóricas que encontramos en la Edad Antigua puede considerarse a Prisciliano, heterodoxo español cuya doctrina tiene también cierto contenido místico.

Hacia el año 350 llegó a España un egipcio llamado Marco, educado en las escuelas de Alejandría, que emprendió la predicación de una doctrina, mezcla de gnosticismo y de maniqueísmo, que pronto logró numerosos prosélitos. Esta doctrina, cuya filiación hemos expuesto al hablar de la filosofía alejandrina, se propagó por la Península y logró un paladín años más tarde en el clérigo Prisciliano, electo Obispo de Ávila por sus partidarios, que llegó a ser el verdadero jefe de los secuaces de esta doctrina, bien pronto denominados priscilianistas, que fueron condenados por algún Concilio y perseguidos por el Emperador Graciano.

El notabilísimo descubrimiento de once opúsculos de Prisciliano, realizado en 1885 por el Dr. Schepss, permite conocer hoy con bastante exactitud la doctrina prisciliana. Es ésta una de las derivaciones del gnosticismo con un sentido metafísico mitigado [5]. Según Prisciliano, existen dos principios externos: el principio divino y la materia primitiva o tinieblas. Satán es un producto de la materia y el mundo es una creación de Satán, que lo gobierna valiéndose de sus ángeles. El alma humana es de origen divino y de la *misma sustancia* que Dios. Las almas que se dejan seducir por los malos espíritus están condenadas a pasar por diferentes cuerpos (metempsicosis) hasta que logren purificarse y puedan elevarse de nuevo hasta Dios. La moral prisciliana era ascética, condenaba el matrimonio y practicaba el ayuno y la abstención de carne. Cristo para Prisciliano era una forma o manifestación de la divinidad, pero sin personalidad distinta; negaba además la resurrección de los cuerpos.

La idea fundamental de este sistema, bien comprensiblemente si tenemos en cuenta su procedencia, es panteísta, y, además, es pesimista y ascética. Se observa también en Prisciliano una influencia o reminiscencia de la doctrina pitagórica que, en cierto modo, le enlaza con Moderato de Gades.

La organización de las comunidades priscilianistas, las personificaciones astronómicas y otras particularidades de su doctrina, muestran las semejanzas del priscilianismo con la filosofía pitagórica, que en sus últimas manifestaciones llegó a ofrecer un carácter místico perfectamente definido.

Al hablar en el capítulo anterior de la filosofía semítica y de sus posibles relaciones con el misticismo cristiano, señalamos ya la excepcional importancia de Dominico Gundisalvo en la historia de la filosofía, por haber servido de puente que condujo hasta los escolásticos de Europa las doctrinas panteístas y místicas del *Fons vitae* de Abengabirol y del sufismo masarrí. Las obras originales de Gundisalvo son el tratado *De Inmortalitate anima,* el opúsculo *De processiones mundi,* y, sobre todo, el importantísimo *Liber de Unitate.* El tratado *De Processione* fortifica la prueba de la existencia de una causa primera y expone una concepción sintética del mundo; sigue a veces casi al pie de la letra a Abengabirol y utiliza a Boecio, a

---

[5]   Véase Bonilla: *Op. cit.*

Platón y a Apuleyo de Madaura para la construcción de sus doctrinas. Su sistema monista es expuesto con más crudeza y extensión en el tratado *De Unitate,* de excepcional importancia por haberse comprobado que fue la fuente del panteísta David de Dinan, que tanto influyó en la filosofa medieval.

Así, incorporada a la corriente de la filosofía europea y procediendo de una fuente primitiva oriental, es como pueden llegar estas ideas medievales a enlazarse, de un modo muy mediato, a la tradición mística cristiana, en cuyo último escalón encontramos situada la española del siglo de oro.

También vimos cómo se relacionaba con el movimiento místico panteísta semítico español Raimundo Lulio, uno de los más interesantes pensadores de la filosofía española.

A pesar de ser ya muy crecida la bibliografía luliana, no existe todavía el libro de conjunto que nos dé resueltos todos los intrincadísimos problemas que se relacionan con la gran figura del místico mallorquín [6]. No es éste el momento de hacer un resumen de lo que se sabe hoy de la vida de Lulio (1235-1315). A nosotros nos interesa únicamente el hecho de su enlace con la filosofía mística hispanoarábiga y la posible influencia que su doctrina haya ejercido en la tradición cristiana o directamente en los místicos españoles. Por esto únicamente entresacaremos de su biografía aquellos hechos que vienen a corroborar la, a nuestro parecer, acertada tesis de Ribera y Asín, que sostienen que Raimundo Lulio utilizó ampliamente las doctrinas de los místicos y filósofos árabes secuaces de la doctrina de Abenmasarra y posteriores a éste.

Son hechos probados en la biografía de Lulio la obsesión continua que tuvo que realizar una Cruzada para la conversión de los infieles, considerando como uno de los medios fundamentales el aprendizaje de las lenguas orientales para poder predicar entre ellos la doctrina cristiana. En 1275 logra la creación por Jaime II de Mallorca de un colegio de lenguas orientales en Miramar, que fue aprobado por el Papa Juan XXI. A sus instancias, el Papa Honorio IV crea en Roma otra escuela de lenguas orientales. Cuando acude Lulio, en 1311, al Concilio de Viena, lleva varias peticiones, entre ellas la prohibición

---

[6]   Véase especialmente la obra de Littré citada en la bibliografía de este capítulo.

del averroísmo y la fundación de un colegio de lenguas semíticas. El hecho de que él estuviese profundamente impregnado de la cultura oriental a pesar de las polémicas mantenidas en contra de la tesis de Ribera por el Sr. Probs me parece indudable. Son varias las peregrinaciones a Oriente y por el norte de África que relatan sus biógrafos. Unas son fabulosas, pero algunas son reales, y tampoco puede negarse el profundo conocimiento que tenía de la lengua árabe y la casi ignorancia del latín, que muchos dudaban, pero que hoy está probada documentalmente..

Dice Lulio en el prólogo de *Els Cent Noms de Deu:* «Perque eu Ramon, suplich al Sant Pare apostolich et als senyors Cardenals qu'el fassen pausar [su libro] en lati, car eu no li sabria pausar, pero ço car ignor la gramatica.» Rubió y Lluch ha exhumado un documento que comprueba que tampoco lo aprendió más tarde en París, pues el último año de su vida, en 1315, pedía desde Túnez a Jaime II de Aragón que le enviase a su discípulo Simón de Puigcerdá, franciscano, para que éste le tradujese del catalán al latín el *Ars consilii* que había escrito [7].

La doctrina de Lulio está profundamente caracterizada por la imitación sufí con el matiz pseudo-empedócleo que hemos visto en Abenmasarra. Ribera, en el *Homenaje* a Menéndez Pelayo, probó las relaciones de la filosofía de Lulio con el sistema del murciano Abenarabi. Los estudios posteriores de Asín sobre el *Fotuhat* de Abenarabi han venido a comprobar esta tesis, descubriendo textos literalmente idénticos en ambos autores.

Es de esta procedencia la idea de la absoluta simplicidad de Dios concebida por Lulio en términos idénticos a los del pseudo-Empédocles: Dios es el ser uno, infinito y eterno, absolutamente indeterminado en cuanto a su esencia y naturaleza. Sus atributos, que Lulio denomina *Dignitates,* se identifican con su esencia hasta el punto de que no cabe concebir en ella multiplicidad alguna numérica. Sólo por aproximación cabe representar parcialmente su esencia mediante las perfecciones de las criaturas, que son copia de las *Dignitates* divinas.

---

[7] Rubió y Lluch: *Documents per l'historie de la cultura catalana mig-eval.* Barcelona, 1908.

Claro es, y este es el punto de vista de los enemigos de la tesis arabista, que estas coincidencias con la filosofía alejandrina son comunes a toda la escuela franciscana medieval y podrían explicarse por una transmisión a través del pseudo-Areopagita o de las otras fuentes orientales que hemos señalado en algunos panteístas escolásticos.

Pero lo que individualiza la influencia de Abenarabi en Lulio es la cita concreta de los fragmentos del pseudo-Empédocles.

Otro punto que hace indudable la filiación árabe del sistema luliano es la influencia de la teoría de Abenarabi sobre los nombres divinos, en la desenvuelta por Lulio en sus obras y principalmente en su libro *Els Cent Noms de Deu*. También podría explicarse, en gran parte por el conducto areopagítico, tan caracterizado en este punto; pero lo que singulariza el sistema luliano y el árabe es el hecho de reducir *a cien* estos nombres, lo que obedece a una tradición de los teólogos musulmanes, que sobre este punto elaboraron teorías muy peregrinas y curiosas [8].

La trascendencia del lulismo fue grande. Lulio está plenamente dentro de la escuela franciscana europea, y sus obras han sido aceptadas y utilizadas por ella, después de haber vencido en la primera época los ataques de algunos espíritus recelosos, como el del intransigente Aimerich, que pretendía ver en el mecanismo del sistema luliano y en su contenido doctrinal divergencias con el dogma de la Iglesia. Aquel afán característico de Raimundo Lulio, todo activismo y energía, de probar por el esfuerzo de la razón las verdades que por fe deben ser creídas, tuvo un discípulo lejano en el originalísimo Raimundo de Sabunde, que en su *Teologia naturalis* pretendía buscar la comprobación de todos los dogmas en la Naturaleza, no por autoridades divinas o humanas, sino por la observación y la experiencia interna. Esta doctrina, que tanto seducía a Montaigne, anuncia ya los albores del espíritu renacentista, que había de dirigirse a la Naturaleza para elaborar el *Novum Organum* y el método cartesiano, y es el trazo de unión entre el lulismo medieval y la filosofía renacentista.

---

[8] Véase Asín: *Abenmasarra*.

La doctrina luliana tuvo gran éxito en Barcelona y Palma, donde se crearon cátedras, costeadas por damas, para la enseñanza del lulismo. El maestro Pedro Dagui consigue en Roma la confirmación de la ortodoxia del sabio mallorquín. En nuestra gloriosa Universidad de Alcalá introduce el lulismo el magnífico caballero Nicolás de Pax, traductor del *Desconort*. Alfonso de Proaza propaga en Valencia las obras del Beato Ramón. Finalmente, observemos un hecho bien significativo, que muestra cómo a principios del siglo XVI los gobernantes españoles se preocupaban de consolidar la unidad religiosa, tan íntimamente ligada con la política, procurando la difusión del misticismo religioso.

El Cardenal Cisneros, en 1513, escribe así a los jurados de Mallorca: «Tengo grande afición a todas las obras del doctor Raimundo Lulio, doctor iluminadísimo, pues son de gran doctrina y utilidad, y, así, creed que en todo cuanto pueda proseguiré en favorecerle y trabajaré para que se publiquen y lean en todas las escuelas.»

En efecto, el gran Cardenal costeó ediciones de las obras de Lulio. Más tarde Felipe II, paladín del catolicismo, se preocupa personalmente en pedir copias de los códices lulianos para su gran biblioteca de El Escorial, y se nota en algunos de los escritos de su arquitecto Herrera la influencia de la ciencia luliana. Esto no obstante, no creemos que fuese grande el influjo directo del místico mallorquín en los autores del siglo de oro. En otro capítulo indicamos en qué consiste la posible influencia de Lulio en Fray Luis de León; quizá un estudio comparativo del contenido metafísico de *Los nombres de Cristo* con el tratado *De Divinis Nominibus,* del Areopagita, y con *Els Cent Noms de Deu,* de Raimundo Lulio, podría ofrecer resultados interesantes.

Hoy por hoy, quitada la influencia hipotética de Lulio en Fray Luis, sólo podemos admitirla en nuestros místicos del siglo de oro incorporada al gran raudal de la doctrina mística franciscana de la Edad Media. Este es el último precedente místico que nos ofrece la Edad Media española. Veamos ahora el choque de las ideas que llevamos expuestas en el ambiente católico y renacentista de la España de los Reyes Católicos y del Cardenal Cisneros.

2.—ESTADO SOCIAL Y ESPIRITUAL DE ESPAÑA A LA APARICIÓN DEL MISTICISMO

Acabamos de estudiar los antecedentes medievales que presenta en España el misticismo. La Edad Media, cuya cultura es profundamente teológica, fue propicia, como puede verse en el capítulo anterior, a la producción del misticismo en los distintos países; seguramente la Reconquista es la causa principal de que la fisonomía de la Edad Media española presente un carácter peculiar y distinto. La gran obra de las Cruzadas no obtuvo colaboración española, porque la Reconquista era, en cierto modo, una cruzada permanente. A pesar de que el criterio de tolerancia fue muy distinto en nuestra Edad Media de lo que había de ser más tarde, en el siglo XVI, es evidente que la Reconquista tiene una preocupación religiosa en su fondo. Y así como a pesar de las luchas intestinas de los reinos peninsulares y hasta de las alianzas con los moros flota por encima de todo, desde Alfonso X, la preocupación de una obra común y un sentido cada vez más concretado de patria española, así, a pesar de la convivencia con los árabes y judíos, la idea religiosa está latente en todo el gran empeño peninsular de la Reconquista. Coincide el fin de ésta con la iniciación del misticismo en España. La más alta manifestación de la mística cristiana medieval española toma un carácter en Raimundo Lulio de lucha y de cruzada, y este verdadero *almogávar del pensamiento* simboliza todo lo que había de actividad y de lucha religiosa en el alma española de los siglos medios. El final de la Reconquista, *dejando sin ocupación activa este sentimiento religioso,* influyó sin duda en preparar el terreno para la manifestación de nuestro misticismo clásico, lleno también del mismo generoso espíritu de proselitismo y de actividad. Pero esto no es bastante. Es preciso que examinemos otros hechos ocurridos en la España de principios de siglo XVI, que contribuyeron a preparar y a exaltar, hasta el grado místico que adquiere luego, la permanente y tradicional fe religiosa del pueblo español. El estado de la Iglesia y de la sociedad española desde el siglo XIV no fue excepcional en España, sino que ofrece notas comunes en el resto de Europa. Fue el siglo XIV en toda ella siglo de honda decadencia moral. Parece que la conciencia europea tiene un retraso en el proceso de su marcha hacia la civilización. Es el siglo de Pedro el Cruel y de Carlos el Malo, el siglo en que las injusticias del feudalismo europeo, llegando a su colmo, producen una de las primeras revoluciones sociales de los siervos de la tierra. La Iglesia, recluida en Avignón, es víctima de un grave cisma; herejías y relajación son frecuentes en muchos países. La literatura se caracteriza por el imperio brutal de la sátira, y el *Roman de la Rose* y el ciclo de Renard son las manifestaciones estéticas de una época desprovista de delicadeza espiritual.

En España se detiene la Reconquista. En Aragón, a causa de las guerras políticas de la unión, que turban el reinado de Pedro el Ceremonioso; en Castilla, por las guerras fratricidas de Pedro el Cruel. El admirable tratado del franciscano gallego Álvaro Pelagio *De Planctu Ecclesiae* (1330-1340), es símbolo de toda esta época, que puede resumirse en aquella terrible frase suya cuando dice que los clérigos *Corpus Christi pro pecunia vendunt* [9]. La cántiga de los clérigos de Talavera en el libro inmortal del Arcipreste es un reflejo exacto de la realidad. Este desasosiego moral de las conciencias produce un desaliento grande para la vida. Las danzas de la muerte son tema

---

[9] Es fundamental la lectura de esta obra para formarse idea del ambiente de esta época. Sobre Álvaro Pelagio, Obispo de Silves, figura interesantísima, aunque poco conocida, de nuestra historia medieval, pueden consultarse los siguientes estudios: Sabatier: *Fratris Francisci Bartholi de Assisio Tractatus de Indulgentia S. Mariae de Portiunçula.* París, 1900, págs. 53, 54 y 68.—Fr. Atanasio López: Un gallego célebre, Fr. Álvaro Pelagio, en el t. XXVI (1909) de *El Eco Franciscano,* Santiago de Compostela.—René de Nantes: *Histoire des Spirituels...* Couvín, 1909, págs. 94-97.—Heinrich Baylaender: *Álvaro Pelayo. Studien zu seinem Leben und seinem Schriften.* Aschaffenburg, 1910.—P. Alejandro Amaro (O. F. M.): *Fr. Álvaro Pelagio. Su vida, sus obras y su posición respecto a la cuestión de la pobreza teórica en la Orden franciscana bajo Juan XXII* (1316-1334), 1916. (Publicado en *Archivo Ibero Americano,* núms. XIII, XIV y XVI.) Claudio Galindo: *Álvaro Pelagio. Discurso de apertura en la Universidad de Oviedo.* Oviedo, 1926. Sustancioso trabajo en que se estudia especialmente la doctrina política de Pelagio y su posición ideológica en la cuestión de la lucha entre el Ponticado y el Imperio. Cítase en él una tesis alemana inédita, conservada en la Universidad de Friburgo: Leo Lohmiller: *Kirche und Staat bei Alvaro Pelayo.*

común de la literatura. En Castilla, el *Tractado de miseria de homne* viene a unirse al coro general de la literatura europea, en que se lamenta la tristeza de nuestra condición humana. Parece como si el espíritu que inspiró la obra de Kempis viniese a extender por toda la tierra la sensación de nuestra miseria y la necesidad de un mejoramiento espiritual. Sólo una minoría de espíritus selectos se produce en este sentido, y ellos son los que nos han dejado testimonio de la relajación universal de las costumbres desde la Corte pontificia hasta el último hogar del villano.

López de Ayala, en su *Rimado,* nos habla de la relajación de algunos Papas y Prelados:

«La nave de San Pedro está en gran perdición,
por nuestros pecados et la nuestra ocasión.
. . . .
Mas los nuestros prelados que nos tienen en cura.
Assas han a facer por nuestra desventura:
cohechar los sus súbditos sin ninguna mesura
et olvidar consciencia et la santa escriptura.»

De los curas dice:

«Non saben las palabras de la consagración
nin curan de saber nin lo han a corazón:
si puede aver tres perros, un galgo et un furón
clérigo de aldea tiene que es infanzón

Fray Jacobo de Benavente, en su *Vergel de consolación* (Sevilla, 1490), se queja de este estado de relajación de la Iglesia: «O perlados et ricos, desit: ¿qué provecho os face el oro et la plata en los frenos et en las sillas?... ¿Et que pro facen tantos mandamientos de pannos presciados et de las otras cosas sin necesidad?... Ya ¡Mal pecado!, tales pastores non son verdaderos, mas son mercenarios de Luzbel, et lo que es peor ellos mismos son fechos lobos robadores et pastores et perlados que agora son, por cierto velan et son muy acueidosos por henchir los establos de mulas et de caballos, et las camaras et las arcas de riqueza et de joyas et de pannos presciados.» Estas quejas, sobre un ambiente de relajación, persisten a través de todo el siglo XV y duran todavía hasta bien entrado el XVI, en que precisamente el cambio radical que sufren las costumbres eclesiásticas encuentra su nueva manifestación en una literatura ascética. Esta relajación, bastante general en la Iglesia, fue la causa originaria de las sucesivas herejías reformadoras que culminan por fin en la reforma protestante de Lutero; pero la Iglesia misma comprendió hasta qué punto peligraba su vida si no se atajaba el daño. Se impone, por último, el elemento severo, y en el seno de la propia Iglesia se inicia una reforma ortodoxa, que es lo que significa el Concilio de Trento. En España la unidad política, coincidente con el final de la Reconquista, tiene su más firme sostén en la unidad religiosa de la Península; por esto la preocupación de los Reyes Católicos y de Cisneros de evitar cualquier desvarío en este punto, procurando intensificar la fe común, librándola de la descomposición interior, del contagio de los moriscos recién sometidos y de la influencia de la impiedad extranjera. Para satisfacer estas necesidades se crea el Tribunal de la Inquisición. Una historia doctrinal de la Inquisición vendría a ser una historia *au rebours* de nuestra cultura. Estudiando los índices, se ve sucesivamente cuáles fueron los males que en cada momento trató de evitar [10]. Además de esto, Cisneros mismo emprendió la reforma eclesiástica de España. Aquí, la relajación no tocó nunca más que a las costumbres, quedando siempre a salvo el dogma. La masa del pueblo fue siempre fervorosamente católica, y toda la energía que Cisneros tuvo que desarrollar para llevar a cabo su empresa encontró un apoyo inconmovible en la Corona y en la opinión popular. Y verdaderamente, la reforma era necesaria. Unas cuantas citas de autores algo posteriores nos mostrarán la necesidad de ella y el ambiente de crítica propicio que existía. Sandoval, en su *Crónica de Carlos V,* cita una carta de un fraile que dice así: «Los perlados de los monasterios como se hallan señores, no se conocen, antes se hinchan y tienen soberbia et vana gloria de que se precian... y danse a comeres et beberes, et tratan mal a sus súbditos et vasallos siendo por ventura mejores que ellos.» Fray Pablo de León, en su *Guía del Cielo* (1553), critica duramente a los curas y prelados: «Nunca ven sus ovejas,

---

[10] Véase en la bibliografía de este capítulo el artículo *Índices de libros prohibidos.*

sino, ponen unos ladrones por provisores... Que no tiene hoy la Iglesia mayores lobos, ni enemigos ni tiranos ni robadores que los que son pastores de ánimas y tienen mayores rentas... De Roma viene toda maldad... A penas se verá la Iglesia catedral o colegial donde todos por la mayor parte no estén amancebados.»

Uno de los Padres de la Mística española, Fray Francisco de Osuna, llama a los malos Obispos en su *Abecedario espiritual* (1542): «obispotes, llenos de buenos bocados, y de puerros y especia no han vergüenza de gastar el mantenimiento de los pobres en usos de soberbia y luxuria... el día de la muerte hará en ellos gran gira el demonio.» Y estas censuras no eran sólo proferidas por los profesionales de la vida religiosa; de ellas está llena la literatura profana de entonces. Sancho Muñon, en su tragicomedia de *Lisandro y Roselia* (1542), relata así el espectáculo de lo que a su parecer será el infierno: «Allí serán atormentados muy cruelmente los papas que dieron largas indulgencias y dispensaciones sin causa, y proveyeron las dignidades de la Iglesia a personas que no las merecían permitiendo mil perversiones y simonias. Allí los obispos y arcedianos que proveen mal los Beneficios, teniendo respecto a sus parientes y criados y no a los habiles y suficientes. Allí los eclesiásticos profanos y amancebados.» (Esc. IV del primer acto.)

En el *Cancionero de obras de burlas provocantes a risa* se encuentran sátiras en el mismo sentido [11]. No hay que confundir estas sátiras con otras llenas de espíritu erasmista, que, si bien tienen una raíz común, presentan ya otro carácter y responden a otro espíritu muy distinto de este ingenuo afán de reforma severa de las costumbres eclesiásticas. La producción místico-ascética de nuestro siglo de oro y la reforma de las costumbres religiosas originan un profundo cambio en el ambiente, que más tarde se refleja en la producción literaria profana. Es preciso reflexionar en la mudanza enorme en el espíritu colectivo que supone el paso desde los frailes que aparecen en las obras de Torres Naharro, tipos cómicos estereotipados, hasta la po-

---

[11] A. de Castro, en su *Historia de los protestantes*, recoge muchos textos de éstos en defensa de su equivocada tesis. El cuákero Usoz publicó el *Cancionero de burlas* con fines de proselitismo religioso.

sibilidad de que los autos de Calderón fuesen admirados y entendidos por una gran masa de espectadores.

La reforma de Cisneros, y en general la reforma de la Iglesia española, es anterior a la reforma general de Trento y a los esfuerzos de Paulo IV, Pío V y Sixto V. La reforma monacal de los cistercienses fue iniciada ya en el siglo XV por el abad del Monasterio de Piedra, Fray Martín de Vargas, que con este objeto fundó el de Monte Sión, en Toledo, que fue el centro de esta reforma [12]. La misma reforma hizo en Portugal en 1481 otro monje de igual procedencia, Fray Pedro Serrano, que visitó además los Monasterios de Castilla, hizo capítulo general en Valladolid, cerró el Monasterio de Torquemada y prendió y depuso a varios abades rebeldes, entre ellos a los de Gumiel y Nogales. Esta reforma, que fue apoyada por Martín V (1425) y Eugenio IV (1432), consistía, sobre todo, en terminar con los abusos que originaban las encomiendas perpetuas, haciendo que las abadías durasen tres años.

Personalmente practicó Cisneros la visita a los Monasterios de Mendicantes en Andalucía, y expresa su opinión sobre la materia en la consulta que con tal motivo elevó a los Reyes Católicos: «La Orden de San Francisco es la que tiene más necesidad de reformación, porque, de tantos frailes como somos, sólo cuatro provincias tienen la observancia, con muy pocos conventos que viven perseguidos de los Padres conventuales de su poder y persecución: todos los demás son claustrales. A esto siguen los conventos de monjas, que sin exceptuar ninguno, son todos conventuales... ni muchos de ellos tienen clausura. La causa de esta relajación ha sido que después de algunos cuarenta años de la fundación de esta Santa Orden... con sus no religiosas costumbres, han admitido tener haciendas, rentas, tierra y heredades... y la propiedad en ellas en común y en particular... con breves y Bulas que han obtenido para ello. Y siguióse una tibieza tan grande, una tan llorada destrucción de la pobreza evangélica...» Siendo la razón de todo esto, según el Cardenal: «La general peste pasada, que se extendió por toda Europa y acabó y asoló las religiones; viendo, pues, los prelados que sus conventos quedaban de-

---

[12] Véase Vicente de la Fuente: *Historia Eclesiástica de España,* tomo V.

siertos dieron hábitos a todo género de gentes... sin atender a las calidades que merece la religión.»

Los Reyes solicitan de Alejandro VI, en 1494, una bula (confirmada luego por Julio II) para poder reformar todas las Órdenes religiosas del Reino, y nombraron para tal empresa al propio Cardenal Cisneros. Éste recorrió los Monasterios, quemó sus privilegios y les quitó sus propiedades y tributos, aplicándolos a Parroquias y Hospitales. Obligó a los frailes a reformar su indumentaria, estableció la descalcez y sometió a todos los de la Orden de San Francisco a obediencia sumisa al Comisario general. Extendió esta reforma con mano férrea a todas las demás Órdenes que pudo y a los conventos de monjas. Tuvo que luchar en esta labor heroica con la resistencia de muchos y con las intrigas de algunos en Roma, que pintaron torcidamente su actuación al Papa Alejandro VI, que llegó hasta suspender la reforma en noviembre de 1496, aunque al año siguiente volvió a tolerarla. Pronto se vio el resultado de este esfuerzo: muchos religiosos que, como los de Salamanca, «andaban revueltos con malas mujeres» [13], emigraron de España, pasando más de mil a Marruecos para poder vivir libremente.

Extendió después Cisneros su reforma al clero secular, chocando en seguida con el poderío y resistencia de la Iglesia toledana. La reforma regular fue permanente y duradera; los abusos del clero secular duraron hasta que fueron cohibidos por la reforma general de Trento.

También en Roma hubo prelados españoles que clamaron por la reforma de la Iglesia, como puede verse en las siete peticiones que el Cardenal Santa Cruz, D. Bernardino de Carvajal, tipo representativo del Prelado español, gran señor violento y audaz del Renacimiento, hizo al Papa Adriano VI el mismo día de su entrada en Roma [14]. Entre estas peticiones, la séptima, en que le incita a obtener dinero de los pueblos y de los príncipes para terminar la Iglesia de Roma, nos muestra cuán otro era el espíritu reformador de la Iglesia española del que se agitaba en Alemania. Como exactamente ob-

---

[13] Menéndez Pelayo: *Heterodoxos*, t. II, 1.ª ed.
[14] César Cantú: *Gli Eretici d'Italia*, t. I, 373.

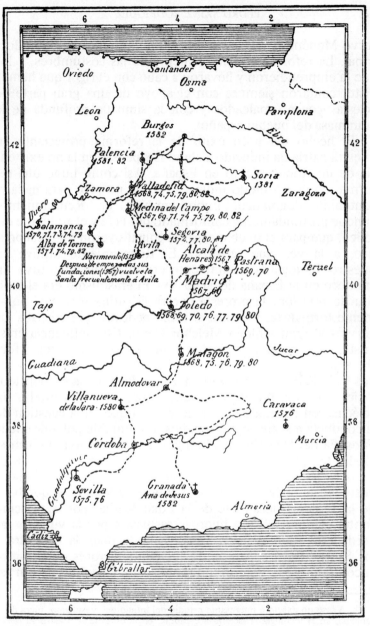

Oviedo
Santander
Osma
León
Pamplona
Burgos
1582
Palencia
1581, 82
Soria
1581
Zamora
Valladolid
1568, 74, 75, 79, 80, 82
Zaragoza
Duero
Medina del Campo
1567, 69, 71, 74, 75, 79, 80, 82
Salamanca
1570, 71, 73, 74, 79
Segovia
1574, 77, 80, 81
Alba de Tormes
1571, 74, 79, 82
Ávila
Alcalá de
Henares 1567
Pastrana
1569, 70
Teruel
Nacimiento (1515)
Después de empezadas sus
fundaciones (1567) vuelve la
Santa frecuentemente á Ávila
Madrid
1567, 69
Tajo
Toledo
1568, 69, 70, 76, 77, 79, 80
Jucar
Guadiana
M. Malagón
1568, 73, 76, 79, 80
Almodovar
Villanueva
de la Jara 1580
Caravaca
1576
Murcia
Córdoba
Guadalquivir
Sevilla
1575, 76
Granada
Ana de Jesús
1582
Almería
Cadiz
Gibraltar

- - - - - Itinerarios de Sta Teresa
        Fundaciones
15.   Fechas de los viajes

servó Menéndez y Pelayo, aquí no hubo nunca cuestión doctrinal. La reforma era simplemente de las costumbres, y los que la emprendieron y llevaron a cabo con el rigor que hemos visto, contaron siempre con el apoyo de una gran parte de eclesiásticos no maleados y con la simpatía profunda de la gran masa del pueblo español.

El hecho del poco éxito de la reforma protestante en nuestra patria ha inducido a algunos a pensar en la no existencia de un Renacimiento en España. Así como hubo una reforma, en cierto modo indígena, y que no tocó para nada el contenido dogmático, hubo también un Renacimiento, aunque profundamente conformado por la fe y el ambiente católico, que para el pueblo español constituyeron un ideal político, a la vez que religioso. El Renacimiento influye en nuestro Teología, y el ambiente erasmista europeo tuvo un gran eco en la España del siglo XVI. El erasmismo era el espíritu de revisión, la protesta contra la rutina medieval puramente formalista, y contra el estilo pedestre que crispaba los nervios al gran teólogo Melchor Cano. Esta influencia erasmista, que era combatida por muchos como peligrosa, fue, sin embargo, aceptada por los espíritus más selectos y serenos [15]. El Padre Vitoria, verdadero fundador de la Escuela teológica española del Renacimiento, fue, en cierto modo, un ecléctico en aquella lucha, y, lo mismo que en la cuestión de la conducta a seguir con los indios, memorable polémica de la Filosofía del Derecho de entonces, adoptó Vitoria el término medio templado, que fue causa de la gran fecundidad de su Escuela. Este influjo del renacimiento en la Teología se manifiesta por la poda de cuestiones inútiles y bizantinas que hace de la Teología decadente de la Edad Media, por la reacción contra el nominalismo huero y casuista y por la vuelta a las verdaderas fuentes de la Teología tradicional: la Escritura y los Santos Padres. Aun entre los contradictores de Erasmo, encontramos este espíritu de renovación. Fray Luis de Carva-

---

[15] Véase un exacto e interesante estudio del influjo del erasmismo, fuera de la Teología, en la ideología renacentista española, en la obra de A. Castro *El pensamiento de Cervantes*. Madrid, 1926.

Es documento importante, para conocer este ambiente, el escrito de Vergara sobre la cuestión de la limpieza de sangre en el Cabildo toledano.

jal, el grande y temible adversario del humanista de Rotter-
dam, en su libro *De Restituta Teologia,* precede y anuncia la
gran obra de Melchor Cano. Los discípulos de Vitoria: Navarro Azpilcueta, los dos Covarrubias, Domingo de Soto,
Melchor Cano, Ambrosio Morales, Tomás Mercado, difunden el espíritu de su doctrina en las diversas ramas de la gran
enciclopedia teológica de entonces. Este ambiente condena la
decadente escolástica, aunque, como más tarde había de decir
Leibnitz, reconocen que había mucho oro bajo aquella escoria
formalista. Así, dice Carvajal: «Sup pallium sordido, hoc est,
sub eorum barbarie, sæpe latere sapientiam ognosco» [16].

Pero el verdadero sistematizador de este ambiente, el primero a quien se le ocurrió formar unos *Topica* teológicos, fue
a Cano, que, en cierto modo, es el Vives de la Teología, y que
en su gran obra *De Locis Theologicis* aplicó a esta ciencia, con
gran elegancia y profundo espíritu, un programa parecido al
de reforma filosófica del gran pensador valenciano. No des-
deñó Cano en esta obra la cultura renacentista de su tiempo.
En el libro XI le vemos utilizar ampliamente obras tan típicamente renacentistas como las *Cuestiones del Templo,* de Juan
de Vergara, padre de nuestra crítica histórica, y en toda ella
predica la necesidad de oponerse a la reforma del Norte, no
con el cerrilismo de una fe ciega, sino con las mismas armas
de los humanistas herejes, con el estudio científico de la Filología y de las Escrituras. Se burla donosamente de aquellos
que se presentan ante tan fuerte enemigo armados sólo como
los dómines de largas cañas *(nisi arundines longas).* Este renacimiento de la Teología, ciencia oficial de una nación en su
apogeo, que había hecho del catolicismo su bandera colectiva,
se infiltra y extiende por todas las manifestaciones de la cultura y por todas las capas sociales. Los documentos que ha exhumado Boehmer de procesos de protestantes de esta época
nos muestran la gran difusión de la Teología aun en las clases
populares. El público de un sermón notó en algunos casos des-
lices heterodoxos en la doctrina del predicador; los testigos
más humildes declaran con conocimiento de causa sobre
arduas cuestiones dogmáticas en los procesos de herejes.

---

[16]   Véase Menéndez Pelayo: *Heterodoxos,* t. I, 1.ª ed.

Pero el pueblo español no fue nunca un pueblo de contemplativos. Otras corrientes ideológicas y sentimentales, cuyas raíces acabamos de ver, circulaban por el alma española del siglo XVI. La doctrina neoplatónica, que es una nota fundamental del Renacimiento en todas partes, había influido profundamente en España. Ya hemos comprobado cómo las doctrinas del neoplatonismo renacentista entran en España con la gran obra de León Hebreo. Pronto estas bellas y exquisitas teorías sobre el amor trascienden a la masa culta en general y forman una serie de lugares comunes profusamente utilizados por todos nuestros poetas líricos del siglo XVI (Boscán, Garcilaso, Herrera, Camoens, Fray Luis, Cervantes, Cetina, Lope de Vega, Góngora, etc.). Esta doctrina del amor llega a tener una gran trascendencia social. *El cortesano,* de Castiglione, traducido por nuestro Boscán, es un verdadero código del perfecto caballero, y hoy no podemos formarnos idea del apasionamiento y convicción con que seguían las normas de este código de la cortesía caballeresca los galanes distinguidos de entonces. Recordemos el ejemplo de aquel caballero de quien nos habla Luis Zapata en su *Miscelánea*[17], que por no separarse del arquetipo ideado por Castellón, sufría verdaderos tormentos para adelgazar o *enmagrescer,* llegando hasta el punto de dormir con una armadura de hierro puesta, para mortificación de su carne. En las fórmulas cortesanas, en la vida social de entonces y en todas las manifestaciones del espíritu, se percibe el mismo ambiente. *El cortesano,* se ha dicho agudamente, fue algo semejante a lo que el *Emilio* o la *Nueva Eloísa,* de Rousseau, en el siglo XVIII, y el estado de ánimo platonizante de la sociedad de entonces, una moda tan profunda y general en Europa y en España como el filantropismo rousseauniano. Esta galantería iba entremezclada con una especie de refinamiento renacentista de la caballería medieval. Todos cuantos han estudiado la génesis de la gran sátira cervantina han probado la difusión y auge que en España tuvo también esta literatura, cómo penetró su espíritu aquí y cómo tomó caracteres nacionales, hasta el punto de influir de nuevo en

---

[17] Véase Juan Menéndez Pidal: *Disc. de recep. en la R. A. E.* Menéndez y Pelayo: *Ideas estéticas.*

Europa. El ambiente de exaltación religiosa, mezclado con estas corrientes de la galantería neoplatónica y del espíritu caballeresco, produjo en España un tipo *sui generis* de caballero católico, galante y guerrero, que en sus notas fundamentales recoge estas influencias extrañas y las características permanentes de activismo y energía de nuestra tradición racial. Las vidas de algunos grandes españoles de entonces nos proporcionan ejemplos abundantes de este hecho. Santa Teresa, lectora de vidas de santos y de libros de caballerías, que, según parece, abundaban en la biblioteca de su padre [18], manifiesta su primer rapto de amor divino en aquella infantil aventura que emprende con su hermano Rodrigo para ir los dos en busca del martirio. Don Juan de Austria, figura representativa de un momento en que la cristiandad se une contra el poder islámico, tiene un arranque semejante en su adolescencia, cuando se fuga del Palacio de Madrid para ir a incorporarse a las galeras que llevaban un socorro al heroico La Valette y sus caballeros, sitiados en Malta por los turcos. La vida de San Ignacio de Loyola es un buen ejemplo de cuán fácilmente pasaban estos hombres de la disipación galante y caballeresca a la mortificación de la vida ascética y religiosa y de cómo en el fondo no eran tan diversos los gérmenes que podían dar lugar a una u otra vida. Sin llegar a las exageraciones de algún autor, es evidente la influencia concreta de los libros de caballerías en nuestro misticismo. El lenguaje típico de Amadís, sus metáforas amorosas, su preciosismo, se encuentran en Francisco de Osuna, en Bernardino de Laredo, en Malón de Chaide y en Santa Teresa, en sus *Exclamaciones* y en el *Castillo interior* [19]. Los místicos y los predicadores, por conformarse con el ambiente de la época, adoptan en sus obras y sus sermones ejemplos y metáforas sacados de la vida caballeresca y guerrera. El *Castillo interior* y los *Ejercicios espirituales,* de San Ignacio, muestran cómo estos místicos españoles explicaban las luchas íntimas de la efusión mística, comparándolas con una verdadera batalla. Así vemos cómo San Ignacio, en sus *Ejercicios,* recomienda «el cuarto día la meditación de las dos

---

[18]   Véase el inventario en la *Bib. de Escritoras españolas,* de M. Serrano y Sanz.
[19]   Etchegoyen, pág. 45.

banderas; la una, de Cristo, Sumo Capitán y Señor Nuestro; la otra, de Lucifer, mortal enemigo de nuestra humana natura» *(Ejercicios,* 2.ª semana, fol. 22). Como introducción a esta meditación, San Ignacio describe el campo de Jerusalén, en el cual el Capitán General es Jesucristo, oponiéndole al campo de Babilonia como dirigido por Lucifer. Estas metáforas de tipo guerrero tienen una iniciación anterior (véase, por ejemplo, *Vita Christi,* de Ludolfo de Sajonia, libro II, cap. I); pero llegan a su apogeo precisamente en los místicos más característicamente nacionales, cuya obra surge en este ambiente singular de la España del XVI que venimos describiendo. En el capítulo anterior hemos puesto un apéndice (que en una obra más extensa debería ser detalladamente analizado), conteniendo la bibliografía, bastante completa, de cuantos libros de Ascética o Mística se imprimieron en España durante el siglo XV. La multiplicación de las ediciones nos muestra el éxito y grado de difusión que lograron en España algunos místicos extranjeros pertenecientes a la tradición cristiana estudiada en el capítulo III de este ensayo. En realidad, en la literatura nuestra del siglo XV predominan más bien el moralismo y la Ascética. Hay, sin embargo, algunos autores en los que ya se inicia una honda preocupación por el tema doctrinal de la vida contemplativa. En el capítulo siguiente enunciaremos cuáles son; pero es notorio que las grandes personalidades de la literatura religiosa de fines de nuestra Edad Media no son místicas. San Pedro Pascual, Obispo de Jaén, es un ardiente controversista dedicado a la catequesis. *El libro del espertamiento de la voluntad de Dios,* de Fray Bernardo Oliver, es un tratado de moral con tendencias ascéticas. Don Pedro Gómez de Albornoz, con su *Libro de la justicia de la vida espiritual et perfección de la Eglesia militante,* y Doña Teresa de Cartagena, con su *Arboleda de enfermos,* pertenecen al mismo género. El deseo de nutrir en un principio la reforma de la Iglesia española y después la que pudiéramos llamar contrarreforma, enfrente de la Europa luterana, fue causa de que en un principio el Poder público favoreciese la propagación y nacimiento de las doctrinas místicas. Pero luego la Inquisición, con una mayor doctrina teológica y más profundo conociomiento del dogma, vio todo el peligro que podía haber siguiendo esta dirección sin freno ni guía. A partir de 1550, es decir, en la época de producción del misticismo nacional, la Inquisición lucha ya contra la reforma luterana y teme los derroteros que pueda tomar esta corriente. Desde entonces sus índices prohíben todo libro que pueda tener asomo de quietismo místico y tendencias luteranas en la doctrina de la justificación, que eran los dos peligros capitales que tenía que sortear la doctrina mística para no caer en la heterodoxia. Tal es el sentido doctrinal de los índices de Valdés y Quiroga [20]. Por esta misma preocupación son molestados y aun perseguidos algunos autores poco explícitos o confusos en la exposición de su doctrina. Recordemos las persecuciones de San Ignacio y sus compañeros en los comienzos de la Compañía de Jesús. La inclusión en el índice de obras de Fray Juan de los Ángeles, de Fray Luis de Granada, el proceso de Fray Luis de León, la inspección de las obras de Santa Teresa, etc. Muestra del rigor con que se procedía es el caso de la religiosa clarisa Magdalena de la Cruz, residente en Córdoba, que experimentaba visiones, éxtasis y revelaciones; durante muchos años fue creída de todo el mundo; por fin es examinada por el beato Juan de Ávila, que la juzga engañada y falsas estas manifestaciones místicas. Para dar ejemplo, aunque la monja se sometió, fue amonestada y encerrada [21].

Por otra parte, ya vimos cómo Cisneros protegió el misticismo: encarga se difundan las obras de Lulio, que publica bajo su protección; lo mismo hace con las del Cartujano. Entre estas dos tendencias, de una protección primero y una desconfianza dogmática después, se desenvuelve el fervor religioso de estos escritores, cuya exaltación caía en un terreno tan perfectamente abonado por las distintas causas que en el presente capítulo se reseñan.

[20]   Véase en la bibliografía el artículo *Índices de libros prohibidos.*
[21]   *Acta Sanctorum octobris,* t. VII, págs. 227, 569.—Menéndez y Pelayo: *Heterodoxos,* t. II, 1. 5, c. I.

BIBLIOGRAFÍA DEL CAPÍTULO IV

§ 1.—PRECEDENTES MEDIEVALES EN ESPAÑA

ALÇOVER MASPONS.—«El lulismo en Mallorca». (1915.)
ALÓS-MONER (Ramón d').—«Ramón Lull. Poesies. Text, notes i glossari de Els Nostres Clásics». (Barcelona, 1925, 188 pp. en 8.º)
——— «El manuscrito Ottoboniano Lat. 405. Contribución a la bibliografía luliana. Escuela Española de Arqueología e Historia en Roma. Cuadernos de trabajo II». (Madrid, 1914, 4.º)
ASÍN Y PALACIOS (Miguel).—«El lulismo exagerado». (En Cultura Española, 1906.)
BABUT (E. Ch.).—«Priscillien et le Priscillianisme», (Bibliothèque de l'Ecole des Hautes Etudes. París, 1909.)
BAEUMKER (Dr. Clemens).—«Beiträge zur Geschichte der Philosophie des Mittelalters». (Münster.)
——— «Les écrits philosophiques de Dominicus Gundissalvus». (Revue Thomiste, 1898.)
——— «Dominicus Gundissalvus als philosophischer Schriftsteller». (Münster, 1899.)
BLANCO SOTO (R. P. Fr. Pedro).—«Estudios de bibliografía luliana», por el P. ..., agustino. (I. La apología del doctor Dimas de Miguel. II. Cartas de Juan de Arce de Herrera al Cardenal Borromeo en defensa de Raimundo Lulio. III. El catálogo de las obras de R. L. del doctor Arias de Loyola. IV. Memoria de los libros que han venido a noticia del señor Dimas de Miguel del iluminado doctor R. L. V. Catálogo de varios libros de la Escuela Luliana de Barcelona. VI. Inventario de los libros de la Escuela Luliana... 1489. VII. Apéndices. Madrid, imp. «Revista arch.», 1916.)
BONILLA Y SAN MARTÍN (Adolfo).—«Historia de la filosofía española». (T. I, Madrid, 1908.)
BORRÁS.—«María S. y el R. Pontífice en las obras de R. L.» (1908.)

BOVÉ (Salvador).—«El sistema científico luliano. Ars Magna. Exposición y crítica», por D. ..., presbítero, licenciado en Sagrada Teología. (Barcelona. Tip. Católica, calle del Pino, núm. 5, 1908.)
——— «Al margen de un discurso». (1912.)
BOVER (Joaquín. María).—«Biblioteca de escritores baleares». (Palma, Gelabert, 1868. Dos ts. en 4.º Véase especialmente el Índice alfabético del t. II, palabras Lulistas y Lull.)
CANALEJAS (F. de P.).—«Las doctrinas del doctor iluminado R. Lulio». (Madrid, 1870.)
CARRERAS ARTAU (T.).—«Ramón Lull. Programa del curso sobre Concepciones éticas en España» (1915.)
——— «Ética hispana. Apuntes sobre la concepción ético-jurídica de Ramón Lull». (1914.)
CASADESÚS (J.).—«El Arte magna de Raimundo Lulio». (1917.)
DENK (O.).—«Einführung in die Geschichte der altcatalanischen Litteratur». (München, 1893.)
FERRÁ.—«Ramón Lull, valor universal». (1915.)
FINKE.—«Acta aragonensia». (Berlín, 1908.) (Para los documentos relativos a la historia de Lull y de su escuela.)
FLEURY (Amadée).—«Saint Paul et Sénèque. Recherche sur les rapports du philosophe avec l'apôtre, et sur l'infiltration du christianisme naissant à travers le paganisme». (París, 1853. Dos vols. en 8.º)
GIRVÉS (Francisco).—«De secta priscillianorum dissertatio». (Romae, 1750.)
GOTTRON (Dr. Adam).—«L'Edició meguntina de Ramón Lull. Amb un apendix bibliografic dels manuscrits é impresos lulianos de Meguncie...» (Barcelona, 1925. Tip. L'Avenç, 4.º mayor, con 6 facsímiles.)
GUARDIA.—Artículos acerca de Ramón Lull. (En Revue Germanique, 1862. Revue de l'Instruction Publique, 1862. Revue Philosophique, 1887.)
GUTTMANN (Dr. J.).—«Das Verhältniss des Thomas von Aquino zum Judenthum und zur jüdischen Litteratur. Avicebron und Maimonides». (Göttingen, 1891.)
——— «Die Scholastik des XIII. Jahrhunderts in ihren Beziehungen zum Judenthum und zur jüd. Litteratur». (Breslau, 1902.)
HAEBLER.—«Ramon Lull und seine Schule». (1921.)
HAUREUAU (B.).—«Histoire de la philosophie scolastique». (París, 1880.)
HELFERRICH.—«Raymond Lull und die Anfänge der catalanischen Literatur». (Berlín, 1858.)
HOFMANN.—«Ein Katalanisches Thierepos von Ramon Lull». (1872.)
JOURDAIN (Aimable).—«Recherches critiques sur l'age et l'ori-

gine des traductions latines d'Aristote». (París, 1843. Todavía
es la mejor obra de conjunto sobre la escuela de Toledo.)
KEICHER (P. Otto).—«R. Lullus und seine Stellung zur arabischen
Philosophie». (Münster, 1909.)
LITTRÉ (P. L.) y HAURÉAU (B.).—«Histoire littéraire de la
France». (T. XXIX, 1885, reimpr. en 1900. Con un estudio ma-
gistral sobre la obra de Lulio y el repertorio bibliográfico más ex-
tenso y completo acerca del Beato Ramón.)
LOEWENTHAL.—«Dominicus Gundisalvi und sein psycholo-
gisches Compendium». (Berlín, 1890.)
LÓPEZ FERREIRO (A.).—«Estudios histórico-críticos sobre el
Priscilianismo». (Santiago, 1878.)
LUANCO.—«Reymundo Lulio considerado como alquimista».
(Barcelona, 1870.)
LULL (Ramón).—Artículos acerca de él. (En Boletín de la Sociedad
Arqueológica Luliana. Palma de Mallorca.—Revista Luliana,
Barcelona.—«Ramón Lull», en Enciclopedia Espasa, t. XLIX,
1923.)
——— «Obres originals de ———». (Mallorca, 1914.)
——— «Félix de les Maravelles del Mon». Texto original publi-
cado e ilustrado con notas y variantes por Jerónimo Rosselló, y
un Proemio bibliográfico por M. Obrador y Bennasar. (Palma de
Mallorca, 1903, 2 ts. en 4.º)
MARCH (Josep M., S. J.).—«El B. R. Lull i Sant Ignasi de Loiola.
Semblances ascétiques doctrinals». (En «Juventus», año II,
número 18, 1923, pp. 95-7.)
MASRIERA (Arturo).—«Lo Libre de Sancta María de Ramón
Lull». (1908.)
MASSÓ TORRENTS (J.).—«Bibliografia dels antics poetes cata-
lans». (En Anuari de l'Inst. d'Est. Cat. MCMXIII-XIV. Tirada
aparte. Barcelona, 1914.)
MAURA (Juan) (Obispo de Orihuela).—«El optimismo del
B. R. L.» (1904.)
MENÉNDEZ Y PELAYO (Marcelino).—Acerca de Ramón Lull.
(En Hist. de los heter. esp., ts. I y II, primera ed.)—Orig. de la
novela, t. I (Nueva Bibl. AA. EE.). Ciencia Española, tercera
ed., t. III (reprod. en Obr. compl. Estudios de crítica filosófica.)
MIQUEL Y PLANAS.—«Bibliografía de Ramón Lull, en catalá».
(Bibliofilia, 659.)
MOREL-FATIO.—«Proverbes rimés de Raimond Lull». (En Ro-
mania, t. XI.)
MUIÑOS SAENZ (P. Conrado).—«Panegírico del Beato Raimundo
Lulio.» (Pronunciado por ... el día 7 de julio de 1895.) (Palma,
Bartolomé Rodríguez [s. a.], 1895.)
MUNK.—«Melanges de philosophie juive et arabe». (París, 1859.)
OBRADOR BENNASSAR (Mateo).—«Doctrines sociologiques lu-
lianes». (1905.)

OBRADOR BENNASSAR (Mateo).—«Viatge d'investigació a les bibliotheques de Munich i Milá». (En Anuari de l'Institut d'Est. Cat., MCMVIII.)

GOTTRON.—«Ramon Lulls Kreuzzugsideen». (1912.)

OTTO.—«Bemerkungen über Ramon Lull». (En Zeitschrift für romanische Philologie, t. XII.)

PASCUAL (P. A. R.).—«Vida del Beato Raymundo Lulio». (Mallorca, 1890. Edición póstuma.)

—— «Vindiciae Lullianæ» (1778. Cuatro vols.)

PONS FABREGUES.—«Ramón Lull, apóstol del amor». (1915.)

PROBST.—«Caractère et origine des idées du B. Raymond Lulle». (Toulouse, 1912.)

———— «La mystique de R. L. et l'Art de contemplació». (1914.)

RENAN (E.).—«Averroes et l'averroïsme. Essai historique». (Quinta ed. París, Calmau-Levy, pág. 200 y sigs.)

RIBER (Ll.).—«Vida y actes del ... Benaventurat ... Ramón Lull». (Mallorca, 1916.)

RIBERA (Julián).—«Orígenes de la filosofía de Ramón Lull». (1899.)

ROGENT (Elies) y DURÁN (Estanislau).—«Les Edicions lulianas de la Biblioteca Universitaria de Barcelona». (Barcelona, 1913. Tipografía L'Avenç, 4.º mayor.)

ROSSELLÓ (Jeroni).—«Obras rimadas de Ramón Lull» (Palma, 1859. Biblioteca Luliana.)

RUBIÓ I BALAGUER (J.).—«La lógica del Gazzali posada en rims per En Ramón Lull». (En Anuari de l'Institut d'Estudis Catalans, MCMXIII-XIV.)

RUBIÓ Y LLUCH (Antonio).—«Documents per la historia de la cultura catalana mig-eval». (Barcelona, 1908-21.)

—— «Ramón Lull. Sumari d'unes lliçons en els Estudis Universitaris Catalans». (Barcelona, L'Avenç, 1911. Excelente esquema de conjunto.)

RUIZ (Diego).—«Lull, maestro de definiciones». (1906.)

SALZINGER (Ivo).—«Beato Raimundi Lulli opera omnia». (Magunzia, 1729.)

STEINSCHNEIDER (Moritz).—«Die hebräischen Uebersetzungen des Mittelalters und die Juden als Dolmetscher. Ein Beitrag zur Litteraturgeschichte des Mittelalters, meist nach handschriftlichen Quellen». (Berlín, 1893. Dos ts.)

TORRAS Y BAGES (Il'lm. Sr. Dr. D. Josep).—«La tradició catalana». (Foment. de Pietat Catalana. Barcelona, 1924. In 8.º, 484 pp. Véase el capítulo II del Llibre segond. pág. 198.)

ÜBERWEG-HEINZE.—«Grundriss der Geschichte der Philosophie». (T. II, pág. 273 y sigs. Berlín, 1905.)

VALLE RUIZ (P. R.).—«Discurso acerca del Beato Raimundo Lulio. (Pronunciado por el ... el día 7 de julio de 1897. Palma, José Fons, 1898.)

WADDING. — «Scriptores Ordinis Minorum». (1650.)
WEYLER Y LAVIÑA. — «Raymundo Lulio juzgado por sí mismo». (Palma, 1867.)
WÜSTENFELD (F.). — «Die Uebersetzungen arabischer Werke in das Lateinische seit dem XI. Jahrhundert». (Göttingen, 1877, 133 páginas, en 4.º mayor.)
ZWEMER. — «Ramon Lull first Missionary to the Moslems». (Nueva York, 1902.)

ADICIONES

ABELLA, Delfín.— *Geni i catalanitat de Ramón Llull.* Barcelona. Rafael Salva. 1964. 60 pp.

AMBLAR CORRECHER, Josefina.— *El estoicismo y Séneca.* Castellón. 1979. 28 pp.

ARBONA PIZA, M.—«Los exemplis en el *Llibre de Evast e Blanquerna»*, *Estudios Lulianos,* XX, Palma de Mallorca, 1976, pp. 53-70.

ARTIGAS, José.— *Séneca. La Filosofía como forjación del hombre.* Madrid. Consejo Superior de Investigaciones Científicas. 1952. XXII +259 pp.

ARTUS, W. W.—«El dinamismo divino y su obra máxima en el encuentro de Llull y la filosofía musulmana», *Estudios Lulianos,* XXII, Palma de Mallorca, 1978, pp. 155-197.

AUBERTIN, Charles.— *Etude critique sur les rapports supposés entre Sénèque et Saint Paul.* París. Eugéne Belin. 1857. 444 pp.

BARCELÓ, José Luis.— *Séneca.* Plasencia. Sánchez Rodrigo. 1962. 121 pp.

BATLLORI, Miguel.— *Antología de Ramón Llull.* Madrid. Dirección General de Relaciones Culturales. 1961. 2 vols.

BECERRA BAZAL, Antonio.— *Séneca y el senequismo.* Madrid. Publicaciones Españolas. 1965. 26 pp.

BENAVIDES, José.— *Séneca. La vida de un sabio español.* Barcelona. Araluce. 1953. 174 pp.

BERTRAND Y GUELL, José.— *Influencies Lulianes en el sistema de Descartes.* Barcelona. Tip. Galve. 1930. 125 pp.

BONAFEDE, Giulio.— *La condanna di Stefano Tempier e la «Declaratio» di Raimundo Lullo.* Palma de Mallorca. Maioricensis Schola Lullistica. 1960. 24 pp.

CANALS VIDAL, F.—«El principio de conveniencia en el núcleo de la metafísica de Ramón Llull», *Estudios Lulianos,* XXII, Palma de Mallorca, 1978, pp. 199-207.

COLOMER, E.—«Ramón Lull y el judaísmo en el marco de la Edad Media Hispana», *Estudios Lulianos,* X, Palma de Mallorca, 1966, pp. 5-45.

CONDE GUERRI, Elena.— *La sociedad romana en Séneca.* Murcia. Universidad. 1979. 407 pp.

CRUZ HERNÁNDEZ, Miguel.— *El pensamiento de Ramón Llull.* Valencia. Castalia. 1977. 452 pp.

CRUZ HERNÁNDEZ, M.—«La fundación de Miramar y el sentido de la "Sabiduría cristiana" de Ramón Llull», *Estudios Lulianos,* XXII, Palma de Mallorca, 1978, pp. 1-7,

ELORDOY, Eleuterio.— *Séneca.* Madrid. Consejo Superior de Investigaciones Científicas. 1965. 388 pp.

FORT Y COGUL, Eugenia.— *La inquisició y Ramón Llull.* Barcelona. Rafael Dalmau. 1972. 58 pp.

FRERE, Jean-Claude.— *Raymond Lulle.* París. Grasset. 1972. 284 pp.

FRUTOS, Eugenio.— *La moral de Séneca en Descartes.* Córdoba. 1965. 13 pp.

FRUTOS CORTÉS, Eugenio.— *Séneca y el pensamiento actual.* Santander. Universidad Internacional Menéndez y Pelayo. 1966. 43 pp.

GAMA CAIERO, F. da.—«Aportación para el estudio de las fuentes del pensamiento místico del Bto. Ramón Lull», *Estudios Lulianos,* VIII, Palma de Mallorca, 1964, pp. 33-41.

GARCÍA BORRÓN MORAL, Juan Carlos.— *Séneca y los estoicos. Contribución al estudio del senequismo. Extracto de Tesis Doctoral.* Barcelona. Imp. Elzeviriana y Lib. Gami. 1959. 18 pp.

GARCÍA GARRIDO, José Luis.— *La filosofía de la educación de Lucio Anneo Séneca.* Madrid. Confederación Española de Cajas de Ahorros. 1969. 312 pp.

GARCÍA RUA, José Luis.— *El sentido de la intensidad en Séneca: contribución al estudio del concepto de «modernidad».* Granada. Universidad. 1976. 284 pp.

GARCÍAS PALOU, S.—«El Papa "Blanquerna", de Ramón Llull y Celestino V», *Estudios Lulianos,* XX, Palma de Mallorca, 1976, pp. 71-86.

——— «Aspectos teológico-jurídicos del pensamiento luliano sobre el cardenalato», *Estudios Lulianos,* XXI, Palma de Mallorca, 1977, pp. 69-84.

——— *El Miramar de Ramón Llull.* Palma de Mallorca. Diputación Provincial. 1977. VII +370 pp.

GAYA, J.—«El ambiente científico de Montpellier en los siglos XIII y XIV», *Estudios Lulianos,* XXI, Palma de Mallorca, 1977, pp. 59-68.

——— *La teoría luliana de los correlativos: historia de su formación conceptual.* Palma de Mallorca, 1979. 228 pp.

GENTILE, Marino.— *I fondamenti metafisici della morale di Seneca.* Milano. Vita e Pensiero. 1932. 92 pp.

GERCKE, Alfred.— *Séneca-Studien.* Hildesheim. Georg Olms. 1971. 334 pp.

GONZÁLEZ DE LA CALLE, Pedro Urbano.— *Quevedo y los dos Sénecas.* México. Colegio de México. 1965. 344 pp.

GRIMAL, Pierre.— *Séneque ou la conscience de l'Empore*. París. Societé d'Edition Les Belles Lettres. 1978. 503 pp.

GROULT, P.—«De Llull et Ruysbroeck à Jean de la Croix», *Les Lettres Romanes*, II, Louvain, 1948, pp. 60-64.

HAGEN, Friedrich von.— *Zur Metaphysik des Philosophen L. A. Seneca*. Berna. Robert Noske. 1905. 46 pp.

HERRERAS, Domiciano.— *Séneca, y la proyección europea de su obra*. Málaga. Graf. Urania. 1968, 159 pp.

HOCHART, Polydore.— *Etudes sur le Vie de Séneque*. París. Ernest Leroux. 1885. VII +285 pp.

IMBACH, R.—«Theologia Raymundi Lulli memoriter epylogata», *Estudios Lulianos*, XXIII, 1979, pp. 185-193.

IRIARTE, Mauricio de.— *Raimundo Lulio. Vida y carácter. (Tres ensayos)*. Madrid. Escelicer. 1955. 207 pp.

JORGENSEN, B. S.—«Individuation und Individuations prinzip im Schriftum Raymund Lulls», *Estudios Lulianos*, XXI, Palma de Mallorca, 1977, pp. 5-34.

LANA, Italo.— *Séneca e la politica*. Torino. G. Giapphichelli. 1970. XI +164 pp.

LUCAS, Isidro.— *Séneca en tres ensayistas del Barroco español: Quevedo, Saavedra Fajardo y Baltasar Gracián*. Madrid. Facultad de Filosofía y Letras. 1970. 52 pp.

LLINARES, Armand.— *Raymond Lulle, philosophe del'action*. París. Press Universitaires de France. 1963. 510 pp.

MAPELLI LÓPEZ, Luis.— *Aportaciones de Séneca a la Roma del derecho*. Córdoba. Graf. Ariza. 1966. 26 pp.

——— *Iconografía de Séneca y otros estudios afines*. Córdoba. Diputación Provincial. 1978. 192 pp.

MARTÍNEZ TOMÁS, Antonio.— *Raimundo Lulio. Una vida de mártir, narrada a la juventud por...* Barcelona. Araluce. 1956. 148 pp.

MÁRTIR RIZO, Juan Pablo.— *Vida de Séneca*. Madrid., Atlas. 1944. 187 pp.

MATEU ALBA, Juan.— *Optimismo pedagógico y alegría en Lulio*. Madrid. Bolaños y Aguilar. 1959. 10 pp.

MAURACH, Gregor.— *Der Bau von Senecas Epistulae Morales*. Heidelberg. Carl Winter. 1970. 213 pp.

MENDÍA, B.—«La apologética y el arte lulianas a la luz del agustinismo medieval», *Estudios Lulianos*, XXII, Palma de Mallorca, 1978, pp. 209-239.

MERINO, Julio.— *Séneca: el vía crucis de un moralista que se metió a político*. Madrid. Coimoll. 1977. 155 pp.

MERLE, H.—«*Dignitas:* signification philosophique et théologique de ce terme chez Lulle et ses predecesseurs médiévaux», *Estudios Lulianos*, XXI, Palma de Mallorca, 1977, pp. 173-193.

MESQUIDA SUREDA, Sebastián.— *Ramón Llull, valor intemporal*. Palma de Mallorca. Ayuntamiento. 1963. 106 pp.

MESTRE MESTRE, Bartolomé.— *Patografía de Ramón Llull.* Palma de Mallorca. Diputación Provincial. 1978. 216 pp.

MOTTO, Anna Lydia.— *Séneca.* New York. Twayne Publishers. 1973. 173 pp.

MUÑOZ VALLE, Isidoro.— *Estudios sobre Séneca.* Málaga. Real Academia de Bellas Artes de Córdoba. 1969. 67 pp.

MURILLO RUBIERA, Jaime.— *Las ideas jurídicas de Séneca.* Madrid. Reus. 1967. 43 pp.

PEERS, Edgar Allison.— *Foll d'amor. La vida de Ramón Llull.* Palma de Mallorca. Moll. 1966. 169 pp.

PERNICE, G.— *Seneca morale.* Tortona. U. S. T. 1964. 33 pp.

PITTET, Armand.— *Vocabulaire philosophique de Sénèque.* París. Les Belles Lettres. 1937.

PLATZECK, E. W.— «La contemplación religiosa de Ramón Llull en los primeros años de su actividad literaria (1271-1276)», *Estudios Lulianos,* XXII, Palma de Mallorca, 1978, pp. 87-115.

PRIETO, Fernando.— *El pensamiento político de Séneca.* Madrid. Revista de Occidente. 1977. 382 pp.

REINOLDS, Leighton Durham.— *The medieval tradition of Seneca's letters.* Oxford, University Press. 1965. 167 pp.

REYES, A.— «Influencia luliana en la lírica mística del Siglo de Oro», *Estudios Lulianos,* V, Palma de Mallorca, 1961, páginas 163-170.

REYES, Antonio.— *El racionalismo averroísta y el razonamiento luliano.* Madrid. Imp. Sáez Hermanos. 1935. 230 pp.

RIBER, L.— «Erasmo, en el *Índice Paulino* con Lulio, Sabunde y Savonarola», *Boletín de la Real Academia Española,* XXXVIII, Madrid, 1958, pp. 249-263.

RODRÍGUEZ NAVARRO, Eloy.— *Séneca: Religión sin mitos.* Madrid. Facultad de Filosofía y Letras. 1969. 256 pp.

RUBIO, Fernando.— *La vida retirada del sabio en el pensamiento de Séneca el filósofo.* El Escorial. Real Monasterio. 1959. 15 pp.

SAIZ BARBERA, Juan.— *Raimundo Lulio, genio de la filosofía y mística española.* Madrid. Eds. y Publicaciones Españolas. 1963. XXV + 900 pp.

SANTA CRUZ TEIJEIRO, José.— *Digresiones romanísticas en torno al epistolario de Séneca Lucilio.* Valencia. Bello. 1969. 71 pp.

SEVENSTER, J. N.— *Paul and Seneca.* Leiden. E. J. Brill. 1961. 251 pp.

SOULAIROL, Jean.— *Raymond Lulle Prefacc de Daniel-Rops.* París. Editions Franciscaines. 19511. 156 pp.

STELLA-MARANCA, Filippo.— *Séneca giureconsulto.* Lanciano. Tip. Fratelli Mancini. 1926. 118 pp.

STOHR, J.— «Las "rationes necessariae" de Ramón Llull, a la luz de sus últimas obras», *Estudios Lulianos,* XX, Palma de Mallorca, 1976, pp. 5-52.

SUREDA BLANES, Francisco.— *Bases enteriológicas del pensamiento luliano.* Palma de Mallorca. 1935. 320 pp.

SUSSMAN, Lewis A.— *The elder Seneca.* Lugduni Batavorum. E. J. Brill. 1978. XIV +187 pp.

TOBIN, Ronald W.— *Racine and Seneca.* Chapel Hill. The University of North Carolina Press. 1971. 173 pp.

TODOLÍ, José.— *La moral en Séneca.* Valencia. Facultad de Filosofía y Letras. 1967, 16 pp.

TRIAS MERCANT, Sebastián.— *El pensamiento y la palabra. (Aspectos olvidados de la filosofía de R. Llull).* Palma de Mallorca. 1972. 90 pp.

——— «Consideraciones en torno al problema de la fe y la razón en la obra literaria de Ramón Llull», *Estudios Lulianos,* XXIII, 1979, pp. 45-68.

USCATESCU, George.—*Séneca, nuestro contemporáneo.* Madrid. Editora Nacional. 1965. 176 pp.

WALTZ, René.— *La vie politique de Sèneque.* París. Perrin et Cie. 1909. 462 pp.

WIRUSZOWSKI, Helen.— *Ramon Llull et l'idée de la Cité de Dieu. Quesques nouveaux écrits sur la croisade.* Barcelona. (s. i., s. a.). 12 hs.

§ 2. — AMBIENTE CULTURAL Y SOCIAL

ALONSO GETINO (F. L. G.) [O. P.]. — «El Maestro Fr. Francisco de Vitoria». (En «Ciencia Tomista». Año II, N.º XI. Noviembre-dic. 1911.) (Hay edición aparte.)
—————— «El Syllabus tomista y el centenario de Suárez». (Aparte de «La Ciencia Tomista».)
—————— «Francisco de Vitoria y el Renacimiento del siglo XVI en Salamanca».
—————— «El Maestro Bartolomé de Medina». (Premiado y publ. por la «Revista de Ciencias Eclesiásticas».)
BELTRÁN DE HEREDIA (V.). — «La enseñanza de Santo Tomás en la Universidad de Alcalá». (En · «La Ciencia Tomista», t.º XIII, pp. 245 y 392.)
BLANCO GARCÍA (P. F.). — «Discurso de D. Alonso de Cartagena en el Concilio de Basilea». (Ms. de la Bibl. del Esc., t. XXXV de «La C. de D.»)
BOEHMER (Eduard). — «Franziska Hernandez und Frai Francisco Ortiz...» (Leipzig, 1865.)
CARREÑO (Alberto María). — «La Imprenta y la Inquisición en el siglo XVI». Apud. «Estudios eruditos in memoriam de Adolfo Bonilla y San Martín», t. I. (Madrid, 1927, págs. 91-114.)
CABALLERO (Fermín). — «Vida del Ilmo. Melchor Cano...» (Madrid, 1871.)
CASTIGLIONE. — «Il Libro del Cortegiano del Conte Baldasar Castiglione». (In Venetia..., 1528.) (Bibliothèque Nationale de Paris, Rés, g. R. 1 et Rés. E. 52.)
CASTRO (Adolfo de). — «Historia de los protestantes españoles.»
CIRUELO (Pedro). — «Reprobación de las supersticiones y hechizerías, libro muy necessario hecho por el muy reverendo Maestro Ciruelo...» (Salamanca, 1541.)
COLUNGA (E.). — «Intelectualistas y místicos en la Teología española del siglo XVI. (En «La Ciencia Tomista», t. V (Madrid, 1914), pp. 209-221, 377-394; y VI (1915), pp. 237-253.)
DEJOB (Ch.). — «De l'influence du Concile de Trente sur la Littérature et les Beaux-Arts chez les peuples Catholiques. — Essai d'introduction a l'Histoire littéraire du siècle du Lous XIV». (París, Ernest Thorin, 1884.)

DÍAZ ORDÓÑEZ (D. Víctor).—«Discurso leído en la solemne apertura del Curso académico de 1903 a 1904», por el doctor ..., Catedrático numerario de Derecho Canónico. (Oviedo, Establecimiento tipográfico de Adolfo Brid. Calle Canónigo, 18, 1903.)

EHRLE (R. P.).—«Die Vaticanischen Handschriften der Salmaticenser Theologen des XVI. Jahrhunderts». (Der Katolik, febr. 1885.)

GOTHEIN (E.).—«Staat und Gesellschaft des Zeitalters der Gegenreformation». (En «Kultur der Gegenwart», 1908, II, V, I.)

HINOJOSA (Eduardo de).—Su «Discurso» de recepción en la Academia de la Historia sobre Vitoria y la «Memoria» en la Academia de Ciencias Morales y Políticas, sobre la influencia de nuestros teólogos en los tratadistas de Derecho natural y de gentes.

HURTER (U.).—«Nomenclator Literarius Theologicæ Catholicæ Theologos exhibens ætate, natione, disciplinis distinctos»; auctore, ..., S. J. (5 vols. in 4.º Innsbruck Oenipotente; Librería Académica Wagneriana, 1903-1913.)

FERREIRA DEUSDADO.—«La philosophie thomiste en Portugal». (Rev. «Néo-Scol», 1898.)

ADICIONES

BARCIA TRELLES, C.— *Francisco de Vitoria fundador del Derecho internacional moderno.* Valencia, 1928.

BELTRÁN DE HEREDIA, Vicente.— «Cano, Melchior», en *Dictionaire de Spiritualité,* París. Beauchesne. 1953, cols. 73-76.

―――― «Melchor Cano en la Universidad de Salamanca», *La Ciencia Tomista,* XLVIII, Salamanca, 1933, pp. 178-208.

CARRO, V. D.— *La teología y los teólogos-juristas españoles ante la conquista de América.* Madrid. 1944.

CLAVERÍA, Carlos.— «Una fórmula alemana en Alfonso de Cartagena», *Revista de Filología Española,* XXVI, Madrid, 1941, pp. 307-311.

EBERSOLE, A. V.— «Pedro Ciruelo y su *Reprobación de hechicerías»,* en *Nueva Revista de Filología Hispánica,* XVI, México, 1962, pp. 430-437.

GIERATHS, Gundolf.— «Melchior Cano und die Geschichtsvissenschaft», *Freiburger Zeitschrift für Philosophie und Theologie,* IX, 1962, pp. 3-29.

GONZALO, Eugenio.— «Teología y Tradición en la doctrina de Melchor Cano», *Salmanticensis,* X, Salamanca, 1963, páginas 135-160.

HUIDOBRO, Luciano.— «Sentencia de Don Alfonso de Cartagena referente a la Aljama judía de Burgos», *Sefarad,* VI, Madrid, 1946, pp. 130-137.

HORST, Ulrich.— «Das Verhältnis von Schrift und Tradition nach Melchior Cano», *Trierer Theologische Zeitschrift,* LXIX, 1960, pp. 207-223.

MARTÍNEZ BURGOS, M.— «Don Alonso de Cartagena, obispo de Burgos. Su testamento», *Revista de Archivos, Bibliotecas y Museos,* LXIII, Madrid, 1957, pp. 81-110.

MUÑOZ, H.— *Vitoria and the conquest of America.* Manila, 1938.

NASZALYI, E.— *Doctrina Francisci de Vitoria de Statu.* Roma, 1937.

OLMEDO, Félix G.— «Don Alfonso de Cartagena (1384-1456) tratadista y hombre de oración», *Manresa,* XXX, Madrid, 1958, pp. 31-48.

PEREÑA VICENTE, Luciano.— «La soberanía de España en América, según Melchor Cano», *Revista Española de Derecho Internacional,* V, Madrid, 1952, pp. 856-891.

PEREÑA VICENTE, Luciano.—«Melchor Cano, discípulo de Francisco de Vitoria en Derecho Internacional», *La Ciencia Tomista,* LXXXII, Salamanca, 1955, pp. 463-478.

POPAN, Flavio.—«La crítica histórica según Melchor Cano», *Verdad y Vida,* XV, Madrid, 1957, pp. 89-122.

——— «Conexión de la historia con la teología, según Melchor Cano», *Verdad y Vida,* XV, Madrid, 1957, pp. 445-475; y XVI, 1958, pp. 71-94 y 189-209.

SANZ Y SANZ, José.— *Melchor Cano. Cuestiones fundamentales de crítica histórica sobre su vida y sus escritos.* Monachil-Madrid, 1959.

SCHOLBERG, Kenneth R.—«Alfonso de Cartagena: sus observaciones sobre la lengua», *Nueva Revista de Filología Hispánica,* VIII, México, 1954, pp. 414-419.

SECRET, F.—«Pedro Ciruelo: critique de la Kabbale et de son usage par les chrétiens», *Sefarad,* XIX, Madrid, 1959, pp. 48-77.

STEGMÜLLER, F.— *Francisco de Vitoria y la doctrina de la gracia en la escuela salmantina.* Barcelona, 1934.

TELLECHEA IDÍGORAS, Ignacio.—«Melchor Cano y Bartolomé Carranza, dos dominicos frente a frente», *Hispania Sacra,* XV, Madrid, 1962, pp. 5-89.

TRUYOL SERRA, A.— *Los principios del derecho público en Francisco de Vitoria.* Madrid, 1946.

VILLOSLADA, R. G.— *La Universidad de París durante los estudios de Francisco de Vitoria.* Roma, 1938.

ÍNDICES DE LIBROS PROHIBIDOS

Sobre esta cuestión tan interesante para el estudio del ambiente cultural de España, recomiendo las obras, citadas en esta Bibliografía, de Reusch, Silva Bastos y Menéndez y Pelayo («Heterodoxos», t. II). Ofrecen especial interés los índices que a continuación reseño:

«CATALOGUI librorum reprobatorum, et prælegendorum, ex iudicio Academiæ Lovaniensis. Cum edicto Cæesariae Maiestatis euulgati Valentiæ, Typis Joannis Mei Flandri. MDLI. Mandato Dominorum de consilio sanctæ generalis Inquisitionis». (Índice de 1551, del Inquisidor general Fernando de Valdés.)

OTROS ÍNDICES en el mismo año 1551, en Valladolid y Toledo:

ÍNDICE y censura especial de Biblias. (Valladolid, 1554.) (Por disposición de Valdés.)

«CATHALOGUS librorū, qui prohibentur mandato Illustrissimi et Reurend D. D. Ferdinandi de Valdés Hispaleñ. Archiepi, Inquisitoris Generalis Hispaniæ. Necnon et Supremi Sanctæ ac Generalis Inquisitionis Senatus. Hoc Anno MDLIX. editus. Quorum iussu et licentia Sebastianus Martinez Excudebat Pinciæ. Está tassado en vn Real». (Reimpreso en facsímil en New-York, 1894.)

«INDEX autorum et librorum, qui ab Officio Sanctæ Rom. et Vniversalis Inquisitionis caueri ab omnibus et singulis in vniversa Christiana Republica mandatur, sub censuris contra legentes, vel tenentes libros prohibitos in Bulla, quæ lecta est in cœena Domini, expressis, et sub alijs pœenis in Decreto eiusdem Sacri officij contentis. Index venundaatur apud Antonium Bladum, Cameralem impresorem, de mandato speciali sacri officij, Romæ, Anno Domini 1559. Mense Januarij». (Índice de Paulo IV.)

«INDEX librorum prohibitorum, cum Regulis confectis per Patres a Tridentina Synodo delectos, auctoritate Sanctiss. D. N. Pii IIII, Pont. Max. comprobatus. Romæ, Apud Paulum Manutium. Aldi F. MDLXIIII. In ædibus populi Romani». (Id. Lugduni, MDLXIIII, y Olisipone, 1564. Hay reimpresiones en Leodii, 1568, y Olisipone, 1597.)

LIBRORUM prohibitorum index, ex mandato regiæ Catholicæ Majestatis, et illustriss. Ducis Albani. Consiliique Regii Decreto confectus et editus, Antverpiæ, Plantino, 1569.»
«INDEX librorum prohibitorum ... authoritate ... Pii IIII ... Vna cum iis qui Mandato Regiæ Catholicæ Maiestatis et ... Ducis Albani ... Leodii, Impensis Henrici Houij, 1569».)

PPHILIPPI II. Regis Catholici Edictum De Librorum prohibitorum Catalogo observando ...» e «Index librorum prohibitorum ... Pii IIII ... Cum Appendice in Belgio ex mandato Regiæ Cathol. Maiestatis confecta. Antverpiæ ... Plantini. MDLXX.»
«INDEX Expvrgatorius librorum qui hoc secvlo proedierunt ... Anno MDLXXI Antverpiæ ... Plantini ...» (En estos índices antuerpienses intervino Arias Montano. El ahora citado de 1571, fue reproducido en son de ataque por los calvinistas Francisco Junio («Apud Joanem Mareschallum Lugdunensem MDLXXXVI») y Juan Pappi («Argentorati, 1599 y 1609»). La tradición de estos ataques continúa en una ed. de «Hanovia, 1611».)
«INDEX et Catalogus Librorum prohibitorum, mandato Illustriss. ac Reuere[n]diss. D. D. Gasparis a Quiroga, Cardinalis Archiepiscopi Toletani, ac in regnis Hispaniarum Generalis Inquisitoris denuó editus. ... Madriti, Apud Alphonsum Gomezium Reg ... Tip. ... Anno MDLXXXIII. Tassado a cinco maravedis el pliego». (Una ed. en Salmuri?, 1601.)
«INDEX librorum prohibitorum», de B. de Sandoval y Rojas. («Madriti, Luis Sánchez, 1612.») (Adiciones y reimpresiones: 1614 (Madrid), 1619 (Genavæ), 1620 (Matriti), 1628 (Madrid) y 1632 (Hispali); por el Cardenal Zapata.)
«ÍNDICE de D. Fr. Antonio Sotomayor». (Madrid, Diego Díez de la Carrera, 1640.) (Reimpr. en Madrid, 1667.)

LA FUENTE (Don Vicente de).—«Historia eclesiástica de España».
——— «Historia de las Universidades españolas».

LEA (M. H. Ch.).—«History of the Inquisition of Spain». (New-York, 1906, 4 vols.)
——— «Chapters from the Religious of Spain». (Philadelphie, 1890.)

LLORENTE.—«Historia crítica de la Inquisición en España». (Madrid, 1882.)

MARTIN (A.).—«Suarez métaphisicien commentateur de S. Thomas». («Science Cath.», 1898.)

MENDOZA Y BOBADILLA (Francisco).—«El tizón de la nobleza española o máculas y sambenitos de sus linajes», por el Cardenal D. ..., Obispo de Burgos, Arzobispo de Valencia, etc. (Barcelona, 1880. In 8.º, 205 pp.)

MENÉNDEZ Y PELAYO.—«Heterodoxos». (T. II, 1.ª ed.)
——— «La Ciencia española», passim. (3.ª ed.)

MOLDENHAUER (Gerhard). — «Spanische Zensur un Schelmen-roman». Apud: «Estudios eruditos in memoriam de Adolfo Bonilla y San Martín». (Madrid, 1927, págs. 223-239.)

«MONUMENTA Historica Societatis Jesu, a patribus eiusdem Societatis edita». (Matriti, 1894 y sigs.)

PINEAU. — «Erasme: sa pensée religieuse». (1924.)

PRAT (P. J. M.). — «Maldonat et l'Université de Paris au XVIe siècle», par le P. ..., de la Compagnie de Jésus. (París, Julien, Lanier et C.e, Editeurs, 1856.)

REUSCH (Heinrich). — «Die Indices librorum prohibitorum des Sechzehnten Jahrhunderts gesammelt und herausgegeben von Dr. ... Gedruckt für den Litterarischen Verein in Stuttgart nach Beschluss des Ausschusses von Mai und Juni 1885. Tübingen, 1886». (T.o 176.)

SCHEICHL (F.). — «Zur Geschichte des Toleranzgedankens in der spanischen Dichtung», en los «Monatschefte der Comenius-Gesellschaft», 1896, V, 121-142.

SCORAILLE (R. P. de). — «François Suarez, de la Compagnie de Jésus, d'après ses lettres, ses autres ecrits inédits et un gran nombre de documents nouveaux». (T.o I, París, 1914.)

SCHAFER. — «Beiträge zur Geschichte des spanischen Protestantismus». (Gütersloh, 1907. 3 vols.)

SILVA BASTOS (José Timoteo da). — «Historia da censura intelectual em Portugal. (Ensaio sobre a compressão do pensamento português)». (Coimbra, Imprenta da Universidade, 1926. XIII + 400 pp. In 4.o)

WERNER. — «Franz Suarez, u. d. Span. Scholastik des letzen Jahrhunderts». (Regensburg, 1861.)

ADICIONES

Apéndice del Índice General de los Libros prohibidos que comprende los Decretos de Su Santidad y de la Sagrada Congregación del Índice desde 17 Agosto 1847 hasta 15 de Diciembre de 1862 — Barcelona, 1863.

Appendix prima / ad Indicem Librorum / Prohibitorvm, et ex-/ purgatorvm Illmi. ac Remi. D.D. Bernardi de Sandoval/ Et Rojas S.R.E. Cardin. /tit S. Anastasiae Archiepisc./ Toletani / Hispaniarum/ Primatis, Marioris Castellae Concellarii, Generalis Inquisitoris, Regii Status Consiliarii Etc./ Avtoritate et ivssu edita / De Consilio Supremi Senatvs Santae / Generalis Inquisitionis Hispaniarvm./ (Al fin: Matriti/ Excudebat Ludouicus Sancius, Typographus/ Regius. 1614).

Catalogus Li/brorum Reprobatorum Ex Iv/dicio Academiae Lovaniensis/ Cvm Edicto Caesereae Maiestatis/ Evvlgvs./ Extravagans Sanctissimi Do/mini nostri D. Iulii/papae tertii contra tenentes seu legen/ tes libros prohibitos vel reprobatos./ Alivs Catalogus Librorvm/ auctoritate illustrissimi ac reuerendissimi domini D. Ferdi/ nandi de valdes archiepiscopi Hispalen. inquisitoris ge/neralis: et dominorum de consilio sanctae generalis/ inquisitionis iam pridem reprobatorum cum/ edicto dominorum inquisitorum aposto/licorum in ciuitate Toletañ residentium/ quorum censura nonnulli alii libri/ novissime reprobati: prioribus adiunguntur/ (Dos ángeles, uno a cada lado de una cruz, en actitud de adorarla)/ *Toleti./ Ex Officina Ioa. De Aiala Anno: D. 1551./*

Censura Generalis/ Contra Errores,/ Quibus Recentes/ Haretici Sacram/ Scripturam/ Asperservnt,/ Edita a supremo Senatu Inquisitionis, constituto/ aduersus haereticam prauitatem, et aposta-/ siam in Hispania et aliis regnis, et dominiis Caesareae Maiestati/ subiectis./ (Escudo tipográfico)/ *Venetiis,/ Ex Officina Iordani Zileti./ M. D. LXXII.*

Censvra/ Generalis contra errores, quibus recentes haeretici sacram/ scripturam asperserunt, edita a supremo senatu In— / quisitionis aduersus hereticam prauitaten et aposta— / siam in Hispania, et aliis regnis, et dominiis Cesareae / Majestatis constituto. / (Escudo ovalado con una cruz y esta leyenda: Exurge Domine, Ivdica Cavsam Tvam/ *Pinciae./ Ex officina Francis. Ferdinan. Corduben. / Cum privilegio Imperiali.*

Collatio/ Censurae In/ Glossas Ivris Ca-/ nonici, Ivssv Pii V. Pon-/ Pontificis anno 1572/ editae/ Cvm Iisdem Glossis, Gre-/ gorii XIII. mandato, anno 1580, reco-/gnitis et aprobatis / Rationem et Vsum hujus Collationis de-/ monstrat Praefatio Doct. Ioannis/ Pappi Theologi Argentora-/ tensis/ (Escudo tipográfico) *Argentorati,/ Impensis Lazari Zetzneri Bibliop./ M.DC.IX.*

Index/ Avectorum Damnatae / memoriae, / Tvm Librorvm,/ qui uel simpliciter, vel ad expurgationem vsque prohi-/ bentur. vel denique iam expurgati permittuntur / Editvs Avctoritate/ Illmi Domini D. Ferdinandi Martins Mascaregnas/ Algarbiorum Episcopi, Regii status Consiliarii ac Regno-/ rum Lusitaniae Inquisitoris Generalis./ Et In Partes Tres Distribv/tus, quae proxime sequenti pa-/ gella explicate censentur./ De Consilio Svpremi Senatus Stae Generalis Inqvisi / tionis Lvsitaniae / Vlyssip. cum facult. Ex officina Petri Craesbeck. 1624.

Index / Librorvm / expurgatorum, Illustrssimi ac Reuerendis,/ D.D. Gasparis Qviroga, Cardinalis et/ Archiep. Toletani Hispan.generalis/ Inquisitoris iussu editus./ De Consilio Svpremi/ Senatus S. Generalis Inquisit./ (Escudo de armas del cardenal Quiroga) */Madriti/ Apud Alphonsum Gomezium Regium Typographum,/ Anno M. D. L XXXIIII./* Al fin *Madriti / Apud Alphonsum Gomezium Regium Typo-/ graphum./ M. D. L.XXXIII.*

Index/ Librorvm/ Prohibitorvm/ Cvm Regvlis Confectis/ Per Patres a Tridentina Synodo/ delectos, Auctoritate Sanctiss. D. N. Pii IIII/ Pont. Max. comprobatus./ Cvm Appendice in Belgio ex mandato Regiae/ Cathol. Maiestatis confecta./ (Escudo tipográfico) *Antverpiae,/ Ex officina Christophori Plantini./ M. D. LXX.*

Index Librorum/ Prohibitorvm, Cvm Regvlis/ confectis per patres a Tridentina Synodo/ delectos, autoritate Sanctissimi Domini/nostri Pii IIII. Pont. Max./ Comprobatus./ Nunc recens de mandato Illustriss ac Reuerendiss. D. Georgii/ Dalmeida Metropolyt. Archiepiscopi Olysipponensis, totiusque/ Lusitanicae ditionis Inquisitoris Generalis in lucem editus./ (Escudo de armas de dicho Arzobispo) */ Addito etiam altero Indice eorum Librorum qui in his Portugaliae/ Regnis prohibentur, cum permultis aliis ad eandem Librorum/ prohibitionem spectantibus, eiusdem quoque Illustriss. ac/ Reuerendiss. Domini iussu./ Olysippone excudebat Antonius Riberius 1581.*

Index / Librorvm Pro/ hibitorvm, Com Regv-/ lis confectis, per Patres a Triden/ tino Synodo delectos./ Avctoritate Pii IIII Primvm/ Editus, postea vero a Syxto V.auctus:/Et Nvnc Demvm S. D. N. Clementis PP. VIII./iussu recognitus, et publicatus/ Instrvctione Adiecta./ De exequendae prohibitionis, deque sincerè emen/ dandi, et imprimendi libros ratione./ Impressvs De Mandato Il/ lustriss et Reuerendiss. Domini D. Antonii de Matos de Norogna Episcopi Hel-/ uensis, Inquisitoris generalis/ Lusitaniae etc./ Olisipone./ Apud Petrum Craesbeeck,/ Anno M. D. XC VII./ Expensis Chirstophori Ortegae Biblipolae.

Index Librorum/ Prohibitorum/ Et/ Expurgandorum/ Novissimvs/Pro Catholicis Hispaniarvm/ Regnis Philippi IV, Regis Cathol./ Ill. Ac. R. D. D. Antonii A. Sotomaior/ Supremi Praesidis, et in Regnis Hispaniarum, Siciliae, et Indiarum/Generalis Inquisitoris, etc. jussu ac studiis luculenter et/vigilantissime recognitus;/De Consilio Svpremi Senatus Inquisitionis Generalis./ Iuxta Exemplar excusum/ (Escudo de armas reales de España) *Madriti; /Ex Typographaeo Didaci Diaz./ Svbsignatum L*^{do} *Hverta./ M. DC. LXVII.*

Index/Librorum Prohibitorum,/ Ac. Expurgandorum/ Novissimus./ Pro Universis Hispaniarum Regnis/ Serenissimi Ferdinandi VI./ Regis Catholici,/ Hac Ultima Editione/ Illust.^{mi} *Ac Rev.*^{mi} *D. D. Francisci Perez de Prado,/ Supremi Praesidis, et in Hispaniarum, ac Indiarum Regnis Inquisitoris/ Generalis jussu noviter auctus, et luculenter, ac vigilantissime /correctus/ De Consilio Supremi Senatus Inquisitionis Generalis/ juxta exemplar excussus./ Adjectis Nunc Ad Calcem Quamplurimis Bajanorum,/ Quietistarum, et Jansenistarum libris,/* (Escudo de armas de la Inquisición) */Matriti: Ex Calcographia Emmanuelis Fernandez./ Anno Dni. M.DCC.XLVII.*

Index/ Librorum/ Prohibitorum/ Sanctissimi Domini/ Gregorii XVI/ Pontificis Maximi/ Jussu Editus/ Editio Ḥispana,/ codem robore ac fide munita quibus authenti-/ca romana gaudet, secundum litteras/ apostolicas:/ Aucta,/ servato ordine alphabetico, cum decretis a/ SS Congregationibus Indicis et Inquisitionis promulgatis ab/ Anno MDCCCXLI ad annum MDCCCLXVI/ accurante/ D.D. Leone Carbonero et Sol/ Ephemeridis Vulgo La Cruz directore./ Cum permissu praelati hispalensis sigillo obsignato/ Hispali./ Typis Antonii Izquierdo/ MDCCCLXVI. 2 hoj. + L + 445 pág. (21 cm.).

Indice General/ De Los/ Libros Prohibidos/compuesto/del Indice último de los libros prohibidos y mandados expurgar/ hasta fin de Diciembre de 1789 por el Señor Inquisidor General/ y señores del Supremo Consejo de la Santa y General Inquisición,/ de los suplementos del mismo, que alcanzaban hasta 25 de Agosto/de 1805,/ y además/ de un Index Librorum Prohibitorum juxta exemplar romanun jussu/ SS. D. N. editum anno MDCCCXXXV, en el que van intercalados/ en sus respectivos lugares los prohibidos hasta/ fin de 1842/ (Armas pontificias)/ *Madrid, 1844—Imprenta de Don José Felix Palacios.* XXX + 363 pág. (26,5 cm.).

Indice/de/ Libros Prohibidos/ mandado publicar por / Su Santidad Pio IX/ Edición Oficial Española/ enteramente igual a la romana de 1877;/ Adicionada con los decretos posteriores, expedidos/ hasta fin de Agosto de 1880/por/ Don Leon Carbonero y Sol/ en virtud de autorización concedida/ por Rescripto de la Sagrada Congregación del Index de 3 de/Mayo de 1878, y con revision/ y comprobación de la Autoridad Ecclesiastica de Madrid/ (Adorno tipográfico)/ *Madrid: /Imprenta de D. Antonio Perez Dubrull/ Calle de la Flor Baja núm. 22/ 1880.*

Indice Ultimo/ De Los Libros Prohibidos/ Y Mandados Expurgar:/ Para todos los Reynos Y Señorios/ Del Catolico Rey De Las Españas;/El Señor Don Carlos IV./Contiene En Resumen Todos Los/ Libros puestos en el Indice Expurgatorio del año 1747,/ y en los Edictos posteriores, hasta fin de Diciembre de/ 1789. Formado y arreglado con toda claridad y diligen-/cia, por mandato del Excmo. Sr. D. Agustin Rubinde/ Cervallos, Inquisidor General, y Señores del Supremo/ Consejo de la Santa General Inquisición: impreso/ de su orden, con arreglo al Exemplar visto y/ aprobado por dicho Supremo Consejo. / (Adorno tipográfico)/ En Madrid:/ En la Imprenta de Don Antonio de Sancha./ Año de M.DCC.XC.

Novissimvs./Librorvm / Prohibitorvm / Et / Expurgandorvm/ Index/ Pro/ Catholicis Hispaniarum Regnis, Philippi IIII. Reg. Cath./ Ann.1640/ (hasta aquí la anteportada)/ Iussu ac studiis ilᵐⁱ ac R.D.D. Antonii/ a soto Maior supremi praesidis, ac in Regnis/ Hisp.- Sicil, et indiar. Generalis inquisitoris etc./ Librorum expurgandorum, luculenter ac/ vigilantissime recognitus, Nouissimus index/ De Consilio Svpremi Senatvs Inqvisitionis General./ Madriti Ex Typographaeo Didadi Diaz An. M. DC. XL.

Novissimus/ Librorum/ Prohibitorum/ Et/ Expurgandorum/ Index/ Pro Catholicis/ Hispaniarum Regnis/ Philippi V./ Regis Catholici./ Pars Secvnda,/ A. Littera L Vsque ad Z./ Cum integro Indice Cogno-/ minum Auctorum Primae, Et Secun-/dae Clasis/ Matriti: Ex Typographia Musicae. Anno 1707 (Portada del segundo tomo).

Novus Index / Librorvm / Prohibitorvm / Et Expurgatorvm; / Editvs Autoritate Et Iussu/ Emint.ᵐⁱ ac Reueren.ᵐⁱ D./ D. Antonii Zapata,/ S. R. E. Presbyt.Card./Tit S. Balbinae; /Protectoris Hispaniarum; /Inquisitoris Generalis in/ omnibus Regnis, et ditio/nibus Philippi IV. R.C. / et ab eius Statu etc. /De Consilio/ Svpremi Senatus S. Gene/ralis Inquisitionis./ Hispali Ex Typographaeo Francisci De Lyra. An M.DC.XXX.II.

Suplemento/Al Indice Expurgatorio Del año de 1.790 / Que contiene los libros prohibidos y mandados expurgar/En todos los Reynos y Señorios/ del Catolico Rey de España el Sr. D. Carlos IV./Desde el Edicto de 13 de Diciembre del año 1789/ Hasta el 25 de Agosto de 1805/ Madrid en La Imprenta Real/ Año de 1805.

Suplemento/ A El Indice/ Expurgatorio,/Que se Publico/ En Veinte Y Seis De Junio/ del año de 1707./ Por el Santo Tribunal/ De la Santa General Inquisición./Ponense En Este Suple-/mento todos los Libros prohibidos;/ ó mandados expurgar desde el dicho/dia hasta este presente año/ de 1739./ Y se Ordenan Por Avecedario de Los/ Nombres de sus Autores, siguiendo en todo el methodo, y ord-/den del referido Expurgatorio./ En Madrid./ En la Oficina de Joseph Gonzalez; Año de M.DCC. XXXIX.

CAPÍTULO V

LA EVOLUCIÓN CRONOLÓGICA Y EL CONTENIDO DOCTRINAL DEL MISTICISMO ESPAÑOL DEL SIGLO DE ORO

Es preciso advertir al comienzo del presente capítulo que el contenido que le hemos asignado, si se desarrollase en toda su extensión, daría lugar a una historia de la literatura mística española. Recordemos que el presente estudio es una introducción a esta obra y que en él sólo intentamos resolver un problema de influencias en relación con la literatura universal, planteando el problema histórico de nuestra Mística y reuniendo de paso, en el presente capítulo, aquellas notas que nos ha sido forzoso recoger para nuestra investigación, exponiéndolas de un modo provisional para que puedan servir de anticipación a una historia interna y exacta de nuestra literatura mística.

El volumen de ésta, mejor dicho, de nuestra literatura misticoascética, que abarca alrededor de tres mil obras, según la *Bibliotheca* de Nicolás Antonio, hace dificultosísima toda tentativa de clasificación y exposición interna. Al penetrar en esta inmensa selva es preciso que sentemos un axioma previo: el del enorme predominio de la literatura ascética sobre la propiamente mística. Ya dejamos señalado en el segundo capítulo cuáles son las características peculiares del misticismo puro y vimos cómo la evolución de la vida mística tiene siempre o casi siempre un amplio preliminar período de preparación ascética. Por esto un estudio de las obras *exclusi-*

vamente místicas resultaría relativamente fácil y de no tan desmesuradas proporciones. Pero es imposible que en muchos casos se pueda separar el Ascetismo de la Mística, que en las obras más interesantes forman una doctrina sistemáticamente expuesta. *Las Moradas,* de Santa Teresa, son ascéticas las tres primeras y místicas làs cuatro últimas. Además del predominio de las obras exclusivamente ascéticas sobre las místicas o misticoascéticas, es de notar el hecho de que en la mística española predomina la mística doctrinal sobre la mística experimental, es decir, que son más las exposiciones de doctrina que los relatos de experiencias místicas.

Dos aspectos es preciso tratar en este estudio interno de nuestra Mística: la evolución cronológica que nos muestra la filiación y genealogía de las doctrinas, de un modo algo semejante a como lo hemos hecho con las grandes corrientes del misticismo universal, y la agrupación por afinidades doctrinales de los distintos místicos.

En la Mística española de los siglos de oro podemos reconocer cuatro períodos o momentos cronológicos. Período primero: de *Importación e iniciación.* Comprende desde los orígenes medievales hasta el año 1500. Se caracteriza por la traducción y difusión de las obras extrañas y por una lenta producción, cada vez más intensificada, hacia la doctrina contemplativa. Segundo período: de *asimilación.* Es el momento en que las doctrinas importadas son expuestas a la española por los místicos y ascéticos que forman el grupo de los que pudiéramos llamar maestros o fuentes de la escuela carmelitana.

Este segundo período dura desde el año 1500 a 1560, y puede considerarse terminado con el comentario del *Audi Filia* del Beato Juan de Ávila. Fray Luis de Granada es el autor que marca la transición entre este período y el siguiente.

Tercer período: de *Aportación* y *producción nacional.* Caracterizado porque sus autores practican la experiencia mística y porque su doctrina tiene notas originales profundamente españolas; el núcleo principal lo constituye la escuela carmelitana (Santa Teresa y San Juan) y los discípulos de Santa Teresa. Comprende desde 1560 a 1600.

Cuarto período: de *Decadencia o compilación doctrinal.* Se caracteriza porque los autores pertenecientes a él no son originales. No existen en esta época casos de experiencia mística que den origen a una obra literaria, y los tratadistas se limitan a recoger toda la doctrina del período anterior, ordenándola y sistematizándola con gran aparato teológico y escolástico. Vienen a ser los compiladores del Código de la Mística, y por su nimio y detallado casuismo recuerdan, con respecto a aquéllos, la técnica que con respecto a los grandes poetas de la antigüedad siguieron los retóricos del Renacimiento. Nombre representativo de esta época es el Padre Juan de Jesús María, gran teólogo, lleno de erudición, pero que sigue fundamentalmente la Escuela de Santa Teresa: su obra *Teología mística et de prudentia justorum* (1611) es modelo de la literatura de este período.

Examinemos ahora, aunque someramente, algunas de las obras referentes a cada una de las secciones anteriormente enunciadas.

A continuaioón damos la nota de las obras que en el siglo XV señalan, a nuestro entender, esa escala ascendente hacia la Mística original:

1489.—*Arte de bien morir*. Zaragoza, Pablo Hurus.

1490 (?).—Francesch Carroç: *Moral consideración contra las persuasions de Amor*. Valencia.

1481.—Rodrigo de Zamora: *Espejo de la vida humana*. Zaragoza; reimpreso, Zaragoza, P. Hurus, 1491.

1493.—Pedro Ximénez de Prexano: *Lucero de la vida cristiana,* Salamanca; reimpresiones en Burgos, 1495; Salamanca, 1495, 1497, 1499. Traducción catalana *(Llum de la vida christiana), Barcelona,* Pedro Posa, 1496.

1494.—Gonzalo García de Santa María: *Tratado de las diez cuerdas de la vanidad del mundo*. Zaragoza, P. Hurus.

1495.—Antonio Boteler: *Escala de paradis*. Barcelona, Juan Rosembach.

1499.—*Tratado de la vida y estado de perfección*. Salamanca.

1500.—Antonio García de Villalpando: *Inst. de la vida christiana*. Toledo, Pedro Hagenbach.

1500.—García de Cisneros: *Exercitatorio de la vida espiritual.* Montserrat, Juan Luschner.

1500.—Gómez García: *Carro de dos vidas*. Sevilla, Juan Pegnitzer.

Estas tres últimas obras, producidas en 1500, y el *Tratado de la vida y estado de perfección,* de 1499, nos muestran cómo aquella literatura puramente moral que reseñamos en el capítulo anterior va lentamente convirtiéndose hacia una preocupación de tipo ascético y contemplativo. Un estudio detenido de la doctrina y fuentes de estos libros será el primer capítulo serio y necesario de una historia de nuestra literatura mística.

Segunda época. —El artículo de Morel-Fatio sobre las lecturas de Santa Teresa marca época en las investigaciones sobre nuestra literatura mística. Él fue quien terminó definitivamente con la leyenda de la monja iletrada cuya única fuente de doctrina era la inspiración del Espíritu Santo. Gracias a la tendencia que él inicia, los investigadores posteriores de nuestra literatura mística han logrado aportaciones sólidas y exactas sobre las fuentes y transmisión del contenido de nuestra escuela mística nacional. Los libros de Etchegoyen y Baruzi, principalmente aquél, nos muestran los frutos que forzosamente había de dar el estudio de los autores de este segundo período. Los principalmente interesantes son aquellos que fueron leídos por Santa Teresa y algún otro que, aunque desconocido para la Santa, pertenece a este mismo momento de nuestra mística en que la doctrina difundida por tanta obra de la mística tradicional se incorpora por fin a nuestra lengua y sirve para nutrir el ansia de lectura producida por ese espíritu de catolicismo militante que expusimos en el capítulo anterior. Los autores que principalmente deben ser estudiados en este período son: Fray Hernando de Talavera (1428-1507), Fray Alonso de Madrid (FL. 1521), Fray Francisco de Osuna (FL. 1527), Fray Bernardino de Laredo (FL. 1535), Alejo Venegas del Busto (1493-1554), Fray Juan de Dueñas, autor de *Remedio de pecadores;* Fray Pablo de León, de la *Guía del Cielo;* Francisco Ortiz, complicado en el proceso de Francisca Hernández, y el Beato Juan de Ávila (1569), que cierra este período y que debe ser considerado como antecedente y maestro de Fray Luis de Granada, que a su vez marca la transición hacia la escuela carmelitana nacional.

Someramente haremos algunas observaciones sobre el contenido doctrinal de esta época y señalaremos la influencia de algunos de sus autores en la mística posterior.

Fray Hernando de Talavera es hombre representativo, como Cisneros, del espíritu reinante en la época de los Reyes Católicos [1]. Entre sus obras hay una, que es su *Breve forma de confesar,* que debe ser estudiada como arquetipo y precedente de la larga serie posterior de manuales de confesión. Este género es muy interesante, por las normas de análisis psicológico que en él se dan, muy parecidas a las reglas de oración de los tratados ascéticos. Interesan también por la doctrina expuesta al dar verdaderas recetas para, en los casos de misticismo o apariencias místicas en el penitente, que debían ser tan frecuentes, distinguir si se trata o no de un caso verdadero de gracia extraordinaria.

Su tratado *Sobre el vestir y calzar* tiene un interesante valor histórico y muestra el ambiente de sobriedad que predicaba la Iglesia española de entonces. La influencia de Fray Alonso de Madrid con su *Arte para servir a Dios,* tratado más ascético que místico, es innegable, por estar reconocido por la Santa en las siguientes frases: «Puede el alma —dice Santa Teresa— en este estado hacer muchos actos para determinarse a hacer mucho por Dios y despertar el amor; otros, para ayudar a crecer las virtudes a lo que dice un libro llamado *Arte para servir a Dios,* que es muy bueno y apropiado para los que están en ese estado, porque obra el entendimiento.»

El libro de Fray Alonso de Madrid tiene un carácter más bien moralista que afectivo. La primera parte está dedicada a prevenir los engaños o ilusiones de la vida interior. La segunda, al conocimiento de sí mismo. La tercera trata ya del amor divino. Es notable la influencia que pueda tener la segunda parte de esta obra en la doctrina de las escuelas posteriores. Seguramente allí aprendió Santa Teresa aquella finura de análisis admirable del Padre Alonso de Madrid, habituándose a la introspección y autoanálisis psicológico, que es fundamental técnica del misticismo español.

Uno de los más grandes místicos de nuestra literatura y sin disputa el más importante de este período, que merece un estudio especial y minucioso que constituiría una aportación seria y definitiva para el estudio de los problemas de nuestra

---

[1]   Véase *Obras,* t. 16. *Nueva Bibl. AA. EE.*

mística nacional, es Fray Francisco de Osuna, franciscano, cuyo *Abecedario espiritual* es ya una obra plenamente mística que influyó hondamente en Santa Teresa y en el misticismo posterior. Titúlase su obra *Abecedario espiritual* y consta de tres partes: la primera, impresa en Sevilla en 1528; la segunda, en 1530, y la tercera, en Toledo, en 1527. Textualmente le cita también Santa Teresa, y el Padre Osuna es una de las fuentes más frecuentemente utilizadas por ella. Todas las doctrinas de los místicos alemanes, flamencos, y, en general, de la tradición europea, son recogidas por este franciscano que, respondiendo a las tradiciones de su Orden, las divulga y populariza con un lenguaje campechano y familiar.

Como buen franciscano, es la meditación de la vida de Cristo la norma fundamental de su misticismo. *El Primer abecedario* es una meditación sobre la pasión de Nuestro Señor y de sus dolores y sufrimientos para lograr la redención humana, obligándonos a tomarle por modelo. El *Segundo abecedario* es un tratado de ascética donde se hace un análisis de las pasiones, terminando con una evocación enérgica y de ambiente medieval de la muerte, del juicio final y de los tormentos del infierno.

El *Tercer abecedario* abarca en sus treinta y dos tratados una exposición completa de la mística franciscana; siguiendo la tradición de la Orden, hay una exposición de las bellezas de la Naturaleza y grandezas de la creación para deducir de ellas la grandeza del Supremo Hacedor. Este sentido cósmico, pudiéramos decir, de la mística franciscana, lo veremos repercutir en un dominio *malgré-lui,* en Fray Luis de Granada. Estudia luego el Padre Osuna los sufrimientos amorosos del alma y los éxtasis y revelaciones sobrenaturales. Termina con un análisis minucioso del método de recogimiento y de las variedades de esta oración, hasta llegar a la contemplación pura. Algún tiempo después publicó el Padre Osuna un compendio de toda la extensa doctrina expuesta en los tres *Abecedarios,* titulado *Ley de amor o cuarta parte del Abecedario espiritual.* Es, seguramente, la obra maestra del ilustre franciscano, por ofrecer sintéticamente y con gran elegancia toda su doctrina mística. Publicó además un *Quinto abecedario* (Burgos, 1542), que es más bien un manual de predicadores. El *Sexto* y último *abecedario* es una especie de segunda edición, rehecha, del *Primer abecedario*. La doctrina del Padre Osuna dio lugar a algunas redacciones apócrifas a él atribuidas, que fueron prohibidas en los índices de 1559 y 1583.

La influencia de este místico en Santa Teresa ha sido minuciosamente comprobada por Etchegoyen. Casi todas las metáforas sobre el amor divino tomadas de la Naturaleza proceden del Padre Osuna, y por eso tienen un gran matiz franciscano.

El símbolo del Castillo Interior pudo tomarlo la Santa del *Tercer abecedario* y de la *Ley de amor,* procediendo a su vez de la *Vita Christi* del Cartujano. La alegoría del gusano de seda procede seguramente también del *Tercer abecedario.*

Otro de los autores importantes de este período es el franciscano Bernardino de Laredo, autor de la *Subida del Monte Sión por la vía contemplativa* (Sevilla, 1535). Cítale expresamente Santa Teresa: «... y era el trabajo, que yo no sabía poco ni mucho decir lo que era mi oración... mirando libros para ver si sabría decir la oración que tenía, hallé en uno que llaman *Subida del Monte,* en lo que toca a la unión del alma con Dios, todas las señales que yo tenía.» *(Vida,* cap. XXIII.)

La doctrina de Fray Bernardino está expuesta en forma de meditaciones semanales. Las tres primeras semanas corresponden a las etapas de la vida purgativa, iluminativa y unitiva. Caracteriza enérgicamente esta última etapa haciendo observar que en las dos primeras el alma y el cuerpo caminan unidos, mientras que en la vía unitiva marcha el alma sola dejando el cuerpo atrás, y como avanza sin los sentidos corporales, el camino le parece fácil y suave. Esta obra, como los *Abecedarios,* de Osuna, es una de las claves indispensables para entender la mística española. Fray Bernardino de Laredo es un alma lírica llena de entusiasmo, y la exaltación casi panteísta (sin serlo doctrinalmente) de sus descripciones de la Naturaleza son páginas admirables no superadas quizá por ningún prosista posterior [2].

Las obras de Alejo de Venegas (1493-1554), *Agonía del*

---

[2]   Las influencias concretas en Santa Teresa pueden verse en la obra de Etchegoyen, págs. 331 y sigs.

tránsito de la muerte y *Diferencia de libros que hay en el Universo*
(1540); la de Fray Juan de Dueñas, *Remedio de pecadores;* la
Guía del Cielo (1553), de Fray Pablo de León, y las obras del
Beato Juan de Ávila son más bien doctrinales de ascética. En
el *Epistolario espiritual,* del Padre Ávila, se hallan algunas
cartas que tocan cuestiones místicas, y donde más se exalta su
sentido místico es en el tratado *Audi, Filia et vide* (1560), que
es un comentario muy extenso del Salmo 44, en el cual hay
capítulos acerca de la pasión de Cristo que influyen en la mística posterior. Sabido es que esta imitación de Cristo como
fuente de la mística es característica de la escuela franciscana y
por su conducto informa constantemente las manifestaciones
más excelsas de la nuestra.

Entre todos los autores citados hay uno de fama mucho
menor, pero que tiene verdadera importancia para el estudio
del ambiente social en que se producía el misticismo en esta
época. Me refiero a Fray Francisco Ortiz, autor de epístolas
muy interesantes y cuya biografía interesa extraordinariamente por haber estado complicado en el célebre proceso de
Francisca Hernández. Todo este proceso, admirablemente estudiado por Boehmer [3], es una de las fuentes fundamentales
para el conocimiento del estado espiritual y del pensamiento
religioso de la España de esta época.

Al entrar en el estudio del período capital del misticismo
español, o séase el tercero de los cuatro en que hemos dividido su historia, es preciso abordar la cuestión de las clasifica-
ciones doctrinales o por escuelas. Mucho se ha criticado por
empírica y poco científica la clasificación provisional que hizo
Menéndez y Pelayo de nuestros místicos, agrupándolos por
órdenes religiosas.

Analizando el contenido doctrinal de nuestra mística, se
ve que dicha clasificación es más exacta de lo que a primera
vista parece. Es notorio que cada Orden religiosa tiene una tradición teológica y doctrinal; por tanto, se puede hablar, con
propiedad absoluta, del misticismo franciscano, agustino o jesuita; pero lo que ya no parece posible es abarcar las discre-

---

[3] Francisca Hernández, und Francisco Ortiz, Leipzig, 1865, sobre todo
págs. 233-310.

pancias individuales que se ofrecen dentro de cada Orden en esta clasificación. Es notorio que hay una tradición dominicana en la mística ascética, y, sin embargo, entiendo que erraría quien estudiase la doctrina de Fray Luis de Granada como perteneciente exclusivamente a ella. Además, las diferencias doctrinales entre las diversas Órdenes son muy acusadas en aquellas cuyo contenido discrepa notoriamente, por ejemplo, entre los dominicos y los franciscanos; pero, en cambio, son muy leves y casi de matiz y sin una sustancia teológica que las diversifique, las diferencias existentes en otras Órdenes. Por tanto, la clasificación en cinco grupos: franciscanos, agustinos, carmelitas, dominicos y jesuitas puede reducirse con bastante exactitud y con una denominación más científica y exacta a tres grupos, que abarquen las tres grandes corrientes que los tratadistas de teología mística coinciden en señalar y que hemos visto acusarse a través de la tradición cristiana medieval.

San Buenaventura y la mayor parte de los franciscanos sostienen que el misticismo es ciencia puramente afectiva, de amor, sin tener parte en ellas el discurso y la meditación. Dionisio el Cartujano, y, generalmente, los dominicos, suponen que sólo consiste en el ejercicio de la inteligencia. El término ecléctico entre ambas tendencias extremas lo representan los carmelitas, que armonizan ambas doctrinas, defendiendo que el misticismo es *acto de dos potencias: inteligencia y afecto,* pues, según la frase del Padre Lafuente, «en lo místico siempre andan juntos conocimiento y amor».

Estas tres corrientes podían denominarse:

Primera. *Afectiva,* que dentro de la Teología se caracteriza por el predominio de lo sentimental sobre lo intelectual y sobre todo por tener siempre presente la imitación de Cristo y la Humanidad de Cristo, del Cristo Hombre como vía por donde nosotros podemos llegar a la Divinidad.

Segunda. *Intelectualista o escolástica,* que busca el conocimiento de Dios mismo por la elaboración de una doctrina metafísica.

Tercera. *Escuela ecléctica o española,* representada por la mística carmelitana.

Estas tres tendencias podrían caracterizar también las manifestaciones del misticismo con notas nacionales: la primera es común en la mística italiana; la segunda, en la alemana, y la tercera, en la española.

La mística española coincide en todas las tres ramas en tener por características fundamentales la exaltación de la Humanidad de Cristo; el individualismo humano, que tiene como consecuencia el no caer jamás en el panteísmo y el defender la doctrina del libre arbitrio; el huir del quietismo y ser activista creyendo que la exaltación de la caridad y las obras son caminos para llegar a Dios.

El método utilizado por los místicos, considerado filosóficamente, podría conducir a dividirlos en dos grandes grupos de *ontologistas* y *psicologistas* que, en cierto modo, coinciden con los dos términos extremos (afectivistas e intelectualistas) de la clasificación histórica tripartita que acabo de proponer.

Resumiendo: la mística española puede clasificarse del siguiente modo: *místicos afectivistas* en general, franciscanos, agustinos y otros procedentes de otras Órdenes; segundo, *místicos intelectualistas* en general, dominicos y jesuitas; tercero, *escuela ecléctica española,* los carmelitas y otros procedentes de diversas Órdenes, nutridos con la doctrina teresiana.

Este sería el grupo de la mística ortodoxa. Habría que añadir otro grupo, formado por el misticismo heterodoxo, que comprende cuatro secciones: primera, *misticismo protestante* (Juan de Valdés); segunda, *quietismo* (Miguel de Molinos); tercera, *panteísmo renacentista* (Servet), y cuarta, *iluminados,* hechicerías y otras sectas dispersas y sin gran contenido doctrinal.

Sería impropio de la índole de este libro el emprender un análisis circunstanciado de las doctrinas contenidas en la obra de los místicos que forman estas escuelas. Nos limitaremos, por tanto, a una rápida inspección de las doctrinas, tratando de fijar en parte la cuestión de fuentes e influencias.

SECCIÓN PRIMERA.—*Agustinos y franciscanos.* No es oportuno ahora estudiar la ardua cuestión bibliográfica referente a la prioridad del *Libro de la Oración,* de Fray Luis de Granada, y el *Tratado de la oración,* de San Pedro Alcántara. El descubrimiento del compendio de la obra granadina, existente en la Biblioteca Barberini, parece dar definitivamente la razón al

Padre Cuervo y a los defensores de Fray Luis. Lo que aquí nos interesa hacer constar es que ambos compendios tuvieron influencia en el misticismo posterior y principalmente en Santa Teresa de Jesús. Fray Pedro Alcántara, aquel severo asceta que parecía, según la Santa, hecho con raíces de árboles, labró un hondo magisterio en el espíritu de Teresa.

El Padre Estella es uno de estos casos típicos de desplazamiento dentro de la Orden, semejante al del Padre Granada. Es más popular por su libro ascético *Tratado de la vanidad del mundo* que por su obra mística *Cien meditaciones del amor de Dios*. La doctrina del Padre Estella está llena de reminiscencias literales de San Agustín. Su mística sigue la nota común española y defiende las obras como fuente de conocimiento divino. Fray Juan de los Ángeles responde plenamente a la tradición afectiva franciscana; pero es un caso de amplia cultura renacentista que le hace poner a contribución para elaborar su doctrina a una amplia colección de autores. Cita a Pitágoras, Séneca, Platón, Plotino y Aristóteles. Su doctrina tradicional franciscana está dentro de la corriente de San Dionisio Areopagita y concretamente le cita y utiliza, en unión de Platón, en sus *Triunfos del amor de Dios*. Es anterior a Santa Teresa y aportó elementos a la escuela española. De los autores contemporáneos, al único a quien cita es a Fray Luis de León. Frecuentemente utiliza a San Buenaventura, copia literalmente, sin citarle, a Raimundo de Sabunde, y de la tradición europea utiliza con gran frecuencia a Ruysbroeck, con cuya doctrina y temperamento tiene grandes afinidades. Es una de las personalidades más interesantes de nuestra mística, por lo bien construido de sus libros, que parecen tratados doctrinales hechos por un profesional de la Filosofía. Por esto, aunque en el fondo y forma de su doctrina arda una gran pasión y predomine el elemento afectivo, no vacila en utilizar la doctrina de autores profanos tan diversos de su temperamento como Aristóteles en la Filosofía y Taulero en la Mística, el más metafísico de los místicos alemanes. Es de una finura extraordinaria y le pone dentro de la técnica psicológica el análisis admirable que hace de las pasiones humanas, sobre todo del amor propio, como fuente de todas las demás.

En suma, Fray Juan de los Ángeles es el místico que, conservando las notas de su escuela, sirve para unir el franciscanismo con la tradición alemana [4].

En la Orden de San Agustín, incluida en este grupo, sí que es indudable la tradición agustiniana. Maestro permanente de ella ha sido el Obispo de Hipona, cuya doctrina es una verdadera concordancia entre el dogma de las Escrituras y gran parte de la doctrina platónica y neoplatónica alejandrina. El precioso libro de Grandgeorge *Saint Augustin et le neoplatonisme* (París, 1896), ha probado de una manera definitiva la relación entre Plotino y San Agustín. Esta tradición, más o menos mezclada con otras doctrinas a través del tiempo, ha sido invariable en la Orden. Fray Luis de León es hombre representativo no sólo de la tradición agustiniana, sino quizá del pensamiento místico más influido por el Renacimiento. Es muy difícil llegar a una filiación clara de la obra del gran agustino; es, ante todo, un renacentista lleno del espíritu independiente que tan hondos disgustos le costó por su doctrina como escriturario. El estar redactados en forma de diálogos *Los Nombres de Cristo* ha hecho ver con claridad a muchos, y quizá exageradamente, la influencia platónica; ésta es innegable en Fray Luis; pero, como observó sagacísimamente el Abate Marchena, la técnica literaria de *Los Nombres de Cristo* quizá esté más bien inspirada en los *Diálogos* ciceronianos que en los de Platón. Varios elementos vienen a integrar esta gran obra. Ante todo, nótase en ella lo que hemos llamado varias veces el *sentimiento cósmico,* que viene a ser como una vaga intuición mística del mundo. En aquellos diálogos, el joven Sabino retrata así, en Marcelo, el sentimentalismo naturista de Fray Luis: «algunos hay —dice mirando hacia Marcelo y sonriéndose— a quien la vista del campo los enmudece, y debe ser condición de espíritus de entendimiento profundo; mas yo, como los pájaros, en viéndolo verde deseo o cantar o hablar.» La tradición alejandrina está patente también en el libro, ya directamente, utilizando la doctrina de Plotino sobre la unidad y coincidiendo casi en la fórmula, pues Plotino dice que el plan del mundo es la variedad en la unidad, y para Fray

---

[4]   Con mucha mayor puntualidad pueden verse determinadas las fuentes de su obra en el bello libro *Fray Juan de los Ángeles* (estudio crítico), de D. Juan Domínguez Berrueta, inédito todavía y que verá la luz en breve.

DE LOS
NOMBRES
DE CHRISTO
ENDOS LIBROS,

POR EL MAESTRO
Fray Luys de Leon.

Con Priuilegio.

En Salamanca, Por Iuan Fernandez.

M. D. LXXXIII.

Luis, el Ser Supremo representa «la reducción a la unidad de la muchedumbre de las diferencias» [5], ya mediatamente a través de San Clemente Alejandrino, de quien imita la digresión que hace en la primera *Epístola a los corintios* (19-XX) sobre los beneficios de la paz revelados por las armonías del mundo físico. Lo capital en *Los Nombres de Cristo,* que ha preocupado a todas las doctrinas místicas, como hemos visto en el Areopagita, en los sufíes, en Raimundo Lulio, etc., es la doctrina metafísica del nombre, derivada de la cuestión de si es posible o no nombrar a Dios. Trátala Fray Luis de León con gran profundidad y lógica, afirmando «que el fin de los nombres» es éste: el hacer que, por su mediación, las cosas que designen estén en nosotros. Esta doctrina platónica y alejandrina que vemos en Fray Luis es la que, sin duda, ha inducido a algunos autores a pensar en una influencia directa de los hebreos: de Maimónides y del *Fons vitæ* de Abengabirol [6]. Ya hemos hablado, en otro sitio, de este punto. No es segura esta afirmación de Rousselot y pueden explicarse perfectamente estas coincidencias por una fuente primitiva común. A pesar de todo lo que llevamos visto, Fray Luis de León no es un platónico sistemático. El fondo de su doctrina es el escolasticismo, aunque modificado por el ambiente renacentista a la manera de Vitoria, Cano y Suárez. Los trabajos *técnicos* de Fray Luis, siguen el método escolástico. Tal vemos, por ejemplo, en su *Lectura sobre la Vulgata* y en el fragmento que conservamos de la *De Legibus.* Su doctrina sobre el libre arbitrio, proclamando el libre albedrío y su exaltación del Cristo-Hombre (fin primordial del tratado de *Los nombres)* colocan a Fray Luis dentro de las notas fundamentales del misticismo español. En sus poesías está más manifiesto su misticismo,

---

[5] Eneada 1.ª, lib. I, párrafo 13.
[6] El estudio de las relaciones entre Fray Luis y Arias y Montano, basado en los nuevos documentos descubiertos por mi fraternal amigo Luis Morales Oliver en su admirable tesis doctoral sobre Arias Montano, creo que ha de aportar elementos muy interesantes para poder fijar con exactitud la filiación de muchas ideas y doctrinas de Fray Luis de León.
El tratado *De Arcano Sermone,* del gran escriturario extremeño, basado en fuentes orientales, puede haber influido en los *Nombres,* de Fray Luis.
Las cartas inéditas que en la obra del Sr. Morales se reproducen nos muestran las relaciones íntimas existentes no sólo entre Arias Montano y Fray Luis, sino con el grupo de los amigos de éste, como Felipe Ruiz y el músico Salinas.

que se prestaba mejor a la expresión vaga e insistemática de la forma poética. Recuérdese especialmente su admirable oda a *Cristo Crucificado*. La oda a Salinas contiene una teoría plotiniana de la música mezclada con la doctrina pitagórica. Es, seguramente, esta poesía admirable de Fray Luis la más llena de doctrina filosófica, hasta el punto de merecer que Milá y Fontanals la denominase «bella paráfrasis cristiana de la estética de Platón».

Malón de Chaide, en su *Conversión de la Magdalena,* nos dice bien explícitamente qué autores ha utilizado: «Yo seguiré en lo que dijere a los que mejor hablaron de esta materia, que son Hermes Trismejisto, Orfeo, Platón y Plotino y al gran Dionisio Areopagita y alguno de los antiquísimos filósofos, mezclando lo que en la Sagrada Escritura hallare que pueda levantar la materia.» Predominan en él Plotino más bien que Platón y señala su enlace con la obra de San Agustín: «Plotino dijo divinamente que las ideas están en el mismo Dios, y de Él lo tomó mi padre San Agustín, y de San Agustín los teólogos.»

Utiliza también el neoplatonismo renacentista, y, sin citarle, traduce a Marsilio Ficino, como puede verse en el siguiente cotejo [7]:

Dice Ficino: «... la Belleza ê una certa grazia, la quale massimamente et il piû délle vólte násce da la corrispondenzia di piû cóse. La quale corrispondenzia ê di tre ragióni. Il perché la grazia, che ê negli Animié per la corrispondenzia di piû virtud; quella che ê ne'córpi, násce per la concórdia di piû colóri et línee; e ancora grazia grandissima ne suoni por la consonánzia di piû voci. Adunque de tre ragióne ê la belleza: cio ê dêgli Animi, de'corpi, et délle vóci. Quélla déllo animo con la Ménte sola si conósce; quella de'corpi con gli occhi; quella délle voci, non con altro que con le orechi si comprende.» (Marsilio Ficino: *Sopra lo amore o ver' convito di Platone, Oraz.* I, pág. 16, Firenze, 1544.) Y Malón de Chaide transcribe así: «Hermosura llamamos una gracia que consiste y nace de la consonancia y armonía de muchas cosas juntas... Por la consonancia y proporción de las virtudes nace una

---

    [7] Véase P. Marcelino Gutiérrez: *Fray Luis de León y la filosofía española del siglo XVI.*

cierta gracia en el alma... Nace también otra gracia de la consonancia de los colores y líneas del cuerpo. La tercera es en el sonido, por la proporción de diversas voces. Y pues esta gracia llamamos hermosura, síguese que hay tres, que son: de los *ánimos,* de los *cuerpos* y de las *voces.* La de los ánimos, se goza y conoce con el entendimiento; la de los cuerpos, con los ojos; las de las voces, con el oído.» *(Conversión de la Magdalena,* parte cuarta, pág. 350, Valencia, 1794.)

La misma influencia platónica, casi siempre mediata, se nota en el Padre Alonso de Orozco en su *Tratado de la suavidad de Dios.* Sin embargo, cita directamente a Platón: «En aquel convite que escribió, me admira en solo hombre natural las grandezas que dice de la hermosura de Dios.»

El *Tratado del amor de Dios,* del Padre Fonseca (1608), señala dentro de la Orden la decadencia del misticismo y es la figura paralela a Nieremberg entre los jesuitas y a los Padres Rivera y Juan de Jesús María en los carmelitas. Estos autores están ya dentro del cuarto período cronológico que señalamos anteriormente. La cita de Cervantes hablando de Fonseca le ha dado una gran popularidad. Aquel elogio, tan injustificado, puede tener la explicación irónica que supone Narciso Alonso Cortés.

SECCIÓN SEGUNDA.—No obstante haber dicho anteriormente que el Padre Granada, aunque dominico, no pertenece doctrinalmente a la tradición intelectualista y ontológica de la Orden de Predicadores, es preciso que hablemos de él aquí para justificar esta afirmación. El examen somero de la biografía de Fray Luis nos muestra sus discrepancias y disgustos con el ambiente que reinaba en la Orden. Aquel gran cerebro intransigente, lleno de intemperancia, que fue Melchor Cano, no vaciló, llevado por las discrepancias doctrinales, en mortificar a su hermano de hábito, señalando con verdadera fruición todo pasaje que tuviese algún sabor de *herejía de alumbrados* [8]. Utiliza Fray Luis con gran frecuencia la tradición platónica. En sus consideraciones de las perfecciones divinas, la consideración segunda está traducida de Platón. En otro pasaje [9] le

---

[8]   Véase Fermín Caballero: *Melchor Cano.*
[9]   *Adiciones al Memorial,* tratado segundo, cap. 16.

Fray Luis de Granada. Grabado de Miguel Gamborino, según dibujo de José Maea. Biblioteca Nacional. Madrid. *Foto Oronoz*

cita así: «Platón dice excelentemente que aquel que ama de verdad es muerto para sí mismo, sólo tiene vida para lo que ama».

En toda su obra se transparenta una gran cultura clásica, cuyos recuerdos y citas desenvuelve con gran puntualidad. Nominalmente aparecen citados Aristóteles, Virgilio, Plotino, Galiano, Séneca, Apiano, Píndaro, Cicerón, con tanta frecuencia como el propio Santo Tomás. En el *Símbolo de la fe*, utiliza a San Basilio y San Ambrosio (los dos Hexaemeron) y los Sermones *De providentia*, de Teodoreto. Pero es interesante señalar el predominio de las influencias platónicas y agustinianas en este dominico. En el *Memorial de la vida cristiana* (cap. I, segunda parte), influido por León Hebreo, expone la teoría platónica de las ideas arquetipos modificada según Santo Tomás, y, sobre todo, según San Agustín. Sabida es la influencia de la Orden de Santo Domingo en la Inquisición, y, sin embargo, esto no impidió que las primeras ediciones de las obras del Padre Granada fuesen prohibidas. Era el Padre Granada un hombre en quien predominaba lo sentimental y afectivo sobre lo puramente intelectual; lleno de entusiasmo, se dejó ingenuamente seducir en algunas ocasiones, creyendo de buena fe en misticismos más o menos embaucadores; tal le ocurrió en Portugal cuando viejo y desdentado, como nos le pinta Felipe II en sus cartas, predicaba todavía lleno de entusiasmo. Esta última equivocación del venerable dominico dio lugar a uno de sus sermones más admirables y sentidos, sobre el escándalo producido por el error.

En el Padre Granada encontramos como en pocos ese gran sentimiento cósmico, de intuición casi mística del mundo. Manifiéstase con un arte español realista lleno de colorido y de observación minuciosa cuando describe ciertos aspectos de la vida, de la Naturaleza, para encontrar en ellos testimonios de la grandeza de Dios (recuérdense su descripción de la granada, de «la vida de las hormigas», etc.). Cronológicamente, el Padre Granada está situado entre la segunda y tercera etapa de nuestro misticismo. Es el que marca la transición hacia la escuela española; en sus libros se formó en gran parte Santa Teresa. También fue leído y utilizado por Fray Luis de León, que al ser privado de libertad por el Santo Oficio, en

1572, solicitó encarecidamente el *Tratado de la oración* entre los escasísimos libros que le permitieron llevar a su celda, y en una carta dirigida a Arias Montano declaraba haber aprendido más en los escritos del místico dominico que en toda la Teología escolástica. Son el Padre Granada y Santo Tomás de Villanueva los dos más grandes predicadores de la España del siglo de oro. Es interesante caracterizar rápidamente la manera de sus sermones. Dos grandes escuelas hay en la oratoria sagrada: una, en que predomina el raciocinio convincente, a la manera de los grandes oradores sagrados franceses Fenelón, Bourdaloue, Masillón, Bossuet, etc. En este caso, el sermón es una conferencia sistemática en que se trata de probar la tesis llevando por el raciocinio la convicción al ánimo de los oyentes. El otro género es el que, enlazándolo con la tradición de la oratoria patrística de San Basilio, puede denominarse género de homilía. En él predomina lo sentimental y descriptivo sobre el razonamiento. Tal es la escuela de oratoria española en casi todos nuestros grandes oradores sagrados: el Beato Ávila, Santo Tomás de Villanueva, el Padre Granada, Fray Diego de Cádiz, etc.

Esta técnica de los sermones, llena de colorido, de realismo descriptivo y de efusión sentimental que arrebataba el ánimo de los oyentes más bien que convencía su entendimiento es característica en el Padre Granada y se armoniza muy bien con las demás manifestaciones de su obra [10].

En la vida y en la obra de San Ignacio, de donde dimanan todas las características fundamentales del jesuitismo, predominaron siempre la acción vigorosa y casi fanática y la reglamentación llena de rigor sobre la doctrina teológica y la efusión mística. Los jesuitas, desde los ejercicios de San Ignacio, pretenden más bien ordenar y reglamentar el método de la meditación y contemplación. La vida de San Ignacio nos ofrece claramente lo que han de ser las características de su doctrina. En la convalecencia de una enfermedad, lleno toda-

---

[10]   Hay documentos sobre el Padre Granada y la difusión de sus obras, muy interesantes y no utilizados todavía, según creo, en Pérez Pastor: *La Imprenta en Medina del Campo*, págs. 218, 220, 237 y 451. Véase en el número 193 de esta bibliografía la traducción por Fray Luis de la *Escala espiritual* de San Juan Clímaco. En curso de publicación está la monumental bibliografía sobre el Padre Granada, emprendida por Fr. Maximino Peña, O. P., que cito en la bibliografía del presente capítulo.

vía el Santo del espíritu arrogante y mundano de un capitán del siglo XVI, el aburrimiento de una larga reclusión le obliga a leer diversas obras; éstas caen en su ánimo de muy distinta manera, según está o no convencido de que un defecto físico le va a dejar incapaz para los triunfos de la vida mundana. La lectura del *Flos Sanctorum,* de Ludolfo de Sajonia, y de otros autores religiosos hace, por fin, germinar en él la idea de que toda aquella pasión por la actividad y la acción guerrera puede tener otra aplicación convirtiéndola hacia la acción de la conquista religiosa. Por esto, toda la organización de la Compañía está llena de este espíritu militar y ordenancista de su fundador [11].

Conocidas son las suspicacias que despertó San Ignacio en los primeros años de su predicación; las molestias y casi persecuciones que se vio obligado a sufrir por su ingnorancia teológica, que de buena fe le hacía adoptar posiciones equívocas en puntos muy fundamentales para los teólogos de entonces, que veían levantarse como dos formidables amenazas contra la unidad del dogma el protestantismo y más tarde la doctrina quietista, que tan fácilmente surge en el seno de las efusiones místicas. Estos sucesos de su vida influyeron profundamente en el espíritu de San Ignacio y contribuyeron sin duda a caracterizar la tendencia de toda su enseñanza religiosa. Los *Ejercicios espirituales* son un verdadero monumento de análisis psicológico y de lógica y concatenación interna. Las reglas tan minuciosas y atinadas que allí se dan sobre la oración y para el dominio definitivo de las pasiones humanas, son una obra maestra de análisis y férrea disciplina. San Ignacio, por la observación empírica, se anticipó a los resultados de los modernos autores que han tratado experimentalmente de la psicología de la atención. Leyendo los *Ejercicios* se comprende cómo el alma que se obligue a pasar por todos aquellos crisoles sucesivos, sagazmente preparados, llega al final con un absoluto sometimiento, desprendida de toda pasión humana y encauzada definitivamente por el camino que la férrea mano del fundador le trazara. La tendencia doctrinal de la obra de San

---

[11] Watrigant (P.): *La Genese des Exercices Spirituales de Saint Ignacio,* etc.—En mi *Compendio de Historia de la literatura mística en España* trato la cuestión de la relación de los *Ejercicios* con el *Exercitatorio,* de García de Cisneros.

San Ignacio de Loyola. Retrato por E. M. Turjel. Ministerio de Justicia. Madrid.
Foto Archivo Espasa-Calpe

Ignacio es plenamente voluntarista, es una verdadera higiene contra el quietismo y el falso misticismo. En los *Ejercicios* no se contiene la teoría de la contemplación mística, y si bien en su obra concede San Ignacio a los dones místicos la importancia que tienen en el orden de la santificación, no los nombra expresamente para evitar que sus adoctrinados se dejen arrastrar por el deseo de obtener las gracias divinas olvidándose de la mortificación. Toda la obra de los *Ejercicios* es una verdadera apología de la mortificación, en cuyo elogio se exalta San Ignacio, concediéndola los más grandes honores que pueden concederse a una virtud para alcanzar la perfección [12].

Por esto podríamos decir que en los jesuitas españoles, salvas las apariciones que tuvo San Ignacio, no encontramos manifestaciones de la mística *experimental;* en los jesuitas predomina enormemente el ascetismo doctrinal, aun cuando producidos por la gran cultura teológica de la orden haya en ella profundos tratadistas de mística doctrinal, como el Padre Luis de la Puente o el Padre Luis de la Palma. La influencia de la doctrina jesuítica en el misticismo fue seguramente posterior a la gran escuela mística española y más bien se manifiesta en otros autores europeos: en el misticismo de Fenelón y en San Francisco de Sales. Esto no obstante, hay grandes relaciones entre la Compañía de Jesús y la mística teresiana. Los jesuitas han estudiado minuciosamente la influencia posible de los confesores de su Orden en la vida y espíritu de Santa Teresa. Íntimamente ligado a ella aparece el Padre Francisco de Rivera, su biógrafo y confesor, que parece haber sido místico experimental favorecido por la gracia divina. Esto no obstante, la única obra en que aparece este misticismo es en su *Vida de Santa Teresa,* mientras que sus demás obras son tratados de teólogo lleno de erudición y de doctrina. El Padre Rivera, que pertenece, como Nieremberg, al período que marca ya la decadencia productiva del misticismo español, es el lazo de unión entre la escuela carmelitana y la Compañía de Jesús. Esta influencia, aunque sin desvirtuar las notas permanentes y fundamentales de la doctrina ignaciana, puede notarse en otros autores posteriores, por ejemplo, el Padre Luis

---

[12]   Véase Padre Seisdedos: *Op. cit.*

de la Puente, con su *Guía espiritual* (1616) y sus *Meditaciones sobre los misterios con la práctica de la oración mental* (1607); Jaime Álvarez, con su *Tratado del ejercicio diario de las virtudes;* Francisco Arias, con sus *Tratados espirituales* y *De la oración mental* (1603-1608-1620); Alfonso Rodríguez, con su *Práctica de la religión cristiana* (1614); Álvarez de Paz, con su *Mortificación del hombre interior y su vida espiritual.*

SECCIÓN TERCERA.—Ya hemos visto analíticamente la influencia de los autores del segundo período en nuestra mística carmelitana. Recordemos ahora que la mística de Santa Teresa está enlazada también por lecturas directas con la gran tradición mística y patrística cristiana. Las lecturas comprobadas de la Santa pueden reducirse a los siguients grupos, cuya simple enumeración nos releva de más detallados comentarios: I, La Biblia. II, Vidas de Santos. III, San Jerónimo. IV, San Agustín. V, San Gregorio el Magno. VI, Ludolfo de Saxonia. VII, Kempis. VIII, Alfonso de Madrid. IX, Francisco de Osuna. X, Bernardino de Laredo. XI, Antonio de Guevara. XII, San Pedro de Alcántara. XIII, Padre Granada.

La influencia del Cartujano, tan interesante en nuestra escuela mística nacional, la relata así la Santa: «Estando un día, víspera del Espíritu Santo, después de misa, fuíme a una parte bien apartada, adonde yo rezaba muchas veces, y comencé a leer en un cartujano esta fiesta, y leyendo las señales que han de tener los que comienzan y aprovechan y los perfectos para entender estar con ellos el Espíritu Santo, leídos estos tres estados, parecióme, por la bondad de Dios, que no dejaban de estar conmigo, a lo que yo podía entender.» *(Vida,* cap. XXXVIII.) De la frecuencia de las lecturas de la Santa se habla en los procesos de beatificación y canonización. La Madre María de San Francisco, en la información sobre la santidad de Teresa, que tuvo lugar en Medina del Campo, se expresa así:

«Digo que el tiempo que no gastaba nuestra Santa Madre en oración y cosas forzosas lo pasaba en lección, y los libros que especialmente leía eran los *Morales* de San Gregorio y las obras del Cartujano, y el *Abecedario* de Osuna, en la *Subida del monte,* en las obras del Padre Fray Luis de Granada, *Arte de servir a Dios* y *Contemptus mundi* y las *Vidas de los Santos.*»

Por otra parte, la Santa misma reconoce la necesidad de las lecturas, y así dice en las *Constituciones:* «Tenga en cuenta la Priora con que haya buenos libros; en especial, *Cartuxanos, Flos Sanctorum, Contemptus mundi, Oratorio de religiosos,* los de Fray Luis de Granada y los del Padre Fray Pedro de Alcántara; porque es en parte este mantenimiento tan necesario para el alma como el comer para el cuerpo.»

En el otro gran luminar de la mística carmelitana también son patentes y notorias las reminiscencias e influjo de los Santos Padres y otros muchos doctores, que había estudiado a fondo y que indudablemente influyeron, como las lecturas de Santa Teresa, en la formación inicial de su doctrina mística [13]. En pocos grupos se dará, como en el carmelitano, una continuidad tan típica de tradición doctrinal que presta a la reforma carmelitana un aspecto muy semejante al de una escuela filosófica [14]. Ya expusimos en el capítulo II de esta obra un esquema, aunque sucinto, exacto, de la doctrina mística de Santa Teresa. Interésanos ahora señalar el papel de su doctrina en la mística tradicional cristiana. En cierto modo, Santa Teresa es el fin de la gran tradición mística que venimos recorriendo.

Por sus excepcionales cualidades de análisis interno y de exposición exacta y positiva, su obra representa el mejor inventario y estudio de todos los estados y matices de las almas en este gran camino y lucha de su unión con Dios. Toda la mística universal no ha mostrado un fenómeno de esta índole que no esté estudiado, observado y encasillado en la gran obra teresiana. En cierto modo, la doctrina mística de Santa Teresa es algo semejante en el misticismo a lo que fue la gran obra de organización y observación del mecanismo del entendimiento humano realizado por Aristóteles en su lógica. Las *Moradas* vienen a ser el *Órgano* del misticismo cristiano [15]. En realidad, aunque pertenecientes a una misma orden y ocu-

---

[13] Santísimo Sacramento (P. Wenceslao del). *Fisonomía de un doctor,* t. I, el *Doctor;* t. II, *Valoraciones.* Establecimiento tipográfico de Calatrava. Salamanca, 1913.

[14] Espíritu Santo (Fray José del). *Cadena mística carmelitana de los autores carmelitanos descalzos, por quien se ha renovado en nuestro siglo la doctrina de Teología mística.* Madrid, 1678.

[15] Véase P. Seisdedos: *Op. cit.*

pando un lugar semejante en la evolución de nuestro misticismo, San Juan de la Cruz y Santa Teresa son dos personalidades muy diferenciadas. Santa Teresa nos da en su obra la relación de la belleza *positiva* de las gracias místicas, en tanto que San Juan, en los suyos, nos describe *la negativa* de los misterios ocultos en esos dones. Son, en cierto modo, el complemento el uno del otro. San Juan prescinde de ir describiendo por grados las evoluciones de la vida mística. Eso ya estaba realizado por Santa Teresa. Prescinde él de toda preparación ascética, para entrar de golpe en las más hondas profundidades del misticismo. Lo que hace es agregar a las descripciones teresianas el relato del desierto espiritual que media entre lo ascético y lo místico, y, dentro ya de la contemplación, se complace en analizar finamente, más bien que los consuelos de la gracia, las hórridas pruebas de la noche del espíritu. Es algo así como si por meditación suprema no le contentase más que la nada ni descansase más que llamando de noche a todas las claridades del camino místico, mientras no se llega a la posesión definitiva de la luz eterna de la gloria. Es, por esto, la obra mística de San Juan, el guía en el momento más difícil de las pruebas, precisamente en las luchas de las noches del alma.

La tradición de la Orden carmelitana fue siempre fundamentalmente mística. Hacían ellos remontar su antigüedad hasta el profeta Elías, y esta tradición ha impreso su huella en la constitución espiritual de la Orden. Tradicionalmente, los carmelitas eran llamados los contemplativos. Cuando la reforma de las Órdenes, que ya hemos visto, emprendida por Cisneros, la más importante fue, sin disputa, la llevada a cabo por Santa Teresa y San Juan de la Cruz. La trascendencia de la reforma religiosa no ha sido todavía bien aquilatada en la historia eclesiástica española. En realidad, el monaquismo era una organización profundamente medieval, y la crisis ocurrida en este tiempo es la de una de tantas instituciones medievales ante los nuevos tiempos y el nuevo espíritu del Renacimiento. Por esto, cuando San Ignacio funda su compañía, no le da una organización *monástica*. La Compañía de Jesús es la modificación impuesta por el Renacimiento en el monaquismo medieval. En cambio, Santa Teresa confiaba ingenuamente en las grandes tradiciones del monacato, y, lo mismo que Cisneros y todos aquellos espíritus llenos de fervor religioso que parecen unos rezagados de la Edad Media, se aplica a restaurar y a restituir a su antiguo esplendor la organización de las Órdenes religiosas. La obra de Santa Teresa, iniciada en 1561, caracteriza plenamente el tercer período cronológico de nuestra Mística.

Ya hemos expuesto sus doctrinas. Reseñemos rápidamente algunas características fundamentales.

Por intuición, y sin la cultura teológica de Fray Luis de León en *Los Nombres de Cristo,* hace mucho hincapié la Santa en hacer ver todo el peligro que había en no imaginar a Jesús como un ser corporal y contemplar tan sólo su divinidad. Su doctrina está libre en absoluto de todo resabio panteísta, y, arrastrada por la teoría del libre albedrío, llega hasta tal punto en ella el sentimiento enérgico de la personalidad humana, que admite la posibilidad de que el alma no aproveche la gracia en uso de su libre voluntad. Santa Teresa no quiere que, aun en el momento supremo de la unión con Dios, pierda la criatura la conciencia de su personalidad, porque nunca debe olvidarse de su miseria y bajeza humanas [16]. Otro de los grandes peligros de la Mística, el quietismo, fue salvado enérgicamente por la Santa. Jamás cayó Santa Teresa en aquella contemplación pasiva producida por el propio aniquilamiento y la absorción en Dios, que llegan a hacer inútiles la plegaria, la fe y la caridad, y que niega como consecuencia natural el valor de las obras para nuestra redención. Para ella, la caridad es manantial fecundo de la acción devota: «que aunque es vida más activa que contemplativa, y parecerá perderá si le concede esta petición, cuando el alma está en este estado nunca dejan de obrar casi juntas Marta y María, porque en lo activo y que parece exterior obra lo interior... Que no, hermanas, no, obras quiere el Señor; que si ves una enferma a quien puedes dar un alivio, no te dé nada de perder esa devoción y te compadezcas de ella, y si tiene algún dolor, te duela a ti, y si fuera menester lo ayunes, porque ella lo coma, no tanto por ella como porque sabes que tu Señor quiere aquello» [17].

---

[16]   *Moradas primeras,* c. 2, t. II.
[17]   *Moradas,* V, III; *Caminos,* IV; 5 *Conceptos,* VII.

El magisterio de la Santa produce una verdadera eflorescencia de misticismo que pudiera denominarse Escuela de Santa Teresa. Pero hemos preferido designar este período bajo el título de Carmelitano, para tener en cuenta la personalidad, tan acusada, de San Juan de la Cruz. Siguieron pronto la reforma y enseñanza de la Santa muchos hombres [18], como Fray Antonio de Heredia, prior de Santa Ana; Juan de Jesús Roca, representante de la Santa en Roma; Fray Juan de la Miseria, procedente de la Orden de San Agustín y retratista de la Santa; Ambrosio Marián de San Benito, gran personaje en el siglo, soldado en San Quintín, doctor en Trento y finalmente carmelita descalzo. Otros coadyuvaron con sus obras doctrinales a la reforma y magisterio de la Santa, tales como San Juan de la Cruz, Jerónimo Gracián, Juan de Jesús María, etcétera. Cuando se conocieron Santa Teresa y San Juan, tenía él veinticinco años, Teresa, cincuenta y dos. Ansioso el Santo de mayor mortificación, estaba próximo a entrar en la Orden de los Cartujos, y al ver los progresos de la reforma de la Santa, le prometió ser él el primer religioso que ingresaría en ella, colaborando en su difusión, siempre que «no le hiciese aguardar mucho tiempo». Le impresionó mucho a la Santa el aspecto de aquel frailecito de apariencia enfermiza, cuyo cuerpo más parecía el imprescindible sustentáculo de un gran espíritu lleno de fe, de amor y de ansias de mortificación. El encuentro fue en 1567; al año siguiente fundaban ambos en Duruelo el primer Monasterio de hombres de la reforma. En la doctrina de San Juan de la Cruz es evidente el influjo de San Dionisio Areopagita. Toda su doctrina consiste en llegar a la perfección de la vida espiritual, consistente en la posesión de Dios por la unión de amor; para ello hay que llegar a la abnegación del propio juicio, tendiendo a la abstracción total y a la contemplación pasiva: «Ante Dios, cuanto más espera el alma más se obtiene, y cuanto más se desposee más espera» [19].

Hay en San Juan influencia directa también de Ricardo de

---

[18]   Véase Rousselot: *Op. cit.*
[19]   *Subida*, lib. II, c. 27; lib. I, c. 13. CF. Dionisio Areopagita, de los nombres divinos. I, 4; Teología mística, I, 1 y 2: «Si queremos elevarnos en el mundo inteligible hasta el origen de toda realidad es preciso que cese toda operación del entendimiento; hay que refugiarse en la ignorancia y abismarse en las tinieblas místicas.»

San Víctor (*De contem*. III), Alberto Magno y de Ruysbroeck (*De la perfección de los hijos de Dios*)[20], en su doctrina acerca · de que el conocimiento de Dios no se obtiene jamás por quien se le represente bajo una apariencia sensible. El Santo extrema hasta tal punto esta teoría, que llega a un verdadero desgajo del corazón, hasta de las imágenes religiosas, por lo menos en su aspecto natural y sensible. No cae en el iconoclastismo, reconociendo que el empleo de signos visibles es útil para recordar a nuestro espíritu la idea de Dios y de los Santos; pero concede esto con gran severidad, condena la *abominable costumbre* de ataviar con lujos las imágenes, y reprueba también las preferencias injustificadas por una u otra imagen y las festividades religiosas cuando son motivo de «hacer grandes francachelas». Según él, todo esto es una especie de idolatría. «Y la devoción del corazón es muy poca, y tanto asimiento tienen (los tales) a esto como Micas en sus ídolos.»

La metáfora que emplea para pintar los sufrimientos del alma, comparados con el fuego quemando un madero, está tomada de Hugo de San Víctor. Dice así San Juan: «Porque el fuego material en aplicándose al madero, lo primero que hace es comenzarle a desecar, echándole la humedad fuera y haciéndole llorar el agua que en sí tiene. Luego le va poniendo negro, oscuro y feo, yéndole secando poco a poco, le va sacando a luz y echándole afuera todos los accidentes feos y oscuros que tiene contrarios al fuego. Y finalmente, comenzándole a inflamar por de fuera y calentarlo, viene a transformarle en sí y ponerle tan hermoso como el mismo fuego. En el cual término, ya de parte del madero ninguna acción ni pasión hay propia del madero, salvo la cantidad y gravedad menos sutil que la del fuego, teniendo en sí las propiedades y acciones del fuego porque está seco, y seco está caliente, y caliente calienta; está claro y esclarece»[21]

La doctrina de San Juan de la Cruz, que durante mucho tiempo permaneció secreta, fue cuidadosamente examinada antes de autorizarse su difusión. Su mismo proceso de beatificación fue extraordinariamente parsimonioso y detallado. La

---

[20] *Subida*, lib. III, c. 34.
[21] Véase Hugo de San Víctor: *In Ecclesiast*. «Velut ignis in ligno viridi. etc.»

Retrato de Santa Teresa. Museo Lázaro Galdiano. Madrid.
Foto Archivo Espasa-Calpe

falsa interpretación de su doctrina, fijándose en algunas frases sueltas, dio lugar a ataques, suponiéndola contactos y relaciones con diversas herejías. Esto produjo una reacción de apologistas como el Padre Jerónimo de San José, el Padre Nicolás de Jesús María, el Padre Jaime de Jesús y Basilio Ponce de León. Estos defensores son los que representan el momento máximo de difusión de la doctrina de San Juan, porque una de sus características, frente a Santa Teresa, es la de que su doctrina no logró formar escuela, quizá por las dificultades de comprensión, cuya causa radica, sin duda, en aquel defecto que tan atinadamente le sañaló la Santa: «es demasiado refinado, espiritualiza hasta el exceso». San Juan procede doctrinalmente de Santa Teresa; pero esta procedencia innegable no quita originalidad a su doctrina ni vigor a su personalidad tan acusada. Como hemos visto, conoce y utiliza con gran erudición toda la tradición mística cristiana, y si bien no discrepa en ningún punto sustancial de la doctrina de Santa Teresa, lleva sus consecuencias hasta el último límite y no tiene aquella claridad de exposición y aquel tan profundo sentido realista y práctico que caracteriza a la Santa. San Juan es el más grande temperamento metafísico de nuestros místicos, y sus conclusiones al caracterizar a Dios parecen a ratos un presentimiento de la filosofía de Hegel. Los demás místicos de la escuela carmelitana enlazan directamente con la doctrina teresiana. Tal ocurre con Fray Miguel de la Fuente, autor del *Libro de las tres vidas del hombre,* corporal, racional y espiritual, admirable por la finura del análisis psicológico y por la claridad con que marca la posición ecléctica de la escuela; Fray Jerónimo Gracián de la Madre de Dios; Fray Juan de Jesús María y el P. Francisco Rivera, que, aunque jesuita, se relaciona con la tradición teresiana.

En resumen, puede decirse que esta escuela ecléctica española representa la utilización de las conclusiones a que llegan los místicos ontológicos del Norte y la asimilación de la doctrina y el simbolismo de la gran corriente italiana.

*

MISTICISMO HETERODOXO.—Muy brevemente y fijándonos especialmente en cuáles sean las notas distintivas de estas escuelas heterodoxas con respecto a la escuela mística española, hablaremos de los tres grandes movimientos que representan la Mística heterodoxa en España: *a)*, el misticismo protestante; *b)*, el misticismo panteísta; *c)*, el quietismo.

El germen de la ideología mística protestante fue la doctrina de la justificación por los solos méritos de Cristo y sin la eficacia de las obras. Representa esta tendencia en España el gran prosista Juan de Valdés, que ocupa un lugar tan preeminente, por distintos conceptos, en la historia de la literatura y de la cultura españolas. La serie de obras publicadas sobre Valdés desde Wiffen y Boehmer hasta Menéndez y Pelayo y los investigadores posteriores, es muy considerable, y sería salirnos de nuestro plan el intentar trazar aquí un resumen de la biografía y obras de Valdés en el que se señalase el panorama tan interesante de su vida en la Italia del Renacimiento o se valorizasen los distintos aspectos de su obra como humanista, filólogo y artista insuperable del idioma.

Las obras de Valdés que tienen importancia teológica son su *Alfabeto cristiano,* los *Comentarios a las epístolas de San Pablo* y, sobre todo, sus *Ciento* y *diez consideraciones divinas.* Las dos primeras marcan su transición de la doctrina católica hasta las *Cien consideraciones divinas,* plenamente heréticas y llenas de la doctrina luterana. Las *Cien consideraciones divinas* contienen, como digo, toda la doctrina de Valdés. De esta obra no se imprimió el original castellano, siendo la primera edición la de la traducción italiana publicada en Basilea en 1550 por Celio Segundo Curión. La obra se divide en 110 meditaciones, que contienen una doctrina esporádicamente expuesta, que en vano Menéndez y Pelayo [22] y otros han intentado reducir a un organismo sistemático. Los puntos que principalmente se tocan y resuelven en estas *Cien consideraciones* son la doctrina de la justificación, la existencia de la Santísima Trinidad y la exposición de la doctrina sobre el conocimiento místico de Dios. Como dice Boehmer exactamente, es muy difícil «caracterizar la posición teológica de Valdés, porque un

---

[22]   Véase *Heterodoxos,* t. II, 1.ª ed.

hombre de tan soberana originalidad no debe ser contado entre los luteranos ni entre los calvinistas, y menos entre los anabaptistas...»

A lo largo de toda la obra palpita el espíritu del libre examen y de la inspiración individual que no se somete a ningún dogma ni autoridad ajena. Valdés es antitrinitario; según él, Cristo es semejante a Dios; es el retrato de Dios y persona muy allegada a Él. Por los méritos de la Pasión de Cristo estamos justificados de nuestros pecados, y en esta vida recuperamos la vida eterna para nuestra alma. Cristo, con su Pasión, nos convirtió en semejantes a Dios, como lo es Él. Esta doctrina, teológicamente muy semejante al arrianismo, la enlaza Valdés con la doctrina de la justificación. Según él, es preciso tener confianza ilimitada en nuestra salvación, y, como consecuencia de la Pasión de Cristo, no son precisas las obras para lograr la salvación del alma, hasta el punto de pecar contra Cristo el que intente justificarse con sus propias obras. Mucho hay de iluminismo místico en la doctrina de Valdés. Dios produce la confianza en la salvación por una cierta iluminación interna, y el que llega a gozar de esta luz interior, debe renunciar a la luz de su razón natural y al ejercicio de la voluntad. Esta negación de la razón humana produce, como consecuencia natural, la condenación de la ciencia y del deseo de saber. No es precisa la ciencia ni la razón para llegar al conocimiento de Dios. Este conocimiento puede obtenerse de cuatro maneras: por revelación de Cristo, por comunicación del Espíritu Santo, por regeneración cristiana y por una cierta visión interior. La unión entre el hombre y Dios se logra por el amor, naciendo éste del conocimiento intuitivo y no lográndose la unión perfecta con la divinidad durante esta vida. Hay alguna doctrina en las consideraciones de Valdés opuesta al luteranismo. Es contrario, por ejemplo, a la condenación de las imágenes, y reconoce que son útiles como un alfabeto para la piedad cristiana, contribuyendo a imprimir en el ánimo de la gente vulgar el recuerdo de lo que representan. Es, pues, Valdés un luterano en la doctrina de la justificación y de la fe; unitario en la de la Trinidad, mezclándose todo esto con un iluminismo o misticismo de notas quietistas y otras de índole personal. Los tratadistas que han analizado las fuentes

de Valdés, como Usoz y Boehmer, coinciden en señalar como
la principal las obras de los místicos alemanes; «su quietismo
tiene semejanza con el del maestro Eckart; su intuición, con
la *Divina Caligo,* de Taulero; su aniquilación del propio espíritu, con la *Spiritus Annihilatio,* de Suso». La finura de su análisis psicológico en alguna de estas consideraciones (por
ejemplo, en la *Consid.* XXXI, la distinción entre la viveza de
los afectos y la de los apetitos), y su preocupación sobre los
motivos de las acciones humanas es lo único que encontramos
en la doctrina de Valdés que ofrezca alguna relación con las características fundamentales del misticismo ortodoxo español.

MISTICISMO PANTEÍSTA DE SERVET.—También la vida de
Miguel Servet, español tan castizo por su tesón y condiciones
de carácter, es de un interés verdaderamente trágico por las
vicisitudes de ella y por la horrible muerte que sufrió. Toda la
biblioteca servetiana, producida por el Dr. Tollin, ha puesto
en claro con magistral minuciosidad cuanto puede desearse
sobre la biografía y la obra de Miguel Servet. Menéndez y
Pelayo, con aquella secreta e irresistible simpatía que le impul-
saba a tratar con gran cariño y entusiasmo a estos españoles
descarriados de la fe, cuando descubría en ellos valores literarios o humanos de cualquier índole, trazó en sus *Heterodoxos,*
utilizando los escritos de Tollin, una insuperable y bellísima
semblanza del formidable heresiarca aragonés. La página en
que Menéndez y Pelayo relata la muerte de Servet es un trozo
de antología en que se describe con elocuencia maravillosa
toda la grandiosa tragedia de aquel martirio en el que luchaban
el sombrío fanatismo de Calvino y la indómita soberbia de
Servet, teniendo por escenario uno de los más bellos lugares
de la Tierra: «las encantadas riberas del lago de Ginebra, ce-
rradas en inmenso anfiteatro por la cadena del Jura».

El reciente opúsculo de Gastón Bouvier [23] sirve para com-
pletar y resumir cuanto ha dicho la crítica servetiana con posterioridad a los escritos de Tollin y Menéndez y Pelayo. La
obra en que está expuesta la doctrina de Servet se conoce generalmente, abreviando su larguísimo título, con el nombre
de *Christianismi restitutio,* impresa en 1553. De esta obra, *in-*

---

[23]   *La question Michel Servet.* París, Plon, s. a.

menso Cosmos teológico, como la denominó Dardier, sólo nos interesa recoger las notas místicas de su doctrina. Según Servet, Dios se manifiesta en el mundo de cuatro maneras diversas: por modo de plenitud de su sustancia en el cuerpo y espíritu de Jesucristo, por modo corporal, por modo espiritual, en cada cosa, según sus propias ideas específicas individuales. De estas cuatro maneras se derivan todas las restantes. Dios, según Servet, «es todo lo que ves y todo lo que no ves; es parte nuestra y parte de nuestro espíritu, y es la forma, el alma y el espíritu universal». Esta tesis, tan claramente panteísta, la defiende Servet poniendo a contribución todo el caudal del panteísmo universal derivado de la Filosofía alejandrina neoplatónica: Filón, Plotino, Porfirio, Jamblico, Proclo, Maimónides, Aben Hezra, etc. Servet es antitrinitario, y a combatir la Trinidad dedica toda la primera parte del libro, titulada *De Trinitate Divina,* etc. Otro punto fundamental de la doctrina de Servet es su discrepancia con respecto al luteranismo y calvinismo en la cuestión de la justificación sin las obras. Servet, por una deducción muy lógica en una doctrina mística, cae en el panteísmo; pero esta misma claridad de entendimiento y quizá un resto de tradición española le hacían ver todo lo absurdo de la doctrina capital de la reforma, y por esto combatió a Calvino con el apasionamiento rabioso que puede verse en las treinta cartas a él dirigidas y publicadas como apéndice de su obra *Christianismi restitutio.* Servet es unitario; las personas de la Trinidad no son más que modos o dispensaciones de la esencia divina. Esta doctrina, derivada del gnosticismo, llegó a Servet a través de los neoplatónicos del Renacimiento italiano, y puede decirse que en la Historia universal del panteísmo, desde Filón hasta Hegel, no ha habido un panteísta más convencido y cerrado en su doctrina que Servet, que viene a representar, en pleno Renacimiento, la última consecuencia de la doctrina que vimos nacer en Alejandría, realizando el más grande esfuerzo para poder conciliar la doctrina cristiana con el panteísmo.

EL QUIETISMO DE MIGUEL DE MOLINOS.—La doctrina denominada por nuestros teólogos del Renacimiento de *los alumbrados* o *quietistas* tiene como fundamento la idea de la contemplación pura y del aniquilamiento, según la cual el alma, abismada en la infinita esencia, perdida su personalidad, llega a un estado de perfección que le hace irresponsable de los pecados entonces cometidos. Ya hemos visto, al hablar del panteísmo místico de la India, esta doctrina de la aniquilación enseñada por los brahmanes y utilizada por los yoguis y por los budistas. Vuelve a aparecer esta misma doctrina de la aniquilación en el gnosticismo alejandrino y el misticismo neoplatónico. En España este sistema fue profesado por los priscilianistas, y durante toda la gran escuela mística de nuestro siglo de oro el temor de la Inquisición fue siempre la desviación del misticismo hacia el iluminismo quietista, y todas las hechicerías, supersticiones y milagrerías nacidas entre las clases incultas en la España del siglo de oro [24] tienen su raíz en esta misma doctrina. No de una manera esporádica, sino con un sistema basado en grandes conocimiento teológicos, expuso la doctrina quietista el heresiarca Miguel Molinos.

La mejor obra para conocer la vida y doctrina de este místico español es la publicada por el jesuita Paul Dudón [25]. Expondremos únicamente un breve resumen de la doctrina comprendida en la *Guía espiritual,* fijándonos, sobre todo, en su filiación histórica. La *Guía espiritual,* de Molinos, se publicó el año 1675. Durante muchos años se creyó imposible encontrar un ejemplar de la edición española. El P. Ilguers, en el año 1908, encontró y describió *(Zentralblatt für Bibliothekswesen,* 1908) un ejemplar en la Vaticana. El P. Dudón encontró también algunos ejemplares de la edición española de Roma (1675); otro de la edición de Zaragoza (1677); en la Biblioteca Corsini, uno de la edición de Madrid de 1676. Un ejemplar se conserva en la Biblioteca Nacional de Madrid. Finalmente, el biógrafo malogrado de Molinos, D. Rafael Urbano, publicó en Barcelona en 1906 una reproducción extractada del texto castellano de la *Guía* de Molinos. El éxito que obtuvo en Roma la *Guía* de Molinos fue extraordinario, y acogiéndose a la autoridad de sus elogiantes fue como pudo resistir Molinos durante tanto tiempo las suspicacias de la Iglesia romana,

---

[24] Véase Menéndez y Pelayo: *Historia de los heterodoxos,* t. II, primera edición, pág. 521.
[25] *Le quietiste espagnol Michel Molinos* (1628-1696). París, 1921.

hasta que por fin se vio obligado a abjurar de sus errores, sufriendo a causa de ellos la condena de prisión perpetua.

Titúlase la obra de Molinos *Guía espiritual que desembaraza el alma y la conduce al interior camino para alcanzar la perfecta contemplación.* Molinos expone sistemáticamente sus doctrinas; a pesar de que el editor de la *Guía,* Fray Juan de Santa María, afirma audazmente que su autor la escribió sin ninguna lectura y estudio y guiándose únicamente por la oración y el martirio interior y dejándose llevar de la inspiración divina, es notorio y los nuevos documentos publicados lo prueban hasta la saciedad, que el Padre Molinos trabajó largamente su *Guía,* leyendo a diversas personas las diferentes redacciones de ella y poniendo a contribución su gran cultura teológica. Titula Molinos el libro primero de su obra *De las tinieblas, sequedades y tentaciones con las cuales purifica Dios las almas y del recogimiento interior o de la oración acquisita o activa.* Al hombre le impulsan hacia el mal muchos pensamientos procedentes de la naturaleza corrompida, de los malos ejemplos de sus semejantes y de las sugestiones del demonio. En la oración nos sentimos impotentes para discurrir y reflexionar gustando de Dios. En estos momentos nuestra alma está rodeada de tinieblas, y mientras dura esta impotencia y estas influencias maléficas, es preciso reservar tranquilamente el alma, sometiéndonos a la Providencia Divina, cuya sabiduría y bondad nos gobierna; luchar contra esto es una equivocación producida por el amor propio. La actitud del verdadero creyente es sufrir con resignación. Por esta fe pura y por este abandono total el alma se prepara para el recogimiento interior. Las mortificaciones corporales y los ejercicios ascéticos realizados por nuestra propia iniciativa no son más que un alimento de la vanidad. Dios se basta para purificar nuestra alma y para esclarecerla. El silencio y la quietud son el camino de la perfección y de la unión con Dios.

En el segundo libro de su obra trata Molinos de «Nuestro Padre espiritual y de la obediencia que le debemos, del celo indiscreto y de las penitencias internas y externas». Hace luego un análisis de las cualidades que debe reunir un confesor, señalando como el defecto capital en un director de conciencias el dejarse llevar y conmover por un celo que no sea más que una secreta vanidad de sí mismo. Expone en este libro una serie de consejos, muy interesantes y sabios, a los confesores, y señala la necesidad de elegir un director espiritual: «un buen confesor es más conveniente que muchos libros místicos y espirituales; los libros hacen más daños que provecho, porque están llenos de conocimientos razonados». Es necesario obedecer al confesor pronta y ciegamente. La Comunión frecuente es uno de los medios más eficaces para lograr la perfección y la paz. Las penitencias exteriores sirven menos que las interiores, y las que hacemos por iniciativa propia, menos que las que nos envía Dios. Las faltas ordinarias no deben alterar nuestra paz, pues en caso de no gozar de gracias especiales son inevitables, siendo el demonio quien las provoca. Basta con pedir perdón a Dios con una confianza cariñosa en su misericordia y teniendo presente la consideración de nuestra mísera condición humana.

El libro tercero trata de los «Medios espirituales que Dios emplea para purificar las almas, de la contemplación infusa y pasiva, de la resignación perfecta, de la humildad interior, de la divina sabiduría, del verdadero aniquilamiento y de la paz interior». Este libro es el que contiene la esencia de la doctrina quietista de Molinos. Según él, existe una gran diferencia entre el hombre exterior y el hombre interior. Lo que da la paz no es más que el renunciamiento al amor propio. El alma debe resignarse ante las mortificaciones, las angustias y las tentaciones. A esta primera etapa de la vida espiritual sucede otra para las almas más avanzadas en este camino, y es el ansia de Dios, que se resuelve en el goce amoroso de su presencia. La mortificación interior y el abandono de nuestro ser entre las manos de Dios son indispensables para quien pretenda unirse a Él, lo mismo que el sentimiento profundo de la miseria humana, sin el cual no es posible lograr la verdadera humildad. La contemplación infusa y pasiva viene solamente de Dios, que esclarece, inflama y transforma las almas con sus maravillosos efectos. Los gustos sensibles y los santos deseos nos preparan para estas operaciones divinas, que tienen sus grados:

El fuego, la oración, la elevación, el placer y *el reposo.* Los efectos de la contemplación son cuatro: *iluminación, entendi-*

miento, suavidad, inmersión de todas las facultades en Dios. La iluminación es un conocimiento intuitivo de las perfecciones de Dios y de las cosas eternas. El don de la sabiduría se relaciona con la contemplación; pero únicamente por la baja estimación de sí mismo y el gran aprecio de Dios se llega a la aniquilación. La nada es el camino para llegar al supremo Bien. «Abismaos en la nada y Dios será vuestro todo», dice Molinos. No deseando nada, no queriendo nada, es como se goza de una felicidad inefable que ninguna borrasca puede turbar. El final de la *Guía* de Molinos parece una oración budista en loor del Nirvana.

¿Cómo pudo llegar Molinos a elaborar esta doctrina? Es evidente el parentesco de su quietismo con los errores de los iluminados españoles, tan cuidadosamente perseguidos por la Inquisición. La influencia del quietista marsellés Francisco de Malaval [26] es probable en Molinos. Además, pudo influir en él la lectura de las obras de Juan Falconi, cuyo *Alfabeto,* en unión de otros escritos, fue impreso en Valencia en el año 1662. También pudieron influir en las ideas de Molinos las primeras obras del atoriano Mateo Petruchi (1673-1675).

Es tan extraordinaria la coincidencia del quietismo de Molinos con las doctrinas del aniquilamiento de la Filosofía india, que hace pensar en una posible influencia directa del budismo. Ya hemos señalado por dónde pudieron incorporarse estas doctrinas de la India a las corrientes de la Filosofía europea; pero esta transmisión, mediata o difusa, no basta a explicar estas coincidencias. Entre la colección de objetos relacionados con Molinos y la secta quietista, que poseía D. Rafael Urbano, recuerdo haber visto una reproducción de una imagen semejante a la de un Buda. Quizá un estudio de las relaciones de Molinos en Roma con los misioneros jesuitas procedentes de la India pudiera explicar un contacto directo o, por lo menos, esta curiosidad del quietista español por tan lejanas y exóticas doctrinas. A pesar de las afirmaciones de su editor y de sus partidarios, Molinos no fue un místico experimental; su *Guía* no es más que una sistematización de lecturas y de experiencias místicas ajenas. Los pecados contra el pudor, cometidos

---

[26] *Pratique facile pour elever l'ame a la contemplation* (1664).

por Molinos en su estado de quietud, de los cuales, según el maldiciente Gallardo, «vinieron grandes aumentos a la Cristiandad», nos prueban la imposibilidad de esta vida mística en aquel clérigo sensual y relajado.

Por esta misma razón no podemos considerar como místicos a los alumbrados de Llerena, a los clérigos solicitantes de Extremadura y a otros muchos herejes cuyos *actos* pueden verse reseñados en los *Heterodoxos,* de Menéndez y Pelayo, pero que ni por sus *experiencias,* ni por sus doctrinas, si es que alguna tienen, pueden ocupar un lugar en la historia del misticismo.

BIBLIOGRAFÍA DEL CAPÍTULO V

ABAD (Camilo María).—«Notas bibliográficas de Ascética y Mística», por el P. ... (Cuaderno primero. Valladolid, 1924. Imp. de la Casa Social Católica. Cuaderno segundo. Valladolid, 1924. Imprenta de Andrés Martín, 4.º)

ACOSTA Y LOZANO (Z.).—«Crítica de las obras poéticas de Fray Luis de León». (En «Archivo Histórico-Agustiniano», volumen XV, 1921, pp. 291-302.)

ALONSO GETINO (Fr. Luis).—«Vida, escritos y fama póstuma del Maestro Fr. Bartolomé de Medina». (En «Revista Ibero-Americana de Ciencias Eclesiásticas». Madrid, 1902.)

——— «La causa de Fr. Luis de León ante la crítica y los nuevos documentos históricos». (En «Revista de Archivos», 1903, vol. IX, pp. 148-56, 268-79, 440-49; 1904, vol. XI, pp. 288-306, 380-97.

——— «La autonomía universitaria y la vida de Fr. Luis de León». (Salamanca, 1904.)

——— «El proceso de Fr. Luis de León». (Conferencia. Salamanca, 1906.)

——— «Vida y procesos del Maestro Fr. Luis de León». (Salamanca, 1907.)

——— «El "Decíamos ayer" ante la crítica». (En «Correo Español», 1909.)

——— Introducción del ... a la obra de Fray Antonio de Cáceres «Paráfrasis de los Salmos» (siglo XVI.) Tres ts. (Biblioteca Clásica Dominicana. I, 1920. II, 1920, y III, 1922, Madrid.

——— Ídem a la obra de Fray Alonso de Cabrera «Navidad y Año Nuevo» (siglo XVI). (Bibl. Clás. Domin., 1921, Madrid.)

——— Ídem íd. Fray Alonso de Cabrera. «Los escrúpulos y sus remedios». (Bibl. Cl. Dom.)

——— Ídem íd. Fray Juan Taulero «Instituciones divinas» (siglo XIV). (Bibl. Cl. D., Madrid, 1922.)

ALONSO GETINO (Fr. Luis).—Introducción del ... a la obra de Fray Juan López «Concepción y nascencia de la Virgen» (siglo xv). (Bibl. Cl. D., Madrid, 1924.)

—— «La leyenda de Santo Domingo» (siglo XIII). (Bibl. Cl. D., Madrid, 1924.)

ÁLVAREZ (Fr. Paulino).—«Santa Teresa de Jesús y el P. Báñez». (Madrid, 1882.)

ANGE (R. P. Michel).—«La Vie Franciscaine en Espagne entre les deus couronnements de Charles-Quint ou le premier Commissaire Général des provinces franciscaines des Indes Occidentales». (En «Revista de Archivos, Bibliotecas y Museos», año XVI, 1912, páginas 157-214, 345-404; año XVII, 1913, pp. 167-225 (marzo-abril); pp. 1-63 (julio-agosto); pp. 157-216 (sep. oct.); año XVIII, 1914, pp. 1-62; año XIX, 1915, pp. 193-253.)

—— «Le véritable et unique auteur du Tratado de la Oración». («Revista de Archivos», 1916, t.º II, págs. 140-231; 1917, tomo I, páginas 144-199, 320-368.) (Cp. «Estudios Franciscanos», Barcelona, 1919, págs. 241-259; 1920, págs. 249-269; 1921, págs. 86-110.)

ÁNGELES (Fr. J. de los).—La primera edición de los «Triunfos» es de Medina. (Vide Pérez Pastor, núm. 222.) El autor abrevió este tratado y lo publicó en Madrid (1600) con el título de «Lucha espiritual y amorosa entre Dios y el alma».

—— «Obras místicas ...» («Nueva Biblioteca de Autores Españoles», t.º XX, Madrid, 1912.)

ANTOLÍN (P. Guillermo).—«El beato Alonso de Orozco». («El B. C.», t. I, págs. 415-419.)

—— «Santa Teresa de Jesús». (Conferencia dada en el Casino del Escorial el día 23 de abril de 1914, por el ...) (Impr. Helénica, Madrid.) (Pub. en «La C. de D.», t. XCVII.)

—— «Los autógrafos de Santa Teresa de Jesús que se conservan en el Real Monasterio del Escorial», por el P. Bibliotecario ... (Madrid, Impr. Helénica, 1914.) (En «La C. de D.», t. XCVII.)

ARANGO Y ESCANDÓN (A.).—«Procesos del P. M. Fray Luis de León ... Ensayo histórico». (México, 1856.)

—— «Frai Luis de León. Ensayo histórico». (México, 1866.)

ARBIOL.—«Mística fundamental de Cristo Señor Nuestro, explicada por el glorioso y beato Padre San Juan de la Cruz...» (Zaragoza, 1723.)

ARCO (R. del).—«El P. Malon de Chaide. Nuevos datos para su biografía». («Estudio», 1919, IV, 342.)

ARENAS (A.).—«La patria del beato Juan de Ávila». (Valencia, 1918.)

ARINTERO (J. G.).—«Influencia de Santa Teresa en el progreso de la Teología mística». (En «La Ciencia Tomista», 1923, volumen XXVIII, pp. 48-70.)

ARJONA (Manuel María de).—«Crítica de las obras poéticas del P. Fr. Luis de León. Ms. inédito de D. Manuel María de Arjona». (En «La Ciudad de Dios», vol. XV, 1888, pp. 469-86.)

ARTIGAS (Miguel).—«Santa Teresa cantada por los grandes poetas españoles». (En «Basílica Teresiana», 1922, pp. 75-90.)

AUDLEY (F. C.).—«Un moine espagnol du seizième siècle». (En «Le Correspondant», vol LXIV, pp. 308-50. París, 1868.)

AVILA (El Beato J. de).—«Obras». (Ed. J. Fernández Montaña, Madrid, 1901, 4 vols.)

——— «Epistolario espiritual». (Ed. García de Diego, Madrid, «La Lectura», 1912.)

AZORÍN (José Martínez Ruiz).—«Los dos Luises, y otros ensayos». (Madrid, 1921.)

——— «De Granada a Castelar». (Madrid, 1922.)

BARINE (Arvede).—«Sainte Thérèse». («R. de D. M.», 1 juin 1886.)

BARTOLLI (Daniello, S. J.).—«Histoire de S. Ignace de Loyole». (Tournai, 1893.)

BARUZI (Jean).—«Le problème des citations scripturaires en langue latine dans l'œuvre de Saint Jean de la Croix». (En «Bulletin Hispanique», 1922, tom. XXIV, pp. 18-40.)

——— «Aphorismes de Saint Jean de la Croix. Texte établi et traduit d'après le manuscrit autographe d'Andújar». (Bordeaux et París, 1924.)

——— «Saint Jean de la Croix et le problème de l'expérience mystique». (París, 1924.)

BAUMGARTEN (Hermann).—«Ignatius von Loyola». (Strassburg, 1880.)

BAYLE (C.).—«El Espíritu de Santa Teresa y el de San Ignacio». («Razón y Fe», 1922, ts. LXII y LXIII.)

BELL (Aubrey F. G.).—«Luis de Léon and the Inquisition». (En «Revista de Historia», 1914, pp. 202-11.)

——— «Luis de Leon, a Study of the Spanish Renaissance». (Oxford, 1925. Versión española por el P. Celso García (O. S. A.). Barcelona, s. a. [1927], Editorial Araluce.)

——— «Notes on Luis de Leon's Lyrics». (En «Modern Language Review», 1926, pp. 168-77.)

BESSE (Dom Jean Martial).—«Une question d'histoire littéraire au XVIe siècle: L'exercice de Garcia de Cisneros et les exercices de Saint Ignace». («Revue des Questions Historiques», tomo LXI. 1897.)

BESSE (R. P. L. de).—«Eclaircissements sur les œuvres mystiques de Saint Jean de la Croix». (París, 1893.)

BLANCO GARCIA (P. F.).—«Segundo proceso instruido por la Inquisición de Valladolid contra Fr. Luis de León, con prólogo y notal del —». (Madrid, Aguado, 1896.) (De «La C. de D.», t. XLI).

BLANCO GARCIA (P. F.).—«Fr. Luis de León. Estudio biográfico del insigne poeta agustino». Obra póstuma del M. R. P. —. (Madrid, Jubera, 1904.) (Vid. «La C. de D.», ts. XLII a LI.)
—————— «Lo que puede y debe ser el centenario de Fr. Luis de León». (La «C. de D.», t. XXI, 1890, págs. 499-504.)
—————— «Fr. Luis de León. Rectificaciones biográficas». (En «Homenaje a Menéndez y Pelayo», t. I, 1899, págs. 153-160.)
—————— «Fr. Luis de León y los dominicos de Salamanca». Contestación al R. P. Alonso Getino. («La C. de D.», t. LX, 1903.)
—————— «El españolismo de Santa Teresa». («El Lábaro», de Salamanca, y «La Bas. Ter.», t. VII.)
—————— «Información de Lope de Vega sobre las virtudes del B. A. de O.» (T. XXXIV de «La C. de D.»)
—————— «Sobre el modo de predicar a los Príncipes». (Ms. del ag. Márquez, en la Bibl. del Escorial, t. XLVI de «La C. de D.»)
BOEHMER (Eduard).—«Franzisca Hernández und Frai Franzisco Ortiz», Anfänge reformatorischer Bewegungen in Spanien unter Kaiser Karl V. Aus Originalacten des Inquisitionstribunals zu Toledo dargestellt. (Leipzig, 1865.)
BOEHMER (Heinrich).—«Loyola und die deutsche Mystik». Berichte über de Verhandlungen der Sächsischen Akademie der Wissenschaften zu Leipzig. (Leipzig, 1921.)
BOEHTLINGK (Arthur).—«Doctor Martin Luther und Ignaz von Loyola. Eine geschichtliche Parallele». (Heidelberg, 1897.)
BOONE (A.) [S. J.].—«Les corrections manuscrites des Exercices de Saint Ignace». (Collection de la Bibliotèque des Exercices de Saint Ignace, núm. 18. Enghien et Paris, 1908.)
BOUHOURS (Dominique) [S. J.].—«Vie de Saint Ignace, Fondateur de la Compagnie de Jésus». (París, 1679.)
BOUTROUX (E.).—Un art. sobre Santa Teresa en «Bull. de la Société Française de Philosophie». (Janvier, 1906, págs. 13 y siguientes.) (Véase una refutación en Delacroix, p. 353, n.)
BROU.—«La spiritualité de Saint Ignace. (París, 1914.)
BUTLER (Alban).—«The Life of St. Ignatius of Loyola, Confessor, founder of the Society of Jesus». (Dublín, 1841.)
CABRERA (P.).—«Sermones». Ed. M. Mir, en Nueva Bib. AA. EE., III. (Véase «Razón y Fe», 1906, II, 384.)
CALABER (Abbé).—«La Terminologie de Saint Jean de la Croix dans la Montée du Carmel et la Nuit obscure». Suivie d'un abrégé de ces deux ouvrages. (París, Angers, 1904.)
CAMARA (P. Tomás).—«Vida y escritos del B. Alonso de Orozco».
CANALEJAS (D. Francisco de P.).—«Escuelas místicas españolas», en «Estudios críticos de filosofía». XIII. (Madrid, 1872.)
CAPEFIGUE (J. B. H. R.).—«St. Ignace de Loyola et l'Ordre des Jésuites». (París, 1865.)

CARBONERO Y SOL.—«Homenaje a San Juan de la Cruz en su tercer centenario». (1891.)

CARO (E.).—«El tercer centenario del M. Fr. L. de Granada. Relación de su vida, sus escritos y sus predicaciones». (Madrid, 1888.)

CARRÉ-CHATAIGNIER (A.).—«Essai sur les images dans l'œuvre de Saint Jean de la Croix. Thèmes directeurs et classes d'images». (París, 1923.)

CARREÑO (A. M.).—«Fr. Miguel de Guevara y el célebre soneto castellano «No me mueve mi Dios para quererte». (Méjico, 1915.) (V. Foulché y G. de S.)

CASANOVAS (Ignacio).—«San Ignasi de Loyola, fundador de la Companyia de Jesús». (Barcelona, 1922.)

CASO (Antonio) y LÓPEZ PORTILLO Y ROJAS (José).—«La oda a Salinas de Fray Luis de León». (Méjico, Tipografía Cultura, 1921, 8.º, 37 págs.)

CATALÁN LATORRE.—«El Beato Juan de Ávila, su tiempo, su vida y sus escritos y la literatura mística en España.» (Zaragoza, 1894.)

CAZAL (Edmond).—«Sainte Thérèse». (París, 1921.)

CEREZAL (R. P. Fr. Miguel).—«Santa Teresa de Jesús y la Madre María Briceño». («La C. de D.», t. C, págs. 107-120.)

CLAIR (Charles), S. J.—«La Viè de Saint Ignace de Loyola d'après Pierre Ribadeneira son premier historien». (París, 1891.)

CLARE (James), S. J.—«The Science of Spiritual Life according to the Spiritual Exercises». (London, 1896.)

COLERIDGE (Henry James).—«The Life and Letters of St. Theresa». (London, 1881-88, 3 vols.)

COLLET (Henri).—«Le mysticisme musical espagnol au XVIᵉ siècle». (París, 1913.)

COLLET (M.).—«Vie de Saint Jean de la Croix». (Turín, 1769.)

«COMPENDIO della Mistica Teologia di S. Giovanni della Croce». (Opera inedita di un padre Carmelitano scalzo. Siena, 1886.)

«COMPENDIUM vitae, virtutum et miraculorum, necnon actorum in causa Canonizationis B. Joannis a Cruce». (Romæ, 1726.)

«CONSTITUTIONES Societatis Jesu». (Romæ, 1559.)

«CORONA poética dedicada a Fr. Luis de León». (Salamanca, 1856. Ed. por A. Gil Sanz.)

COSTER (Adolphe).—«Notes pour une édition des Poésies de Luis de León». («Revue Hispanique», t. XLVI, 1919.)

——— «A propos d'un manuscrit des poésies de L. de León...» (En «Revue Hispanique», vol. XLVI, 1919, págs. 573-582.)

——— «Luis de León (1528-91)». (En «Revue Hispanique», ts. 53 (1921) y 54 (1922).

——— «Bibliographie de Luis de Leon». (Revue Hispanique, t. LIX, 1923.)

——— «Dos palabras más sobre las poesías de Fray Luis de

León». (En Homenaje a D. Ramón Menéndez Pidal. T. I, pp. 287-297. Madrid, 1925.)

CREIXELL E IGLESIAS (Juan) [S. J.].—«San Ignacio en Montserrat». (Barcelona, 1903.)

————— «San Ignacio en Barcelona. Reseña histórica de la vida del Santo en el quinquenio de 1523 a 1528». (Barcelona, 1907.)

————— «San Ignacio en Manresa. Reseña histórica de la vida del Santo, 1522-23». (Barcelona, 1914.)

————— «San Ignacio de Loyola». (Barcelona, 1922.)

«CRONICA oficial de la semana y congreso ascéticos celebrados en Valladolid desde el 23 al 30 de octubre de 1924 ..., con ocasión del tercer centenario de la ... muerte del ... V. P. Luis de la Puente, S. J. ...» (Valladoliod..., 1925.)

CUERVO (Fr. Justo).—«Biografía de Fray Luis de Granada». (Madrid, 1895. Segunda ed.)

————— «Fray Luis de Granada». (En Homenaje a Menéndez y Pelayo, 1899. Vol I, pp. 733-43.)

————— «Historiadores del convento de San Esteban, de Salamanca». (Salamanca, 1914-15. Tres ts.)

————— «Fray Luis de Granada y la Inquisición». (Salamanca, 1915.)

————— «Fray Luis de Granada, verdadero y único autor del Libro de la Oración». (Madrid, 1918.)

————— «La edición valenciana, 1857, del Camino de Perfección de Santa Teresa». (En Basílica Teresiana. Vol. VIII, 1921, pp. 169-76.)

CUNNINGHAME GRAHAM (Gabrielle).—«Santa Teresa: her life and times». (London, 1894. Dos vols.)

CURZON (Henri Parent de).—«Bibliographie Térésienne. Ouvrages français et étrangers sur Sainte Thérèse et sur ses œuvres. Bibliographie critique». (París, 1902.)

CHAGAS (Emmanuel das).—«Vida de Santa Teresa». (Lisboa, 1631.)

CHEVALLIER (Fr. Ph.).—«Le Cantique Spirituel de Saint Jean de la Croix a-t-il été interpolé?». (En «Bulletin Hispanique», t. XXIV, 1922, pp. 307-42.)

DANIEL (Gabriel).—«Animadversiones in Systema Ludovici Legionensis theologi hispani, de ultimo Christi Paschate». (París, 1695.)

DAURIGNAC (J. M. S.).—«Histoire de Saint Ignace de Loyola». (París, 1859. Dos vols.)

DEBUCHI (Paúl).—«Introduction e l'etude des Exercices Spirituels de Saint Ignace». (Enghien, 1906.)

DELACROIX (Henri).—«Etudes d'histoire et de psycologie du mysticisme: les grands mystiques chrétiens». (París, 1908.)

DEMIMUID (Mgr.).—«Saint Jean de la Croix (1542-1591)». (París, 1916.)

DESDEVISES DU DEZERT (G.).—«Saint Ignace de Loyola». («Revue Hispanique», 1915, t. XXXIV.)

«DIALOGUE sur le Quietisme, costenant les adieux de Nicodème, solliciteur en cour de Rome pour Mme. Guyon, à son compère Bonefoy». (Cologne, chez Pierre Marteau, 1700. Pamphlet antiquietista.)

DIERTINS (Ignatius).—«Historia Exercitiorum Spiritualium S. P. Ignatii de Loyola». (Friburgi Brisgoviæ, 1887.)

DIEZ (Miguel de los).—«Vida y muerte santa del glorioso patriarca San Ignacio de Loyola». (Madrid, 1619.)

DOMÍNGUEZ BERRUETA (Martín).—«El misticismo de San Juan de la Cruz en sus poesías». (Madrid, 1894.)

——— «El misticismo en la Poesía. Estudio de crítica literaria. San Juan de la Cruz». (Salamanca, 1897.)

DOMÍNGUEZ BERRUETA (Juan).—«Santa Teresa de Jesús y San Juan de la Cruz. Bocetos psicológicos». (Madrid, 1915.)

——— «Valor representativo de la mística española». (Basílica Teresiana, 1918, t. IV.)

——— «Fray Juan de los Ángeles». (En «Revista Quincenal», t. IX, 1919, pp. 97-107.)

DRUFFEL (August von).—«Ignatius von Loyola an der Römischen Curie». (München, 1879.)

DUDON (R. P. Paul) [S. J.].—«Bibliographie des œuvres de Molinos». (En «Recherches de science religieuse». Juillet, 1911.)

——— «Le "Breve tratado" de Molinos sur la Communion quotidienne». (Ibid., sept. 1911.)

——— «Les controverses antiquietistes hors de la Compagnie de Jésus». (Ibid, mars. 1913.)

——— «Le quiétiste espagnol Michel Molinos (1628-1696)». (París, 1921.)

——— «Dans son Traité de l'Oraison saint Pierre d'Alcantara a-t-il demarqué Louis de Grenade?». («Revue d'Ascétique et de Mystique», octobre 1921, pp. 384-401.)

ENCINAS Y LÓPEZ DE ESPINOSA (R.).—«La poesía de San Juan de la Cruz». (Valencia, 1905).

ENZINAS (Francisco de).—«Histoire de l'Estat du Pais-Bas et de la religion d'Espagne». (Par François du Chesne. Sainte-Marie, 1558. Bibliothèque Nationale de París, M. 25.615.)

——— «Mémoires de Francisco de Enzinas». (Texte latin inédit avec la traduction française en regard 1543-1545, publiés par Campan. Bruxelles, 1862-1863. Dos vols.)

ESPÍRITU SANTO (José del).—«Cadena mística Carmelitana». (Madrid, 1678. Biblioteca Nacional de Madrid, 2/20.350.)

ESTEBAN (P. Eustasio) [O. S. A.].—«Canciones y fragmentos inéditos de Santo Tomás de Villanueva». («Rev. Agustín.», t. XI, páginas 205-11, y XII, pp. 5-14.)

ESTEBAN (P. Eustasio) [O. S. A.].—«Variantes de las canciones de Sto. T. de V.» (Idem, t. XII, pp. 101-103.)

———— «Dos opúsculos castellanos inéditos de Sto. T. de V.» («La C. de D.», t. XXIV, pp. 561-70.)

———— «Variantes lectiones Ccnoionum S. Thomæ a Villanueva». (O. S. E. A. «Analect Augustiniana», t. VI.)

———— «Cartas inéditas del B. Alonso de Orozco». («La C. de D.», t. XXVI, p. 165-68.)

———— «Informes inéditos de Fr. Luis de León, acerca de la corrección de la Biblia». («La C. de D.», t. XXVI, pp. 96-102.)

ESTELLA.—«Meditaciones». (Ed. de R. León, en col. Gil Blas. Madrid, 1920.)

ETCHEGOYEN (Gastón).—«L'Amour Divin. Essai sur les sources de Sainte Thérèse». (Bibliothèque de l'Ecole des Hautes Etudes Hispaniques», fascicule IV. Bordeaux et Paris, 1923.)

FERNÁNDEZ GARCIA (Fr. Justo) [O. S. A.].—«Panegírico de San I. de L. pronunciado en la Basílica de Santiago, de Bilbao, por el P. ... Madrid, imp. Asilo de Huérfanos, s. a. [1909].

FITA (P. Fidel) [S. J.].—«La devoción al Sagrado Corazón de Jesús difundida en España durante la primera mitad del siglo XVI». (1878.)

———— «San Ignacio de Loyola en la Corte de los Reyes de Castilla. Estudio crítico». («Boletín de la R. Ac. de la Hist.», t. XVII, 1890.)

———— «Elogio de Santa Teresa de Jesús». (Madrid, 1915.)

FITZMAURICE-KELLY (James).—«Fray Luis de León». (A biographical fragment. London, 1921.)

FLUVIÁ (Francisco Javier) [S. J.].—«Vida de San Ignacio de Loyola». (Barcelona, 1753.)

FORBES (F. A.).—«The Life of St. Ignatius Loyola». (London, 1913.)

FORD (J. D. M.).—«Luis de León, the Spanish poet, humanist and mystic». (En «Publications of the Modern Language Association of America», 1899. T. XIV, pp. 267-78.)

FOULCHÉ-DELBOSC (R.).—«El Soneto a Cristo Crucificado». (En «Rev. Hisp.», 1895, II, 120. V. Carreño y G. de S.)

———— «El "Cantar de Cantares" en Octava Rima». (En «Revue Hispanique», t. XXI, pp. 635-57. New York, París, 1909.)

G. de S.—«El P. Miguel de Guevara y el soneto No me mueve mi Dios, etc.». (En «Basílica Teresiana», 1920, VI, 225-233. Véase Foulché y Carreño.)

GAMARRA (P. Victoriano P. de) [Redentorista].—«San Alfonso y la escuela ascética española». (Madrid, 1924.)

GARCÍA (Francisco).—«Vida, virtudes y milagros de S. Ignacio de Loyola». (Madrid, 1685. Otra edición en 1722.)

GASCÓN (P. Miguel) [S. J.].—«Obras maestras espirituales de los

Jesuitas españoles». Resumen de la reseña bibliográfica presentada en el Congreso ascético de Valladolid. (23-30 de octubre de 1924. *Sal Terrœ*, 4.º mayor.)

GENELLI (Christoph) [S. J.].—«Leben des heiligen Ignatius von Loyola, Stifters der Gesellschaft Jesu. In Neuer Barbeitung herausgegeben von Victor Kolb». (Wien, 1894.)

GESS (Felician).—«Ignatius von Loyola». (En Historisches Taschenbuch. (Sechste Folge. Zwölfter Jahrgang), pp. 265-89. Leipzig, 1892.)

GIRÁLDEZ (Álvaro).—«¿Cuándo nació Fray Luis de León?» (En La Época, 11 nov. 1922.)

GOIX (Dr.).—«Les Extases de Sainte Thérèse». (Annales de philosophie chretienne, 1896.)

GÓMEZ CENTURIÓN (José).—«Relaciones biográficas inéditas de Santa Teresa de Jesús». (Madrid, 1916.)

GONZÁLEZ BLANCO (Andrés).—«Páginas selectas de literatura castellana». (Las mejores poesías místicas en lengua castellana. Recopiladas y precedidas de un prólogo por ... Con un epílogo del R. P. Luis Villalba Muñoz, O. S. A. Con licencia eclesiástica. Madrid, Jubera, 1916. El epílogo, del P. Villalba, publicado en «La C. de D.», t. CIII, pp. 165-178.)

GONZÁLEZ DE TEJADA (José).—«Vida de Fray Luis de León». (Madrid, 1863.)

GONZÁLEZ LLANA (Manuel).—«Vida de Fray Luis de León». (En «Obras selectas», 1868, pp. V-XXIV.)

GOTHEIN (Eberhard).—«Ignatius von Loyola und die Gegenreformation». (Halle, 1895.)

GRACIÁN (P. Jerónimo).—«Dilucidario del verdadero espíritu... en que se declara la doctrina de la Santa Madre Teresa de Jesús». (Madrid, 1604.)

GRANADA (P.).—«Obras». (Ed. Fray J. Cuervo. Madrid, 1906 y sigs. Catorce vols. publs.)

GREFF (Nikolaus).—«Der heilige Ignatius von Loyola und seine Zeit. Ein Charakterbild für unser Zeitalter». (Kaldenkirchen, 1903.)

GUALLAR POZA (Santiago) [Canónigo de la S. I. M. de Zaragoza]. «Los grandes ascéticos y místicos españoles». (Apud «Crónica oficial»..., págs. 420-432.)

GUARDIA (J. M. de).—«Fray Luis de León: Sa vie et ses poésies». (En «Le Magasin du Libraire», 10 julio 1860.)

—— «Fray Luis de León, ou la poésie dans le cloître». (En «Revue Germanique», 1863, t. XXIV, pp. 307-42.)

GUERLIN (Henri).—«Sainte Thérèse». (L'Art et les Saints. París, 1918.)

GURRUCHAGA (Asunción) [Arcipreste de la S. I. C. de Vitoria]. «El Beato Juan de Ávila». (Apud «Crónica oficial..., páginas 88-112 d.)

GUTIÉRREZ (P. Jaime) [S. J.].—«Manual de los Ejercicios espirituales de San Ignacio de Loyola». (Por el ... Nueva ed. corr. y aum. por el autor. Dos ts. Zaragoza, P. Cano, 1912.)

GUTIÉRREZ CABEZÓN (P. Marcelino).—«Fray Luis de León, filósofo». (En «Revista Agustiniana», t. II, 1882.)

————— «Escritos latinos de Fr. L. de L.». «La C. de D», t. XXII, pp. 16-34, 93-109, 241-258 y 321-338. Estos arts. se publicaron en latín en el t. II de las Obras latinas de Fr. L. de L. Salamanca, 1891.)

————— «El perfecto predicador. Exposición del Eclesiastés por Fray L. de L.». («Rev. Agust.», t. XI-XIV, y en folleto aparte con notas de los PP. Gutiérrez y Muiños.)

————— «Fray Luis de León y la filosofía española del siglo XVI». (Madrid, 1885.)

————— «Sobre la filosofía de Fr. Luis de León. Adiciones póstumas al libro del —; Fray Luis de León y la Filosofía Española en el siglo XVI». (Ed. P. Conrado Muiños Sáenz, O. S. A. En «La Ciudad de Dios», ts. LXXIII (1907), LXXIV (1907) y LXXV (1908.)

————— «Los nombres de Cristo del Beato Alonso de Orozco y de Fr. Luis de León». («La C. de D.», XC, pp. 422-32; XCI, pp. 33-43, 109-115; XCV, pp. 161-179.)

HAHN (P. G.) [S. J.].—«Les phénomènes hystériques et les révelations de Sainte Thérèse». (Louvain, 1883.)

HEEP.—«Juan de Valdés, seine Religion, sein Werden, seine Bedeutung, Ein Beitrag zum Verständnis des spanischen Protestantismus im 16 Jahrhundert». (Leipzig, 1909.)

HEPPE (Heinrich).—«Geschichte der quietistischen Mystik in der katholischen Kirche». (Berlín, 1875, en 8.º)

HOORNAERT (Rodolphe).—«Sainte Thérèse écrivain. Son milieu, ses facultés. Son œuvre». (París-Lille-Bruges, 1922.)

HUARTE (Amalio).—«La "Vida de Santa Teresa", del Lic. Verdugo». (Bas. Ter., 1922, agosto.)

IBEAS (P. Bruno) [O. S. A.].—«Los ascéticos agustinos españoles». (Madrid, 1925.) (Reproducido en «Crónica oficial», págs. 220-221.)

JESÚS (Fr. Gabriel de).—«La Santa, o resumen de la vida de Santa Teresa». (Madrid, 1915.)

————— «¿La Subida del Monte Carmelo, es ascética o es mística?» (La Vida sobrenatural, janvier 1923, págs. 23 y sigs.)

JESÚS MARÍA (Fray José de).—«Historia del Venerable Padre Fray Juan de la Cruz». (Brussels, 1628.)

JOLY (Henri).—«Les Sources de Saint Ignace». (En La Quinzaine, sept. 15, 1896.)

————— «Psychologie des saints. Saint Ignace de Loyola et Sainte Thérèse». (Tres vols. in 12.º París, Lecoffre, 1899.)

————— «Sainte Thérèse (1515-82)». (París, 1902.)

JOVY (E.).—«Pascal et Saint Ignace». (París, 1923.)
JULIA MARTÍNEZ (E.).—«La cultura de Santa Teresa y su obra literaria». (Castellón, 1923.)
LANUZA (Miguel de).—«Vida de Santa Teresa». (Zaragoza, 1657.)
LA PUENTE (Luis de).—«Vie du B. Balthasar Álvarez». (Traduction Couderc. París, 1912.)
LASSO DE LA VEGA.—«Fr. Luis de Granada». (En Ilustr. Esp. y Amer., 1889.)
LEA (Henry Charles).—«Molinos and the Italian Mystics». (American Hist. Review, 1906, t. XI, pp. 243-262.)
LECORNU (Adelaide).—«Histoire de Sainte Thérèse d'après les Bollandistes». (Nantes, 1882. Dos vols.)
LEDESMA (Alonso de).—«Tercera parte de Conceptos Espirituales. Con las obras hechas a la Beatificación del glorioso patriarca Ignacio de Loyola». (Madrid, 1612.)
LEFORESTIER (A.).—«Poésies attribuées à Fray Luis de León». (En Revue Hispanique, t. XLIII, 1918, pp. 493-504.)
LEÓN (Fr. Luis de).—«De la vida, muerte y virtudes y milagros de la Santa Madre Teresa de Jesús». (Libro primero por el maestro Fray Luis de León.) (En Revista Agustiniana, t. V, 1883, pp. 63-66, 95-102, 195-203.)
———— «Poesías originales de Fray Luis de León». (Revisadas por D. Federico de Onis. San José de Costa Rica, 1920.)
LEÓN MÁINEZ (Ramón).—«Teresa de Jesús ante la crítica». (Madrid, 1880.)
LETURIA (P.) [S. J.].—«Nuevos datos sobre San Ignacio. La labor de Polanco y Nadal en los orígenes de la biografía Ignaciana a la luz de documentos inéditos». (Bilbao, 1925. 70 pp.)
LEWIS (David).—«Life of St. John of the Cross». (London, 1897.)
«LIFE of Saint John of the Cross of the Order of Our Lady of Mount Carmel». (London, 1873.)
LOCKHART (Elizabeth).—«The Life of Saint Teresa of the Order of Our Lady of Mount Carmel». (London, 1865.)
LOYOLA (San Ignacio de).—«Ejercicios Espirituales». (Reproducción fototípica del original. Roma, 1908.)
———— «Monumenta Ignatiana». (Series secunda. Exercitia spiritualia sancti Ignatii de Loyola. Matriti, 1919.)
LUGAN (A.).—«Fray Luis de León». (New York, 1924.)
LLANEZA (Fr. Maximino).—«Bibliografía del V. P. M. Fr. Luis de Granada, de la Orden de Predicadores». (Por —, de la misma Orden, t. I, Salamanca, 1926. XII +405 pp. En publicación.)
MADRID (A. de).—«Obras». (Ed. Mir. Nueva B. AA. EE., t. XVI.)
MAFFEI (Giovanni Pietro) [S. J.].—«De Vita et Moribus Ignatii Loyolæ, qui Societatem Jesu fundavit». (Romæ, 1585.)

MALÓN DE CHAIDE.—«La Conversión de la Magdalena». (B. A. E., t. XXVII.)

MALZAC (Maurice).—«Ignace de Loyola: Essai de psychologie religieuse. Thèse présentée ä la Faculté de Théologie protestante de Paris». (París, 1898.)

MANRESA (F. de).—«Suárez, asceta». (R. y F., t. LI, fasc. 3, p. 277 (continúa).

MARCH (Josep M.) [S. J.].—«El B. R. Llull i Sant Ignasi de Loiola, Semblances ascétiques doctrinals». (En Juventus, año II, núm. 18, 1923, pp. 95-7.)

MARCOS (Benjamín).—«San Ignacio de Loyola». («Biblioteca Filosófica: Los grandes filósofos españoles». Madrid, 1923.)

MARIANI (Antonio Francesco).—«Della Vita di S. Ignazio, fondatore della Compagnia di Gesù. (Bologna, 1741.)
——— «Compendio della vita de Sant' Ignazio». (Parma, 1796.)
——— «Vita del Patriarca S. Ignazio». (Roma, 1842.)

MARTÍN (P. Felipe) [O. P.].—«Santa Teresa de Jesús y la Orden de Predicadores». (Ávila, 1909.)

MARTÍN MATEOS (Nicomedes).—«Los Místicos españoles». (En revista de la Universidad de Madrid, segunda época, t. I, pp. 222 y 579; II, 274 y 485; IOII, 161, 413 y 674; IV, 577; V, 158 y 348; VI, 658; VII, 149 y 265.)

MARTÍN ROBLES (P. A.).—«Del epistolario de Molinos. Para la historia del misticismo español». (En t. I, pp. 61-79, de los «Cuadernos de trabajos de la Escuela Española de Arqueología e Historia en Roma». (Madrid, 1912.)

MARTÍNEZ (P. Graciano) [O. S. A.].—«Santa Teresa de Jesús». (Madrid, 1922.)
——— «La Mística española y Santa Teresa de Jesús» y «Santa Teresa de Jesús, la enamorada». (En España y América, 1924, vol. XXII, pp. 3-15, 81-92, 241-52, 321-30.)

MARTÍNEZ (Juan Antonio).—«La Biblioteca de los Ejercicios de San Ignacio de Loyola». (En Razón y Fe, vol XXIV, 1909, pp. 277-88.)

MAURA (Juan) [Obispo de Orihuela].—«Santa Teresa de Jesús y la crítica racionalista». (Palma, 1883.)

MAYANS Y SISCAR (Gregorio).—«Vida y juicio del Maestro Fray Luis de León». (En Obras propias y traducciones. Valencia, 1762.)

MELGAR Y ABREU (Bernardino de) [Marqués de San Juan de Piedras Albas].—«Fray Jerónimo Gracián de la Madre de Dios, insigne coautor de la reforma de Santa Teresa de Jesús». (Discurso leído ante la Real Academia de la Historia. Madrid, 1918.)

MÉNDEZ (P. Francisco).—«Padre Maestro Fr. Luis de León». (En Revista Agustiniana, ts. I (1881), II (1881) y III (1882.)
——— «Poesías del Maestro Fr. Luis de León». (En Revista Agustiniana, ts. IV (1882) y V (1883.)

MENÉNDEZ Y PELAYO.—«De la poesía mística». (En Estudios de crítica lliteraria, primera serie. Madrid, 1884.)
——— «Historia de las Ideas Estéticas en España». (Madrid, 1883-91. Nueve vols. T. III: la Estética en los Místicos españoles.)
MENÉNDEZ PIDAL (Ramón).—«Dos sonetos inéditos de Fr. Luis de León». (Revista Quincenal, 1917, t. I, pp. 54-56.)
MENÉNDEZ-REIGADA.—«Santa T. de J. y el feminismo». (Ciencia Tom., 1923, LXXIX, 18.)
MERCIER (P.) [S. J.].—«Concordancia entre la "Imitación de Cristo" y los "Ejercicios espirituales" de San Ignacio». (Versión castellana de Arturo Masriera. Barcelona, 1900.)
MÉRE DE DIEU (R. P. Jerôme de la).—«La Tradition Mystique du Carmel». (Vie Spirituelle, supplément, janvier et mars 1924.)
MÉRE DES DOULEURS (R. P. Alphonse de la).—«Pratique de l'oraison mentale et de la perfection d'après Sainte Térèse et Saint Jean de la Croix». (París-Lille, 1909-11. Cuatro vols.)
MIGUÉLEZ (R. P. Fr. Manuel F.) [O. S. A.].—«Un proceso inquisitorial de Alumbrados en Valladolid, o vindicación y semblanza de la monja de Carrión». (Valladolid, Luis N. de Gaviria, s. a.) (De La C. de D., donde se publicó en los ts. XVIII a XXV.)
——— «Jansenismo y Regalismo en España. (Datos para la Historia.) Cartas al Sr. Menéndez y Pelayo». (Valladolid, Luis N. de Gaviria, 1895. VIII +486 pp.)
——— «Fr. Luis de León y el descubrimiento de América». (La C. de D., t. XXX, pp. 167-184.)
——— «Cartas y sermones inéditos del Beato Juan de Ávila». (La C. de D., ts. LXXVIII, pp. 639-44; LXXIX, pp. 52-59, 142-49, 213-21, 306-16, 400-8, 494-97, 654-59; LXXX, pp. 198-211, 314-19, 488-97 y 572-75.)
MILÁ Y FONTANALS (Manuel).—«Fray Luis de León». (En t. IV, pp. 21-31 de sus Obras completas.)
MIR.—«Santa Teresa de Jesús. Su vida, su espíritu, sus fundaciones». (Madrid, 1912. Dos vols.)
MOLINOS (Miguel de).—«Guía espiritual». (Madrid, 1675. Reimpr. de esta ed. es la de Rafael Urbano, Barcelona, 1906.)
MONASTERIO (I.).—«Introducción a un estudio sobre místicos agustinos españoles». (España y América, vol. XXII, 1924; vol. XXIII, 1925.)
«MONUMENTA Historica Societatis Jesu, a patribus eiusdem Societatis edita». (Matriti, 1894 y sigs.)
MORAL (P. Bonifacio del).—«Vida de Santa Teresa de Jesús para uso del pueblo», por el P. ... del Colegio de Agustinos Filipinos, de Valladolid. (Obra laureada en el tercer centenario de la Mística Doctora. Valladolid, Leonardo Miñón. 1884. Segunda ed. ibid., 1890.)

MORAL (P. Bonifacio del).—«Catálogo de escritores agustinos españoles, portugueses y americanos... Fr. Luis de León». (En La Ciudad de Dios, volumen LXVIII, 1905, pp. 47-55, 127-37, 213-21.)

MORALES SAN MARTÍN (B.).—«Un autógrafo inédito de Santa Teresa». (Revista Quincenal, 1919, pp. 241 y sigs.)

MOREL-FATIO (Alfred).—«Les lectures de sainte Thérèse». (En el Bulletin Hispanique, mars 1908, pp. 17 a 67.)

——— «Les deux premières éditions des œuvres de Sainte Thérèse». (En Bull. Hisp., 1908, pp. 87-94.)

——— «Nouvelles études sur Sainte Thérèse». (En Journal des Savants, 1911, pp. 97-104.)

MUIÑOS SÁENZ (P. Conrado).—«El "Decíamos ayer", de Fray Luis de León. (Estudio crítico-apologético de su autenticidad por el P. ... Madrid, Helénica, 1908. Publ. en La C. de D., ts. LXXVI y LXXVII.)

——— «Fr. Luis de León y Fr. Diego de Zúñiga». (Estudio histórico-crítico por el ... Obra póstuma con necrología del autor. El Escorial, s. a., 1914.)

——— «Advertencias y notas (a la crítica de las obras de Fr. L. de L», por Manuel María Arjona. La C. de D., XV, 469-86.)

——— «Los Nombres de Cristo de Fr. L. de L. y del B. A. de Orozco». (La C. de D., XVII, pp. 464-74 y 543-50.)

——— «Obras del Místico Doctor S. J. de la C.». (La C. de D., pp. 283-287.)

MUÑOZ (Luis).—«Vida del V. P. M. Fr. Luis de Granada». (Madrid, 1639.)

MUÑOZ GARNICA.—«San Juan de la Cruz. Ensayo histórico». (Jaén, 1875.)

NAVAL (R. P. Francisco) [C. M. F.].—«Antecedentes de la Escuela ascética española». (Apud. «Crónica Oficial»..., págs. 74-87.)

NIEREMBERG (Juan Eusebio).—«Honor del gran patriarca San Ignacio de Loyola, en que se propone su vida». (Madrid, 1645 y siguientes. Seis vols.)

NOREÑO (H.).—«L'Union Mystique chez Sainte Thérèse». (Macon, 1905.)

NÚÑEZ (Álvaro).—«San Juan como poeta lírico». (En «Certamen literario en honor de San Juan de la Cruz». Segovia, 1892.)

OLIVEIRA MARTINS (J. P.).—«O mysticismo, principio de energía do caracter peninsular». (Lisboa, 1879.)

ONÍS (Federico de).—«Sobre la transmisión de la obra literaria de Fray Luis de León». (Revista de Filología Española, 1915.)

OROZCO (Beato Alonso de).—«Recopilación de todas las obras que ha escrito el muy reverendo padre fray Alonso de Orozco». (Valladolid, 1555. Biblioteca Nacional de Madrid, R/10.588.)

OSUNA (Francisco de).—«Segunda parte del libro llamado Abecedario espiritual». (Sevilla, 1530. Biblioteca Nacional de Madrid, R/15.840.)

OSUNA (Francisco de). —«Tercer Abecedario spiritual». (Ed. Mir, en Nueva B. de Aut. Esp., t. XVI, Escritores Místicos Españoles, t. I. Madrid, 1911.)

PALMA (Luis de la). —«Pracsis et brevis declaratio viæ spiritualis, prout eam nos docet S. P. N. Ignatius in quatuor septimanis libelli sui Exercitiorum spiritualium». (Antverpiæ, 1637. Otras ediciones en 1644 y 1689.)

——— «Tractatus aliqui de examine conscientiæ generali quotidiano secundum doctrinam. S. P. N. Ignatii in libello exercitiorum». (Antverpiæ, 1700.)

PARRA (Sebastián de la). —«Vita S. Theresæ a Jesu». (Salamanca, 1609.)

PARSONS (Mrs. Gertrude). —«The Life of St. Ignatius of Loyola, founder of the Society of Jesus». (London, 1860.)

PASTOUREL (Dom). —«La Doctrine Mystique de Saint Jean de la Croix». (Annales de Philosophie Chrétienne, octobre, 1912.)

PEERS (E. Allison). —«Spanisch Mysticism, a Preliminary Survey». (London, 1924.)

——— «Studies of the Spanish Mystics». Volume I. London, The Sheldon press, 1927. (Estudios sobre S. Ignacio, Luis de Granada, Francisco de Osuna, Santa Teresa, S. Juan de la Cruz, Luis de León y Juan de los Ángeles.)

PELÁEZ (J.). —«Autógrafos del místico doctor San Juan de la Cruz». (Toledo, 1913.)

PÉREZ (Rafael) [S. J.]. —«La Santa Casa de Loyola. Estudio histórico ilustrado». (Bilbao, 1891.)

PÉREZ ARREGUI (Juan María) [S. J.]. —«San Ignacio en Azpeitia». (Madrid, 1921.)

PÉREZ DE URBEL (J.). —«Fray Diego de Estella». (Rev. Ec., oct. 1924.)

PERSHORE (Abbot of). —«Spanish Mysticism». (Laudate, t. III, 1925.)

PEY ORDEIX (Segismundo). —«El Padre Mir y S. Ignacio de Loyola. Retratos de San Ignacio, hechos dentro y fuera de la Compañía por el P. Mir. Estudio histórico-crítico, con nuevas revelaciones sobre la vida de San Ignacio». (Madrid, 1913.)

——— «Historia crítica de San Ignacio de Loyola». (Madrid, 1914.)

PFANDL. (Ludwig). —«Die Grossen Spanischen Mystiker». (Die Neueren Sprachen, t. XXXIII, 1925.)

PIDAL Y MON (Alejandro). —«Doña Isabel la Católica y Santa Teresa de Jesús». (Paralelo entre una reina y una santa. Madrid, 1913.)

PIDAL (Pedro José). —Sobre Malón de Chaide. (En Estudios Literarios, t. II.)

POULAIN (A.). —«La Mystique de Saint Jean de la Croix». (París, 1892.)

«PROCESO contra Fr. Luis de León». (En ts. X y XI de la Colección de documentos inéditos para la Historia de España», por Miguel Salvá y Pedro Sáinz de Baranda. Madrid, 1847.)

————— «Extracto del... instruido contra Fray Luis de León». (En Biblioteca de AA. EE., vol. 37, pp. 17-118.)

RAS (Matilde).—«Fray Luis de León». (En Estudio. Barcelona, 1919. T. XXVI, pp. 181-95.)

«RECUEIL de pièces concernant le quiétisme». (Amsterdam, 1688.)

«RETRATO (El), de Santa Teresa». (Rev. de Archivos, 1909. t. XX.)

REUSCH (Franz).—«Luis de Leon und die spanische Inquisition». (Bonn, 1873.)

RIBADENEIRA (P. Pedro de).—«Obras escogidas». (Bib. Aut. Esp., t. LX.)

————— «Vida del bienaventurado Padre Ignacio de Loyola, fundador de la Compañía de Jesús». (Primera ed. latina en Nápoles, 1572.)

————— «Relación de lo que ha sucedido en el negocio de la Canonización del bienaventurado P. Ignacio de Loyola. (Madrid, 1609.)

RIBERA (P. Francisco de).—«Vida de Santa Teresa de Jesús», por el... (Nueva edición aumentada con una introducción, copiosas notas y apéndices por el P. Jaime Pons. Barcelona, 1908. La primera ed. en Salamanca, 1590.)

RIETSCHEL (Georg Christian).—«Martin Luther und Ignatius von Loyola, eine vergleichende Charakteristik ihrer inneren Entwicklung». (Wittenberg, 1879.)

RÍOS DE LAMPÉREZ (Blanca de los).—«Influencia de la Mística, de Santa Teresa singularmente, sobre nuestro grande arte nacional». (Madrid, 1913.)

————— «Santa T. de J. y su apostolado de amor». (Raza Española, 1921, núm. XXVIII, p. 14.)

RIVAS VELASCO (M. de las).—«El Castillo interior o las Moradas». (La Ciencia Cristiana, 1881, XX. 114-421.)

RODRÍGUEZ BAÑOS (Fr. Tomás).—«Analogías entre San Agustín y Santa Teresa», por el P. ... (Estudio prem. con med. de plata en el Cert. Teresiano de Salamanca. Valladolid, viuda Cuesta e Hijos, 1883. Publ. en Rev. Ag., ts. V y VI.)

————— Estudio sobre los escritos de Santo Tomás de Villanueva, de la Orden de San Agustín, por el P. ... (Salamanca, imp. de Calatrava, 1896.) (Publicado en «La C. de D.», ts. XXIV-XXVI, con el tit.: «St. T. de V. y el movimiento literario del siglo XVI».)

————— «Ediciones de las conciones de Santo Tomás de Villanueva». («Revista Ag.», t. I, págs. 305-311.)

————— «Santa Teresa de Jesús y los Agustinos». (1. «Ciudad de

Dios», 20 abril 1914 (81 a 90); 2. «España y América», núm. 8 del año XI.)

ROMERO DE TORRES.—«Una escritura de San Juan de la Cruz». («Boletín de la R. Acad. de la Hist.», t. LXIX, 1916.

ROUSSELOT (Paul).—«Les Mystiques Espagnols», in 4.º, VIII, 500 páginas. (París, Didier, 1867. *Ibíd.,* Bourdin, 1869.—Trad. española por Pedro Umbert. Barcelona, Henrich y C.ª, 1907.)

SAINT ALEXIS (Dosithée de).—«Vie de Saint Jean de la Croix...» (París, 1727, 2 vols.)

SAINT JOSEPH (P. Gregoire de).—«La prétendue hystérie de Sainte Thérèse». (Lyon, 1895.)

SAISSET (E.).—«Michel Servet, sa doctrine et sa vie». («R. de D. M.», 15 fevrier et 1 mars 1848.)

SAINZ (P. B.).—«El espíritu de Santa Teresa». (Madrid, S. A.)

SALAVERRIA (J. M.).—«Santa Teresa de Jesús». (Madrid, 1921.)

SAN ANTONIO (Fray Juan de).—«Biblioteca universal franciscana». (Madrid, 1732.)

SAN JOSÉ (Fr. Eulogio de).—«Doctorado de Santa Teresa de Jesús y de San Juan de la Cruz». (Córdoba, 1896.)

SAN JOSÉ (P. Jerónimo de) [Jerónimo Ezquerra y Blancas].—«Dibujo del Venerable Varón Fray Juan de la Cruz». (Madrid, 1629.)

——— «Historia del Venerable Padre Fr. Juan de la Cruz, Primer Descalzo Carmelita». (Madrid, 1641.)

SAN JOSÉ (L. de).—«La santidad en el claustro o cautelas del seráfico doctor místico San Juan de la Cruz». (Barcelona, 1920.)

SAN JUAN DE LA CRUZ (P. Gerardo de) [C. D.].—«Los autógrafos que se conservan del místico doctor San Juan de la Cruz». (Edición foto-tipográfica, por el ...... Toledo, 1913.)

——— «Vida del maestro Juan de Ávila». (Toledo, 1915.)

SANCHEZ MOGUEL (A.).—«El lenguaje de Santa Teresa de Jesús. Juicio comparativo de sus escritos con los de San Juan de la Cruz y otros clásicos de su época». (Madrid, 1915.)

SANTA TERESA (Fr. Silverio de) [C. D.].—«Ascéticos Carmelitas españoles». (Apud. «Crónica oficial»..., págs. 149-199.)

SANTIAGO VELA (P. Gregorio de).—«Ensayo de una Biblioteca Ibero-Americana de la Orden de San Agustín». (Madrid, 1913 y siguientes.)

——— Varios artículos sobre Fr. Luis de León en «Archivo Histórico Hispano-Agustiniano». (Véanse ts. V, VIIO, XII, XIV, XIX, etc.)

——— «Otra vez Fr. Miguel de Guevara», en «Archivo Hist. Hisp. Agust». XVIII.

SANTÍSIMO SACRAMENTO (R. P. Wenceslao del).—«La fisonomía de un doctor. (Ensayo crítico)». (Salamanca, 1913, 2 vols.)

SCHARLING.—«Michael de Molinos; ein Bild aus der Kirchenge-schichte des sechzehnten Jahrhunderts». (Gotha, 1854.)

SEDWICK (H. D.).—«Ignatius Loyola. An attempt at an impartial biography». (London, 1923.)

SEISDEDOS SANZ (J.).—«Estudios sobre las obras de Santa Teresa de Jesús». («La Ciencia cristiana», 1886.)

SERRA I BUIXÓ.—«Llibre de l'exàmen. Explicació de l'exàmen general i particular, segons l'esperit de Sant Ignasi de Loyola». (Barcelona, 1918.)

SERRANO (Dom. Luciano) [O. S. B.].—«Ascéticos Benedictinos españoles en lengua castellan 1». (En apéndice: «Bibliografía Ascética Benedictina».) (Apud «Crónica oficial»..., pá-ginas 113-135.)

SERRANO Y SANZ (Manuel).—«Apuntes para una biblioteca de escritores españoles», t. I. (Madrid, 1903.) (Para Santa Te-resa.)

——— «Noticias para la vida de Santa Teresa de Jesús». (En «Rev. de España», t. 149, págs. 433.)

SPULLER (Seraphin Eugène).—«Ignace de Loyola et la Compa-gnie de Jésus. Etude d'histoire politique et réligieuse». (París, 1876, 3.ª ed.)

SYMONS (Arthur).—«The poetry of Santa Teresa and San Juan de la Cruz». En «Contemporary Review». (Agosto, 1899.)

TALAVERA.—«Obras». (Ed. Mir, Nueva B. A. E., t. XVI.)

TERESA DE JESÚS (Santa).—«Obras», ed. V. de la Fuente. (Madrid, 1881, 6 vols.)

——— «Escritos», ed. V. de la F.; Bibl. A. E., ts. LIII y LV.

——— Reproducción fototípica de la «Vida» y las «Moradas». (Sevilla, 1582.) (En Madrid, 1873.)

——— Obras de ... en «Biblioteca Mística Carmelitana», edita-das y anotadas por el P. Silverio de Santa Teresa. (Burgos, 1915-1919. 6 vols. publs.)

TORRES (P. Alfonso) [S. J.].—«Ascéticos jesuitas españoles». (Apud. «Crónica oficial», págs. 245-266.)

TORRES (Alonso de).—«Crónica de la Santa Provincia de Gra-nada, de la Regular Observancia de N. P. San Francisco». (1683.)

TORRES GALEOTE (Francisco de).—«La Mística española». (Se-villa, 1907.)

TORRÓ (R. P. Fr. Antonio) [O. F. M.].—«Fray Juan de los Án-geles, místico-psicólogo». (Barcelona, 1924, 2 ts.)

——— «Ascéticos Franciscanos españoles». (Apud. «Crónica oficial»..., págs. 136-148.)

TRUC (G.).—«Les Mystiques Espagnols: Sainte Thérèse et Jean de la Croix». (París, 1921.)

UNAMUNO (Miguel de).—«De Mística y Humanismo». En el tomo I, págs. 166-79, de sus «Ensayos». (1916.)

URBANO (P. Luis).—«Las alegorías predilectas de Santa Teresa de Jesús». («Ciencia Tom.», 1923, LXXIX.)
——— «Ascéticos dominicos españoles». (Apud «Crónica oficial»... páginas 222-224.) (Vide núm.   .)
VALDES (Juan de).—«Diálogo de doctrina Christiana». Reprod. en facsímil del ejemplar de la Bibl. Nac. de Lisboa, con un estudio y notas por Marcel Bataillon. (Coimbra, 1924.)
VALENTÍ (José Ignacio).—«Fray Luis de Granada. Ensayo biográfico y crítico». (Palma de Mallorca, 1888.)
——— «Examen crítico de las obras de San Juan de la Cruz». (Madrid, 1892)
VALERA (Juan).—«Del Misticismo en la poesía española». (Madrid, 1925.)
——— «Discursos académicos», t. II. (Es el discurso de contestación al de ingreso de Menéndez y Pelayo.)
VALLÉE (R. P.).—«Saint Jean de la Croix: sa vie, sa doctrine». (Lille, 1892.)
VENEGAS DEL BUSTO (A.).—«Agonía del tránsito de la muerte». Ed. Mir, Nueva B. A. E., t. XVI.
VENTURI (Pietro Tacchi) [S. J.].—«Storia della Compagnia di Gesù in Italia». (Roma, 1910 (vol. I); 1922 (vol. II).
VILLALBA (P. Luis) [O. S. A.].—«La Historia del Rey de los Reyes y Señor de los Señores», por el P. Fr. José de Sigüenza, monje de San Jerónimo y prior del Monasterio de San Lorenzo el Real, de El Escorial. Con un estudio preliminar sobre el P. Sigüenza y sus obras, por el P. ——— de la O. de S. A. T. I. Preliminares. El Escorial. Edición de «La C. de D.», Real Monasterio (s. a.). Son 3 ts.; el I (Prels.), de MCMXVI; II, MCMXII, y III, MCMXVI.
VITA del místico dottore S. Giovanni dalla Croce, primo Carmelitano Scalzo. (Treviso, 1837.)
WALDBERG (Max von).—«Studien und Quellen zur Geschichte des Romans: I Zur Entwicklungsgeschichte der "Schönen Seele" bei den spanischen Mystikerns». (Berlín, 1910.)
WATRIGANT (R. P.).—«La genèse des Exercices de Saint Ignace de Loyola». (Amiens, 1897.)
——— «La Méditation fondamentale avant Saint Ignace». Collection de la Bibliothèque des Exercices de Saint Ignace, núm. 9. (Enghien et Paris, 1907.)
——— «Quelques promoteurs de la Méditation méthodique au XVe siècle. (Idem, número 59, Enghien et Paris, 1919.)
WILKENS (C. A.).—«Zur Geschichte der spanischen Mystik, Teresa de Jesús». En «Zeitschrift für wissenchaftliche Theologie» (1862), t. V, págs. 111-180.
——— «Fray Luis de León. Biographie aus der Geschichte der Spanischen Inquisition und Kirche im 16. Jahrhundert». (Halle, 1866.)

WILSON (James M.).—«Three Lectures ont St. Theresa». (London, 1912.)

WHYTE (Alexander).—«Santa Teresa: an appreciation». With some of the best passages of the Saint's writings. (Edinburgh y London, 1897.)

YEPES (Fr. Diego de).—«Vida de Santa Teresa». (Madrid, 1615.)

ZIMMERMANN (Fr. Benedict).—«Carmel in England». A history of the English Mission of the Discalced Carmelites, 1615 to 1849, drawn from documents preserved in the archives of their order. (London, 1899.)

ZÖCKLER (O.).—«Petrus von Alcantara, Theresa von Avila und Johannes vom Kreuze». Ein Beitrag zur Geschichte der mönchisch-clerikalen Contra-Reformation Spaniens im 16. Jahrhundert. (Ap. «Zeitschrift für die gesammte lutherische Theologie und Kirche». Leipzig, t. XXV, 1864, págs. 37 y sigs.; t. XXVI, 1865, págs. 68 y sigs., 281 y sigs.)

ZUGASTI (P. Juan Antonio).—«Santa Teresa y la Compañía de Jesús. Estudio histórico-crítico». 2.ª ed. corregida. (Madrid, Administración de «Razón y Fe», 1914, en 4.º, 351 págs.)

ADICIONES

ABAD, C. M.—«El proceso de la Inquisición contra el Beato Juan de Ávila», *Miscelánea Comillas,* VI, Comillas, 1946, pp. 88-167.

AGUADO, J. M.—«Relaciones entre Santa Teresa y Felipe II», en *La Ciencia Tomista,* XXXVI, Salamanca, 1927, pp. 29-56.

AGUIRRE PRADO, L.—*San Juan de la Cruz.* Madrid. Cía. Bibliográfica. 1964. 212 pp.

ALBERTO DE LA VIRGEN DEL CARMEN.—*Historia de la Reforma Teresiana (1562-1962).* Madrid. Edit. de Espiritualidad. 1968, 741 pp.

ALONSO, Dámaso.—*La poesía de San Juan de la Cruz. (Desde esta ladera).* Madrid. Consejo Superior de Investigaciones Científicas. 1942, 291 pp.

——— «Sobre el texto de "Aunque es de noche"», *Revista de Filología Española,* XXVI, Madrid, 1942, pp. 490-94.

——— «Sobre Erasmo y Fray Luis de Granada», en *De los siglos oscuros al de Oro,* Madrid. 1958, pp. 218-25.

ALONSO CORTÉS, N.—«Pleitos de los Cepedas», *Boletín de la Real Academia Española,* XXV, Madrid, 1946, pp. 85-110.

——— «Acerbo bibliográfico. Fray Luis de León», *Boletín de la Real Academia Española,* XXX, Madrid, 1950, pp. 209-10.

ÁLVAREZ DE CÁNOVAS, J.—*Psicopedagogía de Santa Teresa.* Madrid, 1961. 204 pp.

ALLUÉ SALVADOR, M.,—«Fray P. Malón de Chaide y su obra "La conversión de la Magdalena"», *Universidad,* VII, Zaragoza, 1930, pp. 1005-1068.

ARANGUREN, J. L.—*San Juan de la Cruz.* Madrid. Júcar. 1973. 252 pp.

ARAUZ DE ROBLES, S.—*Lope de Vega y Fray Luis de León, desde el humanismo hispánico.* Madrid. Prensa Española. 1971. 201 pp.

ARKÍN, A.—«La influencia de la exégesis hebrea en los comentarios bíblicos de Fray Luis de León», *Sefarad,* XXIV, Madrid, 1964, pp. 276-87.

——— *La influencia de la Exégesis hebrea en los Comentarios bíblicos de Fray Luis de León.* Madrid, 1966. 205 pp.

ASÍN PALACIOS, M.—«El símil de los castillos y moradas del alma en la mística islámica y en Santa Teresa», *Al-Andalus,* XI, Madrid, 1946, pp. 263-74.

AUCLAIR, M.— *La vie de Sainte Thérèse d'Avila, la dame errante de Dieu.* París. Du Seuil. 1950. 494 pp.

BANDINI, G.—«Cristina de Suezia e Molinos», *Nuova Antología,* Roma, 1948, pp. 58-72.

BARASOAIN, A.— *Fray Luis de León.* Madrid. Júcar. 1973. 200 pp.

BARUZI, J.— *Luis de León, intérprete du Livre de Job.* París. Presses Universitaires de France. 1966. 76 pp.

BARRIENTOS, M.— *Purificación y Purgatorio. Doctrina de San Juan de la Cruz sobre el Purgatorio a la luz de su sistema místico.* Madrid. Espiritualidad. 1960. 172 pp.

BATAILLON, M.—«Autour de Luis Vives et d'Iñigo de Loyola», *Bulletin Hispanique,* XXX, Burdeos, 1928, pp. 84-86.

BELL, A. F. G.—«Tabla cronológica de los principales acontecimientos de la vida de fray Luis de León», *Religión y Cultura,* II, El Escorial, 1928, pp. 342-49.

——— «Some Notes on the Works of Fray Luis de Granada», *Bulletin of Spanish Studies,* XVI, Liverpool, 1939, pp. 181-90.

BERENGUERAS DE VILAR, A.— *La abnegación en los escritos del Beato Juan de Ávila.* Madrid. Cisneros. 1959. 336 pp.

BERNABEU BARRACHINA, F.—«Aspectos vulgares del estilo literario teresiano y sus posibles razones», *Revista de Espiritualidad,* XXII, Madrid, 1963, pp. 359-75.

BERTRAND, L.— *Sainte Thérèse.* París, 1927. 380 pp.

BLAS DE JESÚS.— *Ascética teresiana. Estudio positivo de la doctrina ascética de Santa Teresa de Jesús.* Burgos, 1960. 54 pp.

BLECUA, J. M.—«Los antecedentes del poema del "Pastorcico", de San Juan de la Cruz», *Revista de Filología Española,* XXXIII, Madrid, 1949, pp. 378-380.

BOCCHETTA, V.— *Horacio en Villegas y en Fray Luis de León.* Madrid. Gredos. 1970. 180 pp.

BORD, A.— *Mémoire et espérance chez Jean de la Croix.* París. Beauchesne. 1971. 328 pp.

BRENAN, G.— *St. John of the Cross, his Life and Poetry.* London. Cambridge University Press. 1973. 233 pp.

BRUNO DI GESÙ MARÍA.— *San Giovanni della Croce.* Milán. Ancora. 1963. 501 pp.

BRUNO DE JÉSUS-MARIE.— *Saint Jean de la Croix.* Préface de J. Maritain. París. Plon. 1929. 34 + 480 pp.

BULOVAS, A. J.— *El Amor divino en la obra del Beato Alonso de Orozco.* Madrid. Fundación Universitaria Española. 1975. 233 pp.

CALVERAS, J.—«La devoción al Corazón de María en el "Libro de la Virgen María" del Beato Ávila», *Manresa,* XVII, Madrid, 1945, pp. 1-29.

CAMÓN AZNAR, J.— *Arte y pensamiento en San Juan de la Cruz.* Madrid. Edit. Católica. 1972. 271 pp.

CAUDILLE, M. R.—«Problèmes de chronologie thérésienne», *Bulletin Hispanique,* XXXVIII, Burdeos, 1936, pp. 151-65.

CAPANAGA, V.—«Fr. Luis de León y la cultura religiosa», *Religión y Cultura,* II, El Escorial, 1928, pp. 389-409.

CAPANAGA DE SAN AGUSTÍN, V.—*San Juan de la Cruz. Valor psicológico de sus doctrinas.* Madrid, 1950. 429 pp.

CARMELO DEL NIÑO JESÚS.—*Santa Teresa vive en Ávila. Guía teresiana de la ciudad.* Ávila. Institución «Alonso de Madrigal». 1959. 141 pp.

CAROZZA, D.—«Another Italian source for "La Magdalena" of Malón de Chaide», *Italica,* XLI, Chicago, 1964, pp. 91-98.

CARRILLO, F.—«El Cuerpo Místico en la doctrina del Apóstol de Andalucía», *Manresa,* XVII, Madrid, 1945, pp. 202-35.

CARVALHO, J. A. de.—«Notas sobre un tema de Séneca en el Epistolario de Juan de Ávila», *Annali dell'Istituto Universitario Orientale. Sezione Romanza.* XIII, Nápoles, 1971, pp. 129-41.

CASANOVA, C.—*Luis de León, como traductor de los clásicos.* Londres. Dolphin. 1938. 179 pp.

CASTRO, Américo.—*Santa Teresa y otros ensayos.* Madrid. Historia Nueva. 1929. 278 pp.

CASTRO ALBARRÁN, A. de.—*El espiritualismo en la mística de San Juan de la Cruz.* Salamanca, 1929. 24 pp.

CAYUELA, A. N.—«Las grandes perspectivas cristianas en Fr. Luis de León», *Razón y Fe,* LXXXIII, Madrid, 1928, pp. 5-20.

CLAUDIO DE JESÚS CRUCIFICADO.—«Concepto de la vida espiritual, perfección cristiana y sus estados según San Juan de la Cruz», *Monte Carmelo,* XLIII, Burgos, 1942, pp. 355-80.

COTALLO SÁNCHEZ, J. L.—*El Beato Juan de Ávila o un Apóstol de cuerpo entero.* Bilbao. Pía Sociedad de San Pablo. 1947. 328 pp.

CRISÓGONO DE JESÚS SACRAMENTADO.—*San Juan de la Cruz: su obra científica y su obra literaria.* Madrid. El Mensajero de Santa Teresa. 1929. 2 vols.

———— *San Juan de la Cruz. El Hombre, el Doctor, el Poeta.* Barcelona. Labor. 1935. 223 pp.

———— *Santa Teresa de Jesús. Su vida y su doctrina.* Barcelona. Labor. 1936. 265 pp.

———— *Vida de San Juan de la Cruz.* San Sebastián. Gráfs. Fides. 1941. 112 pp.

———— «La introducción al estudio de la Filosofía en el misticismo de San Juan de la Cruz», *Revista de Espiritualidad,* I, Madrid, 1942, pp. 231-40.

———— *Perfección y Apostolado según Santa Teresa de Jesús.* Madrid, 1942. 370 pp.

CRISTIANI, L.—*Saint Jean de la Croix, prince de la mystique, 1542-1591.* París. France-Empire. 1960. 319 pp.

———— *San Juan de la Cruz. Vida y doctrina.* Madrid. Edit. de Espiritualidad, 1969. 416 pp.

CHANDEBOIS, H.—*Portrait de Saint Jean de la Croix. La flûte de roseau.* Préface de M. Legendre. París, 1947. 370 pp.

CHEVALLIER, Ph.—«Le "Cantique spirituel" de Saint Jean de la Croix a-t-il été interpolé?», *Bulletin Hispanique,* XXIV, Burdeos, 1922, pp. 307-42.

——— *Saint Jean de la Croix, docteur des âmes.* París. Montaigne. 1959. 221 pp.

DENEUVILLE, D.—*Santa Teresa de Jesús y la Mujer.* Barcelona. Herder. 1966. 180 pp.

DICKEN, E. T.—*The Crucible of Love, John of the Cross.* London. Darton, Lingman and Todd. 1953. XV +548 pp.

DISANDRO, C. A.— *Tres poetas españoles: San Juan de la Cruz, Luis de Góngora, Lope de Vega.* La Plata. Hostería Volante. 1967. 184 pp.

DOMÍNGUEZ BERRUETA, J.— *Un cántico a lo divino. Vida y Pensamiento de San Juan de la Cruz.* Barcelona. Araluce, 1931, 221 pp.

——— *Santa Teresa de Jesús.* Madrid. Espasa Calpe. 1934. 328 pp.

DOMÍNGUEZ, U.—«Fray Luis de León. Su doctrina mariológica», *La Ciudad de Dios,* CLIV, El Escorial, 1942, pp. 413-38.

——— «Fray Luis de León. Su doctrina acerca de la predestinación y reprobación», *La Ciudad de Dios,* CLIV, El Escorial, 1942, pp. 65-86.

DOMÍNGUEZ DEL VAL, U.—«La teología de Fr. Luis de León», *La Ciudad de Dios,* CLXIV, El Escorial. 1952, pp. 163-78.

DOMINIQUE DE SAINT JOSEPH.— *L'oraison, regard et chemin d'après la doctrine de Sainte Thérèse d'Avila.* Montreal-París. 1960. 208 pp.

DONE, J. F.—*Elementos teológicos en los Ejercicios. Relación «Gracia-método-director» a la luz de la teología espiritual.* Taichung. Manresa House. Santander. Sal Terrae. 1963. 198 pp.

DOROTEO DE LA SAGRADA FAMILIA.— *Diálogos místicos sobre la «Subida del Monte Carmelo», del místico Doctor de la Iglesia San Juan de la Cruz.* Barcelona. Gili. 1942. 108 pp.

DUDON, P.—«La rencontre d'Ignace de Loyola avec Luis Vives à Bruges, 1528-1530», en *Estudios eruditos in memoriam de A. Bonilla y San Martín,* II, Madrid, 1930, pp. 153-62.

DURÁN, M.— *Fray Luis de León.* Nueva York. Twayne. 1971. 182 pp.

DURÁNTEZ, J.—«Manuscrito inédito del Beato Juan de Ávila», *Revista de Espiritualidad,* II, Madrid, 1943, pp. 323-30.

DUVIVIER, R.— *La Genése du Cantique spiritual de Saint Jean de la Croix,* París, Société de l'Edition Les Belles Lettres. 1971. LXXIX +536 pp.

EDUARDO DE SANTA TERESITA.— *Un nuevo autógrafo de San Juan de la Cruz.* Vitoria. El Carmen. 1948. 59 pp.

EFRÉN DE LA MADRE DE DIOS.— *San Juan de la Cruz y el Misterio de la Santísima Trinidad en la Vida Espiritual.* Salamanca, Pontificia Universidad Eclesiástica. 1947, 526 pp.

———— «Vida interior del Carmelita Descalzo en la mente de Santa Teresa», *Revista de Espiritualidad,* XXI, Madrid, 1962, pp. 447-63.

———— «Pensamiento de Santa Teresa sobre el apostolado de los Carmelitas Descalzos», *Revista de Espiritualidad,* XXIII, Madrid, 1963, pp. 30-45.

———— *Tiempo y vida de Santa Teresa.* Madrid. BAC. 1968. 795 pp.

ELLACURÍA, J.— *Reacción contra las ideas de Miguel de Molinos. Procesos de la Inquisición y refutación de los teólogos.* Bilbao, 1956. 430 pp.

ENCINAS, A.— *Los Ejercicios de San Ignacio.* Santander. Sal Terrae. 1952. 816 pp.

ESPERT, E.— «Para el epistolario de Santa Teresa», *Razón y Fe,* CLV, Madrid, 1957, pp. 388-397.

ESTÉBANEZ ESTÉBANEZ, C.— *La estética de la naturaleza en fray Luis de León.* Madrid, 1973. 32 pp.

EULOGIO DE SAN JUAN DE LA CRUZ.— «Principios teológicos fundamentales en la doctrina teresiana», *Revista de Espiritualidad,* XXII, Madrid, 1963, pp. 521-77.

———— *La transformación total del alma en Dios según San Juan de la Cruz.* Madrid. Edit. de Espiritualidad. 1963. 350 pp.

EULOGIO DE LA VIRGEN DEL CARMEN.— «La vida del "Cántico espiritual" y el espíritu científico», *Revista de Espiritualidad,* XIV, Madrid, 1955, pp. 37-52.

———— «El texto crítico del "Cántico Espiritual"», *Monte Carmelo,* LXIII, Burgos, 1955, pp. 245-56.

———— «Restos manuscritos del texto sanjuanista», *Monte Carmelo,* LXV, 1957, pp. 90-102.

———— *San Juan de la Cruz y sus escritos.* Madrid. Ed. Cristiandad. 1969. 475 pp.

EUSEBIO DEL NIÑO JESÚS.— *Santa Teresa y el espiritualismo.* Burgos y Ávila, 1929-30. 2 vols.

FE Y MAGISTERIO ECLESIÁSTICO. DOCTORADO DE SANTA TERESA.— (XXVIII Semana Española de Teología). Madrid. Consejo Superior de Investigaciones Científicas. 1971. 414 pp.

FEO GARCÍA, J.— «Influencia de Tíbulo en la "Vida retirada" de Fray Luis de León», *Boletín de la Universidad de Santiago de Compostela,* núms. 41-42, Santiago de Compostela, 1943, pp. 139-47.

FEDERICO DE SAN JUAN DE LA CRUZ.— «Vida interior del Carmelita Descalzo en los escritos de San Juan de la Cruz», *Revista de Espiritualidad,* XXI, Madrid, 1962, pp. 464-80.

FEDERICO DE SAN JUAN DE LA CRUZ.—«Avisos falsamente atribuidos a San Juan de la Cruz», *Revista de Espiritualidad*, XXII, Madrid, 1963, pp. 137-68.

FERNÁNDEZ SAINZ, Félix.—«María en la Sagrada Escritura según Fray Luis de León», *Religión y Cultura*, VII, El Escorial, 1962, pp. 561-592.

FRANÇOIS DE SAINTE MARIE.—*Initiation à saint Jean de la Croix*. París. Du Seuil. 1944. 208 pp.

FROST, B.—*Saint John of the Cross, 1542-1591. Doctor of Divine Love. An introduction to his Philosophy, Theology and Spirituality.* London. Hodder & Stoughton. 1937. XIV +411 pp.

GABRIEL DE SANTA MADDALENA.-*Santa Teresa di Jesús maestra di vita spirituale*. Milán, 1935. 222 pp.

GABRIELE DI SANTA MARIA MADDALENA.—*L'unione con Dio seconde San Giovanni della Croce.* Florencia. Salani. 1951. 208 pp.

GALLEGO MORELL, A.—«San Juan de la Cruz en Granada», *Boletín de la Universidad de Granada*, XVIII, Granada, pp. 145-57.

GARCÍA, Félix.—«San Juan de la Cruz y la Biblia», *Revista de Espiritualidad*, I, Madrid, 1942, pp. 372-88.

GARCÍA, Lautico.—*El hombre espiritual, según San Ignacio.* Madrid. Razón y Fe. 1961. 202 pp.

GARCÍA Y FERNÁNDEZ CASTAÑÓN, J.—*Una mujer «a lo divino», Santa Teresa de Jesús.* Madrid. Escuela Española. 1963, 141 pp.

GARCÍA FÍGAR.—«Formación intelectual de Santa Teresa de Jesús». *Revista de Espiritualidad*, IV, Madrid, 1945, pp. 169-86.

GARCÍA GARCÍA, G.—*Fray Luis de León, teólogo del misterio de Cristo.* León. Centro de Estudios e Investigaciones «San Isidoro». 1967. 364 pp.

GARCÍA LORCA, Francisco.—*De fray Luis a San Juan. La escondida senda.* Madrid. Castalia. 1972, 254 pp.

GARCÍA SUÁREZ, G.—*La religiosa perfecta, según San Juan de la Cruz.* Madrid. Studium. 1962. 226 pp.

GARCÍA VILLOSLADA, R.—*Loyola y Erasmo. Dos almas, dos épocas.* Madrid. Taurus. 1965. 339 pp.

GICOVATE, B.—*San Juan de la Cruz (Saint John of the Cross).* New York. Twayne. 1971. 153 pp.

GIL Y PRIETO, J.—«La antigua granja agustiniana denominada "La Flecha"», *Religión y Cultura*, II, El Escorial, 1928, pp. 466-81.

GIOVANNA DELLA CROCE.—*Johannes von Kreuz und die Deutschniederländische Mystik.* Viena. Heiler. 1960. 148 pp.

GOIRI, Santiago de.—*La apertura de conciencia en la espiritualidad de San Ignacio de Loyola.* Bilbao. Seminario, Desclée de Brouwer. 1960. XII +403 pp.

GOMIS, J. B.—«Estilos del pensar místico. El Beato Juan de Ávila.

(1500-1569)», *Revista de Espiritualidad,* IX, Madrid, 1950, pp. 443-50.
GONZÁLEZ, Sergio.— *La mística clásica española. (Estudios místico-literario sobre San Juan de la Cruz y Sta. Teresa de Jesús).* Bogotá. Universidad Javeriana. 1955. 233 pp.
GONZÁLEZ-BARDALLANA, N.—«El ministro de la palabra según la doctrina de fray Luis de Granada», *Revista Española de Teología,* XXIII, Madrid, 1963, pp. 61-75.
GONZÁLEZ Y GONZÁLEZ, N.— *San Juan de la Cruz en Ávila.* Ávila. Caja Central de Ahorros. 1973. 128 pp.
GOODE, H. D.— *La prosa retórica de fray Luis de León en «Los nombres de Cristo». Aportación al estudio de un estilista del Renacimiento español.* Trad. del inglés por J. Guillén. Madrid. Gredos. 1969. 185 pp.
GROULT, P.—«Orozco et Estella», *Les Lettres Romanes,* XXVIII, Lovaina, 1963, pp. 223-40.
GUSTAVO DEL NIÑO JESÚS.—«Censores de manuscritos teresianos. Las correcciones de la autobiografía teresiana de Báñez a Fr. Luis de León». *Monte Carmelo,* LXV, Burgos, 1957, pp. 42-60.
GUTIÉRREZ RUEDA, L.—«Iconografía de Santa Teresa», *Revista de la Universidad de Madrid,* XI, Madrid, 1962, pp. 657-58.
GUY, A.— *El pensamiento filosófico de Fray Luis de León.* Prólogo de Pedro Sainz Rodríguez. Madrid. Rialp. 1960. 324 pp.
HAMILTON, E.— *The Great Teresa.* Londres. Chatto and Windus. 1960. 224 pp.
HATZFELD, H. A.— *Santa Teresa de Ávila.* Nueva York. Twayne Publishers. 1969. 200 pp.
HERNÁNDEZ, E.—«El número de los místicos según San Juan de la Cruz», *Razón y Fe,* XC, Madrid, 1930, pp. 41-50.
HERNÁNDEZ FERREOL, M.— *Santa Teresa de Ávila. Estudio documentado sobre su nacimiento en la ciudad de Ávila.* Ávila. Senén Martín. 1952. VIII +192 pp.
HERRERO DEL COLLADO, T.— *Pastoral bíblica del M.º Juan de Ávila.* Madrid. 1961. 305 pp.
HERRERO GARCÍA, M.— *San Juan de la Cruz y el Cántico espiritual. Ensayo literario.* Madrid. Escelicer. 1942. 105 pp.
HOORNAERT, R.— *L'âme ardente de Saint Jean de la Croix.* Bruges-París. Desclée de Brouwer. 1928. 131 pp.
——— *Sainte Thérèse d'Avile. Sa vie et ce qu'il faut avoir lu de ses écrits.* Bruges. Beyaert. 1951. 367 pp.
HORNEDO, R. M. de.—«Algunos datos sobre el petrarquismo de Fray Luis de León», *Razón y Fe,* LXXXV, Madrid, 1928, pp. 336-53.
——— «¿Tradujo Fray Luis de León en verso castellano el "Cantar de los Cantares"?», *Razón y Fe,* CXLI, Madrid, 1950, pp. 163-78.

HOVE, L. van. — *La joie chez Sainte Thérèse d'Avila.* Bruselas, 1930. 477 pp.

HUERGA, A. — «Fray Luis de Granada en Escalaceli. Nuevos datos para el conocimiento histórico y espiritual de su vida», *Hispania,* IX, Madrid, pp. 434-80, y X, 1950, pp. 297-335.

———— «Génesis y autenticidad del "Libro de la oración y meditación"», *Revista de Archivos, Bibliotecas y Museos,* LIX, Madrid, 1953, pp. 135-83.

———— «Fray Luis de Granada y San Carlos Borromeo», *Hispania Sacra,* XI, Madrid, 1958, pp. 299-347.

———— «El proceso inquisitorial de "la monja de Lisboa" y Fray Luis de Granada», *Hispania Sacra,* XII, Madrid, 1959, pp. 333-56.

———— «Plinio, en la ascética de Fray Luis de Granada», *Helmántica,* I, Salamanca, 1960, pp. 186-213.

———— *El Cántico Espiritual. Trayectoria histórica del texto.* Roma. Edit. del Teresianum. 1967. 116 pp.

IBÁÑEZ, D. — «El genio lírico de Fray Luis de León y sus traducciones de los Salmos», *Religión y Cultura,* II, El Escorial, 1928, pp. 424-36.

IPARRAGUIRRE, I. — *Historia de los Ejercicios de S. Ignacio.* Bilbao. Mensajero del Corazón de Jesús. 1946-55. 2 vols.

———— *Comentarios de los Ejercicios ignacianos. (Siglos XVI-XVIII.)* Roma. Institutum Historicum. S. I. 1967. 348 pp.

JERECZEK, B. — *Louis de Grenade, disciple de Jean d'Avila.* Fontenay-le-Comte. Lussaud. 1971. XV +501 pp.

JIMÉNEZ, B. — «Problemas místicos en torno a la figura de San Juan de la Cruz», *Revista Española de Teología,* I, Madrid, 1940, pp. 963-83.

JIMÉNEZ DUQUE, B. — «La pedagogía de San Juan de la Cruz», *Revista de Espiritualidad,* I, Madrid, 1942, pp. 309-31.

———— *Ensayos teresianos.* Madrid. 1957.

———— *En torno a San Juan de la Cruz.* Barcelona. Flors. 1960. 213 pp.

———— *El espíritu apostólico de Santa Teresa.* Bérriz. Ángeles de las Misiones. 1963. XIII + 152 pp.

———— *En torno a Santa Teresa.* Ávila. Diputación Provincial. 1964. 240 pp.

———— «Mística teresiana», *Arbor,* LVII, Madrid, 1964, pp. 33-39.

———— «El maestro Juan de Ávila», *Arbor,* LXXV, Madrid, 1970, pp. 17-25.

JOAQUÍN DEL SANTÍSIMO SACRAMENTO. — «Ascética de la vida común en los monasterios teresianos. Estudio positivo a través del Epistolario de Santa Teresa». *Monte Carmelo,* LXVIII, Burgos, 1960, pp. 297-322.

JOBIT, P. — *Sainte Thérèse d'Avila.* Tournai. Desclée. 1965. 157 pp.

JORGE, E.—«La visión intelectual de Cristo en Santa Teresa de Ávila», *Manresa*, XXXV, Madrid, 1963, núm. 135, pp. 133-44.

JORGE PARDO, E.—«Rectificaciones necesarias en la cronología teresiana», *Manresa*, XXII, Madrid, 1950, pp. 317-35.

—— «Santa Teresa de Ávila y la Compañía de Jesús en el siglo XVI», *Razón y Fe*, CLXVI, Madrid, 1962, pp. 293-306.

—— *Estudios teresianos*. Comillas. Universidad Pontificia. 1964. 422 pp.

JUAN JOSÉ DE LA INMACULADA CONCEPCIÓN.—*El último grado de amor. Ensayo sobre la «Llama de amor viva», de San Juan de la Cruz*. Santiago de Chile, 1942. 240 pp.

JUAN DE JESÚS MARÍA.—«¿Las anotaciones del Códice de Sanlúcar son de San Juan de la Cruz?», *Ephemerides Carmeliticae*, I, Roma, 1947, pp. 154-62.

LAÍN ENTRALGO, P.—«El mundo visible en la obra de Fray Luis de Granada», *Revista de Ideas Estéticas*, IV, Madrid, 1946, pp. 149-80.

—— *La Antropología en la obra de Fray Luis de Granada*. Madrid. Consejo Superior de Investigaciones Científicas. 1946. 367 pp.

LANGENEGGER, H.—*Des P. Pedro Malón de Chaide «Conversión de la Madalena». Geistesund Doktringeschichliche Prolegomena zu einer kritischen Textausgabe*. Zurich. Leemann. 1933. 107 pp.

LARRAÑAGA, V.—«La Autobiografía de San Ignacio de Loyola», *Manresa*, IX, Madrid, 1947, pp. 1-30, 122-42 y 193-213.

—— *San Ignacio de Loyola. Estudios sobre su vida, sus obras, su espiritualidad*. Zaragoza. Hechos y Dichos. 1956. XVI +366 pp.

LEDRUS, M.—«Grenade et Alcántara. Deus manuels d'oraison mentale», *Revue d'Ascétique et de Mystique*, XXXVIII, Toulouse, 1962, pp. 439-60, y XXXIX, 1963, pp. 32-44.

LEPÉE, M.—*Sainte Thérèse mystique. Une divine amitié*. París-Bruges. Desclée De Brouwer. 1951. 535 pp.

LETURIA, P. de.—*Estudios ignacianos. Revisados por el P. I. Iparraguirre*. Roma. Institutum Historicum S. I. 1957. 2 vols.

LEWIS, J.—*Le gouvernement spirituel selon Saint Ignace de Loyola*. Brujas. Desclée de Brouwer. 1961. 139 pp.

LÓPEZ, Abilio.—«La vida cristocéntrica en Fray Luis de León», *Religión y Cultura*, VII, El Escorial, 1961, pp. 564-82.

LÓPEZ IBOR, J. J.—«Ideas de Santa Teresa sobre la melancolía», *Revista de Espiritualidad*, XXII, Madrid, 1963, pp. 432-43.

LÓPEZ RUBIO, J.—*Santa Teresa de Jesús*. Madrid. Prensa Española. 1971. 135 pp.

LORENZO, P. de.—*Fray Luis de León*. Madrid. Nuevas Editoriales Unidas. 1964. 296 pp.

LUGAN, A.—*Le grand poète-moine du Siècle d'Or espagnol: Luis de León (1528-1591)*. París. Les Belles Lettres. 1930. 193 pp.

LUIS DE SAN JOSÉ. — *Concordancias de las obras y escritos de Santa Teresa de Jesús.* Burgos, 1945. XV +1062 pp.

——— *Concordancias de las obras y escritos del Dr. de la Iglesia San Juan de la Cruz.* Burgos. El Monte Carmelo. 1948. XVI + 1212 pp.

LUCIEN, M. — *L'Expérience de Dieu. Actualité du message de Saint Jean de la Croix.* París. Edit. du Cerf. 1968. 368 pp.

LUCINIO DEL SANTÍSIMO SACRAMENTO. — «La doctrina del cuerpo místico en San Juan de la Cruz», *Revista de Espiritualidad,* III, Madrid, 1944, pp. 181-211.

LLANAS MARTÍNEZ, E. — «Un nuevo manuscrito del *Libro de las Fundaciones», Revista de Espiritualidad,* XXXI, Madrid, 1972, pp. 116-23.

LLOBERA, J. — «La forma horaciana del maestro fray Luis de León», *Razón y Fe,* LXXXVI, Madrid, 1929, pp. 49-62.

LLOBERA; J. — «Fray Luis de León en sus poesías con anotaciones del Sr. Menéndez Pelayo», *Razón y Fe,* LXXXVIII, Madrid, 1929, pp. 55-69.

MAC DONALD, I. — «The Two Versions of the "Cántico espiritual", *The Modern Language Review,* XXV, Cambridge, 1930, pp. 165-184.

MACRÍ, O. — *Sobre el texto de las poesías de Fray Luis de León.* Bogotá, 1954. 52 pp.

MAIO, E. A. — *St. John of the Cross: The imagery of Eros.* Madrid. Playor. 1973. 283 pp.

MANCINI, G. — *Espressioni letterarie dell'insegnamento di Santa Teresa de Ávila.* Modena. Ed. Societá Tipográfica Modenese. 1955. 149 pp.

MARCELO DEL NIÑO JESÚS. — *El tomismo de San Juan de la Cruz.* Burgos. El Monte Carmelo. 1930. X +205 pp.

MARÍN OCETE, A. — «Contribución al epistolario del Maestro Ávila», *Boletín de la Universidad de Granada,* XXIII, 1951, pp. 37-71.

MÁRQUEZ VILLANUEVA, F. — *Espiritualidad y literatura en el siglo XVI.* Madrid. Alfaguara. 1968.

MARTÍN, H. — *Le théme de la parfaite alliance de grâce dans S. Jean de la Croix.* París. Edit. du Cerf. 1954. 309 pp.

MARUGA, D. — *Instruments in the Hand of God. A Study in the Spirituality of Sr. Ignatius Loyola.* Roma, 1963. 80 pp.

MATT, L. von y H. Rahner. — *Ignatius von Loyola.* Zurich, 1955. 336 pp.

MAZA, J. de la y M. Jiménez Salas. — *Vida de San Juan de la Cruz.* Madrid. Edit. Nacional. 1947. 256 pp.

MÉNDEZ PLANCARTE, A. — *San Juan de la Cruz en México.* México. Fondo de Cultura Económica. 1959. 86 pp.

MIGUEL ÁNGEL DE SANTA TERESA. — «Restauración del autógrafo teresiano de *Las Moradas», Monte Carmelo,* LXX, Burgos, 1962, pp. 121-28.

MILNER, M.—*Poésie et vie mystique chez Saint Jean de la Croix.* París. Edit. du Seuil. 1951. 203 pp.

MILLÁS VALLICROSA, J. M.—«Probable influencia de la poesía sagrada hebraico-española en la poesía de Fray Luis de León», *Sefarad,* XV, Madrid, 1955, pp. 261-86.

MOLINER, José María de la Cruz.—«Un nuevo códice del "Cántico espiritual" de San Juan de la Cruz», *Revista de Espiritualidad,* XIII, Madrid, 1954, pp. 481-82.

MONTALVÁ, E.—*Santa Teresa por dentro.* Madrid. Ed. Espiritualidad. 1973. 368 pp.

MORALES, J. L.—*El Cántico espiritual de San Juan de la Cruz: Su relación con el Cantar de los Cantares y otras fuentes escriturísticas y literarias.* Madrid. Ed. de Espiritualidad. 1971. 269 pp.

MOREL, G.—*Le sens de l'existence selon saint Jean de la Croix.* París. Montaigne. 1960. 2 vols.

MOREYRA, C. A.—*Los criptogramas de Santa Teresa.* Córdoba (Argentina). 1964. 39 pp.

MOSIS, R.—*Der Mensch und die Dinge nach Johannes von Kreuz.* Würzburg. Ed. Echter. 1965. 183 pp.

MUGUETA, J.—*Perfiles del Beato Ávila, Apóstol de Andalucía.* Madrid, 1949, 202 pp.

MÚJICA, P.—«Reminiscencias de la lengua vasca en el "Diario" de San Ignacio», *Revista Internacional de Estudios Vascos,* XXVII, San Sebastián, 1936, pp. 53-61.

MUÑOZ ALONSO, A.—«Concepto del mundo y de las cosas en Teresa de Jesús», *Revista de Espiritualidad,* XXII, Madrid, 1963, pp. 489-98.

MUÑOZ GIRÓN, D.—*Vida del Bto. Juan de Ávila, Apóstol de Andalucía.* Madrid. Voluntad. 1928. 130 pp.

MUÑOZ IGLESIAS, S.—*Fray Luis de León teólogo. Personalidad teológica y actuación en los «Preludios de las Controversiis de Auxiliis».* Madrid. Consejo superior de Investigaciones Científicas. 1950. XXIX +284 pp.

MUÑOZ SÁNCHEZ, J.—*Santa Teresa de Jesús. Síntesis de su vida. Sus patronazgos.* Ávila, 1961. 264 pp.

NAVARRO SANTOS, J.—*La Reforma de la Iglesia en los escritos del maestro Ávila. Su enfoque teológico.* Granada. Facultad de Teología. 1964. XV + 367 pp.

NAZARIO DE SANTA TERESA.—*La Psicología de Santa Teresa. Posturas, feminismo, elegancia.* Madrid, 1950, 400 pp.

NERLICH, M.—*El hombre justo y bueno: Inocencia bei Fray Luis de León.* Frankfurt. Vittorio Klostenmann. 1966. 184 pp.

NICOLÁS, A.—*Directrices espirituales de San Ignacio en sus cartas a los nuestros.* Alcalá de Henares-Madrid. Rivadeneyra. 1960. 130 pp.

NOVOA SANTOS, R.—*Patografía de Santa Teresa de Jesús y el instinto de la muerte*. Madrid. Morata. 1932. 212 pp.

OESCHSLIN, L.—*L'intuition mystique de Sainte Thérèse*. París. Presses Universitaires. 1946. 382 pp.

OECHSLIN, R. L.—*Louis de Grenade ou la rencontre avec Dieu*. París. Le Rameau. 1954. 168 pp.

ORCIBAL, J.—*La rencontre du Carmel thérésien avec les mystiques du Nord*. París. Presses Universitaires de France. 1959. 251 pp.

ORDÁS, A. M.—*La persona divina en la espiritualidad de Santa Teresa*. Roma. Edizioni del Teresianum. 1967. 40 pp.

OROZCO DÍAZ, J.—«Sobre una posible fuente de Fray Luis de León. Nota a la estrofa quinta de la Oda a Salinas», *Revista de Filología Española,* XXXVIII, Madrid, 1954, pp. 133-50.

PELLE-DOUËL, Y.—*St. Jean de la Croix et la nuit mystique*. París. Du Seuil. 1960. 192 pp.

PEMÁN, J. M.—*Miedos y humildades de la Doctora*. Madrid. Escélicer. 1970. 4 hs.

PEER, E. A.—*Mother of Carmel: a portrait of St. Teresa of Jesus*. London. S. C. M. Press. 1945. 163 pp.

——— «El misticismo en las poesías originales de fray Luis de León», *Boletín de la Biblioteca Menéndez Pelayo,* XXII, Santander, 1946, pp. 111-31.

——— *San Juan de la Cruz. Espíritu de llama*. Madrid. Consejo Superior de Investigaciones Científicas. 1950. 179 pp.

PINTA LLORENTE, M. de la.—«Un documento inédito de Fray Luis de León. Aportaciones para el proceso inquisitoriales», *Religión y Cultura,* XXVII, El Escorial, 1934, pp. 231-40.

——— «Autores y problemas literarios en torno a Fr. Luis de León», *Revista de Literatura,* VI, Madrid, 1954, pp. 31-68.

——— *Estudios y polémica sobre Fray Luis de León*. Madrid, 1956. 257 pp.

POINSENET, M. D.—*Sainte Thérèse*. Tours. Maine. 1962, 109 pp.

POVEDA ARIÑO, J. M.—«Enfermedades y misticismo en Santa Teresa», *Revista de Espiritualidad,* XXII, Madrid, 1963, pp. 251-66.

PRIJATELJ, F.—«La antinomia Conciencia del propio valer-Humildad en el Epistolario Teresiano», *Monte Carmelo,* LXXI, Burgos, 1963, pp. 213-54.

QUINTANA, G.—«Las bases filosóficas de la teología de Fr. Luis de León», *Revista de la Universidad de Madrid,* XII, Madrid, 1964, pp. 746-47.

RAHNER, H.—*Ignace de Loyola. Correspondence avec les femmes de son temps*. París. Desclée de Brouwer. 1964. 2 vols.

——— *Ignatius von Loyola als Mensch und Theologe*. Friburgo. Herder. 1964. 528 pp.

RAMÓN CASTRO, J.—*Fray Pedro Malón de Echaide*. Tudela, 1930. 20 pp.

REVILLA, M. — «Fray Luis de León y los estudios bíblicos en el siglo XVI», *Religión y Cultura*, II, El Escorial, 1928, pp. 482-530.

RHEINFELDER, H. — «Ignacio de Loyola y Martín Lutero en el pensamiento de los alemanes de hoy», *Hechos y Dichos*, núm. 315, Zaragoza, 1962, pp. 137-50.

RICARD, R. y N. Pelisson. — *Etudes sur sainte Thérèse*. París. Centre de Recherches Hispaniques. Institut d'Etudes Hispaniques. 1968. 203 pp.

RODRÍGUEZ, C. — «Fray Luis de León ¿horaciano o virgiliano?», *La Ciudad de Dios*, CLIV, El Escorial, 1942, pp. 5-21.

RODRÍGUEZ, Isaías. — *Santa Teresa de Jesús y la espiritualidad española*. Madrid. Consejo Superior de Investigaciones Científicas. 1972. 598 pp.

ROF CARBALLO, J. — «La estructura del alma según Santa Teresa», *Revista de Espiritualidad*, XXII, Madrid, 1963, pp. 413-31.

ROMERO GARCÍA, I. — *Ávilas y Gijones (Biografía del Maestro Juan de Ávila)*. Ciudad Real. Instituto de Estudios Manchegos. 1953. 72 pp.

RUANO, A. — *Lógica y mística. La dimensión de razón, notificando lo trascendente, en Teresa de Ávila*. Mayagüez. Universidad de Puerto Rico. 1970. 508 pp.

RUANO DE LAIGLESIA, A. — *La Mística de Occidente. San Juan de la Cruz, filósofo contemporáneo*. Ciudad Trujillo. Editor Montalvo. 1956. 244 pp.

RUIZ DE LA ASUNCIÓN, A. — *Anécdotas teresianas*. Burgos. El Monte Carmelo. 1965. 383 pp.

RUIZ JURADO, M. — «San Juan de Ávila y la Compañía de Jesús», *Archivum Historicum Societatis Iesu*, XL, Roma, 1971, pp. 153-72.

RUIZ DEL REY, T. — *Vida del Padre Maestro Juan de Ávila*. Madrid. Apostolado de la Prensa. 1952. 172 pp.

RUIZ SALVADOR, F. — *Introducción a San Juan de la Cruz. El escritor, los escritos, el sistema*. Madrid. BAC. 1968. 675 pp.

SALA BALUST, L. — *La causa de canonización del beato Juan de Ávila*. Madrid. Consejo Superior de Investigaciones Científicas. 1949. 38 pp.

SALVADOR DE LA VIRGEN DEL CARMEN. — *Teresa de Jesús*. Vitoria. Diputación Foral de Álava. 1964. 580 pp.

SÁNCHEZ CASTAÑER, F. — «Miguel de Molinos en Valencia y Roma. Nuevos datos biográficos», *Revista Valenciana de Filología*, VI, Valencia, 1959-62, pp. 253-332.

———— «Más sobre Miguel de Molinos», *Homenaje al Prof. E. Alarcos García*, II, Valladolid, 1965-67, pp. 443-54.

SANDOVAL, A. de. — *San Juan de la Cruz. El Santo, el Doctor místico, el Poeta*. Madrid. Biblioteca Nueva. 1942. 176 pp.

SANJUÁN URMENETA, J. M.—*Fray Pedro Malón de Echaide.*
Pamplona. Ediot Gómez. 1957. 114 pp.
SANSON, H.—*Saint Jean de la Croix entre Bossuet et Fénelon. Contribution à l'étude de la querelle du Pur Amour.* París. Presses Universitaires de France. 1953. 126 pp.
—————— *El espíritu humano según San Juan de la Cruz.* Madrid.
Rialp. 1962. 596 pp.
Santa Teresa en el IV Centenario de la Reforma carmelitana. Barcelona. Universidad. 1963. 113 pp.
Santa Teresa de Jesús, Doctora de la Iglesia. Documentos oficiales del proceso canónico. Madrid. Edit. de Espiritualidad. 1970. 270 pp.
Santa Teresa de Jesús, Patrona de los Escritores Españoles. Discursos leídos en la Junta Solemne Conmemorativa de 17 de enero de 1966 por el Nuncio de Su Santidad Mon. Riberi y por los Sres. Pemán y Pemartín, Camón Aznar y el marqués de Bilbao. Madrid. Instituto de España. 1966. 62 pp.
SCHUSTER, E. J.—«Alonso de Orozco and Fr. Luis de León: "De los nombres de Cristo"», *Hispanic Review,* XXIV, Philadelphia, 1956, pp. 261-270.
SENCOUR, R.—*Carmelite and Poet: St. John of the Cross.* Londres. Hollis and Certer. 1943.
SEROUET, P.—«Un nouvel autographe de sainte Thérèse d'Avila», *Bulletin Hispanique,* LXXIII, Burdeos, 1971, pp. 1-10.
SETIÉN DE JESÚS MARÍA, E.—*Las raíces de la poesía sanjuanista y Dámaso Alonso.* Burgos, 1950. 397 pp.
SILVERIO DE SANTA TERESA.—*Santa Teresa modelo de feminismo cristiano.* Burgos. 1931. 94 pp.
—————— *Vida de Santa Teresa de Jesús.* Burgos, 1935-37. 5 vols.
—————— *Santa Teresa de Jesús, síntesis suprema de la Raza.* Madrid. Biblioteca Nueva. 1939. 214 pp.
SIMEÓN DE LA SAGRADA FAMILIA.—«La doctrina de la gracia como fundamento de la doctrina Sanjuanista», *Monte Carmelo,* XLIII, Burgos, 1942, pp. 521-41.
SOLÁ, S.—«En torno al castellano de S. Ignacio», *Razón y Fe,* CLIII, Madrid, 1956, pp. 243-74.
SWITZER, R.—*The Ciceroniam style in Fr. Luis de Granada.* Nueva York. Instituto de las Españas. 1927. VI +159 pp.
TAVERA HERNÁNDEZ, Q.—«Datos documentales para la vida académica de fray Luis de León en la Universidad de Salamanca», *Revista de Archivos, Bibliotecas y Museos,* XXXVI, Madrid, 1931, pp. 422-445.
TEODOSIO DE LA SAGRADA FAMILIA.—*Santa Teresa, maestra de la oración.* Vitoria. Edics. El Carmen. 1964. 51 pp.
TELLECHEA IDÍGORAS, I.—«Aprobación de la "Guía de pecadores" de Fray Luis de Granada en el Concilio de Trento», *Hispania Sacra,* XII, Madrid, 1959, pp. 225-27.
TELLECHEA, J. I.—«Dos originales manuscritos de la "Guía espi-

ritual" de Molinos. Notas para una edición crítica», *Anthologica Annua*, VIII, Roma, 1960, pp. 495-515.

TERESA DE JESÚS.— *Elevaciones: el magisterio espiritual de Teresa de Jesús; introducciones y selección de textos por Jesús María Granero*. Madrid. Edit. Católica. 1981. 167 pp.

―――― *Así pensaba Teresa; selección y esquemas de María Jesús Ramírez*. Burgos. Monte Carmelo. 1981. 189 pp.

―――― *Teresa de Jesús: 1515-1582: Álbum del 4.º Centenario 1582-1982. Selección de P. Lauzeval-M. Kieffer; adaptación de María Dolores del Amo*. Madrid. Ediciones Paulinas. 1981. 90 pp.

TOMÁS DE LA CRUZ.―«Autor y antecedentes de los "Avisos" de la Madre Teresa de Jesús», *Monte Carmelo*, LXIX, Burgos, 1961, pp. 391-418.

―――― «Santa Teresa de Jesús, contemplativa», *Ephemerides Carmeliticae*, XIII, Roma, 1962, pp. 9-62.

―――― «Una carta autógrafa de Santa Teresa donada a S. S. Pablo VI», *Ephemerides Carmeliticae*, XV, Roma, 1964, pp. 425-34.

TORRES YAGÜES, F.― *Fray Luis de León*. Madrid. Cía. Bibliográfica Española. 1964. 200 pp.

TREND, J. B.― *The poetry of San Juan de la Cruz*. Oxford. Dolphin Book Co., 1953, 19 pp.

URBINA, F.― *La persona humana en San Juan de la Cruz*. Madrid. Instituto Social León XIII. 1956. 366 pp.

VACA, César.―«San Juan de la Cruz y algunos aspectos del problema espiritual moderno», *Revista de Espiritualidad*, I, Madrid, 1942, pp. 282-99.

VALENTÍN DE SAN JOSÉ.―«Sobre el retrato de San Juan de la Cruz», *Revista de Espiritualidad*, I, Madrid, 1942, pp. 411-20.

VALLEJO, G.―Fray Luis de León. *Su ambiente. Su doctrina espiritual. Huellas de Santa Teresa*. Cali. Colegio Internacional Sta. Teresa. 1959. 283 pp.

VEGA, A. C.― *Los nueve nombres de Cristo, ¿son de Fr. Luis de León?* El Escorial. Monasterio. 1945. 259 pp.

―――― *Cumbres místicas. Fray Luis de León y San Juan de la Cruz. (Encuentros y coincidencias)*. Madrid. Aguilar. 1963. 288 pp.

VEGA, L. A. de― *San Juan de la Cruz*. Madrid. Nuevas Editoriales Unidas. 1961. 244 pp.

VEGA RODRÍGUEZ, A. C.― *La poesía de Santa Teresa*. Madrid. Editorial Católica. 1972. 304 pp.

VELADO GRAÑA, O.―«Dos cartas inéditas del V. P. Fray Luis de Granada», *Revista de Espiritualidad*, VII, Madrid, 1948, pp. 339-56.

VINCI, J.―«Vida y obras de Pedro Malón de Chaide», *Religión y Cultura*, II, El Escorial, 1957, pp. 262-82.

―――― «Pedro Malón de Chaide, dentro y fuera de la tradición literaria augustiniana», *Religión y Cultura,* V, El Escorial, 1960, pp. 212-41.

VINCI, J.—«The Neoplatonic Influence of Mansilio Ficino on Fray Pedro Malón de Chaide», *Hispanic Review,* XXIX, Philadelphia, 1961, pp. 275-295.

———— «Las ideas eclécticas sobre la filosofía del amor y de la hermosura. A propósito de "La conversión de la Madalena" de Malón de Chaide», *Religión y Cultura,* VIII, El Escorial, 1963, pp. 539-62.

VILNET, J.— *Bible et mystique chez Saint Jean de la Croix.* París. Desclée de Brouwer. 1949. 256 pp.

———— *La Biblia en la obra de San Juan de la Cruz.* Buenos Aires. Desclée de Brouwer. 1953, 322 pp.

VOSSLER, K.— *Luis de León.* Munich, 1943. 207 pp.

WALSH, W. T.— *Saint Teresa of Avila.* Milwaukee. Bruce Publishing Co. 1946. 592 pp.

WELSH, R. J.— *Introduction to the Spiritual Doctrine of Fray Luis de Leon.* Washington. Augustinian Press. 1951. 129 pp.

WILSON, M.— *San Juan de la Cruz. Poems.* London. Grant and Cutler. 1975. 79 pp.

Además de la bibliografía citada en cada capítulo, indico a continuación cuáles son las principales revistas que deben utilizarse para seguir el movimiento bibliográfico relacionado con la literatura misticoascética.

ANALECTA Bollandiana. (Bruselas.)

ANALECTA Franciscana. (Comenzó a editarse en 1885 por los Padres Franciscanos de Quaracchi [Florencia]).

ANALEKTEN zur Geschichte des Franciskus von Assisi. (Tübingen und Leipzig, Mohr, 1904.)

ARCHIV für Literatur-und Kirchengeschichte des Mittelalters (Berlín). [Fundado en 1885 por el P. Ehrle (S. J.) y el P. Denifle (O. P.)]

ARCHIV für Reformationsgeschichte.

ARCHIVO Ibero Americano.

ARCHIVUM Franciscanum Historicum. (Quaracchi, Firenze, 1908.) [Revista trimestral dirigida por los Padres Menores.]

BASÍLICA Teresiana. (Salamanca, 1914 y sigs.)

BULLETINO critico di cose francescane, diretto da Luigi Suttina. (Firenze, 1905.) [Se publ. durante dos años.]

CIENCIA (La) Tomista. (Madrid.)

CIUDAD (La) de Dios. (El Escorial.)

ESPAÑA y América. (Madrid.)

ETUDES Franciscaines, publiés par des réligieux de l'Ordre des Frères Mineurs Capucins. (Revue mensuelle. París, Œuvre de Saint-François d'Assise, 1899 [año de su aparición].

ETUDES par des Pères de la Compagnie de Jésus.

FRANCISCAN Annals.

KATHOLIK (Der). [Mainz]

MISCELLANEA Francescana. [Apareció en Foligno, en 1886, dirigida por el sacerdote D. Miguel Faloci Pulignani.]

RAZÓN y Fe. (Madrid.)

REVISTA Agustiniana.

REVISTA de Estudios Franciscanos. (Publicación mensual dirigida por los Padres Capuchinos de Cataluña. Sarriá, Barcelona, 1907.)

REVISTA de San Juan de la Cruz, Carmelitano-Teresiana. (Dirigida por los PP. Carmelitas Descalzos. Segovia, 1890-92 [vols. I-III]; Córdoba, 1893-94 [vols. IV-VI]).

REVUE d'Ascétique et de Mystique.

REVUE d'Etudes Franciscaines.

REVUE d'Histoire Ecclésiastique. (Dirigida por el profesor de la Universidad de Lovaina Mr. A. Cauchie.)

REVUE Mabillon. Archives de la France monastique.

STUDIEN und Mitteilungen zur Geschichte des Benediktiner-Ordens und seiner Zweige.

VIDA Sobrenatural. (Salamanca.)

ZEITSCHRIFT für Katolische Theologie. (Innsbruck.)

ZEITSCHRIFT für Kirchengeschichte. (Gotha.)

ZEITSCHRIFT für Wissenchafliche Theologie.

ADICIONES

Ábside. Revista de cruz y pensamiento. Facultad de Teología S. I. Oña (Burgos).

Acçao Catolica. Revista de cultura religiosa e boletim arquidiocesano. Seminario Conciliar de Braga (Portugal).

Acción y Fe. Congregación Mariana de Nuestra Señora de Guadalupe y San Luis Gonzaga. México.

Acta Apostolicae Sedis. Librería Editrice Vaticana. 00120 Cittá del Vaticano.

Acta Capituli Generalis Sacri Ordinis FF. Praedicatorum.

Acta Custodiae Terrae Sanctae. PP. Franciscanos de Tierra Santa. Convento de S. Salvador. P. O. B. 14064. Jerusalem.

Acta Ordinis Augustinianorum Recollectorum. Curia Generalizia degli Agostiniani Recolleti. Viale dell'Astronomia, núm. 27. Roma

Acta Ordinis Fratrum Minorum vel ad ordinem quoquomodo pertinentia. Collegio Internazionale S. Bonaventura. Via S. Maria Mediatrice, n.º 25. Roma.

Acta Ordinis Sancti Augustini. Comentarium officiale. Curia Generalizia. Via S. Ufficio, n.º 25. Roma.

Acta Romana Societatis Jesu. Piazza della Pilotta, n.º 4. Roma.

Actualidad Litúrgica. Calle 26, n.º. 27-48. Bogotá.

Actualidad Pastoral. C/. Maipú, n.º 859. Buenos Aires.

Adalid Seráfico. Ronda de Capuchinos, n.º 1. Sevilla.

African Ecclesiastical Review. P. O. B. 232. Masaka (Uganda).

Ágape. Palacio Arzobispal. Valencia.

Agere. Círculo de S. Ignacio. C/. San Marcial, n.º 26. San Sebastián.

AHMEDABAD. Misioneros Jesuitas de la India. C/. Curia, n.º 8. Pamplona.

Ai Nostri Amici. PP. Jesuiti di Sicilia. Rettoria Casa Professa. Palermo (Italia).

Alma Mater. Avda. Brasil, n.º 2023. Belo Horizonte (Brasil.)

Alvoradas. Seminario de Evora (Portugal).

American Ecclesiastical Review. 620, Michigan Ave. N. E. Washington DC 20017.

Amico del Clero. Piazza di S. Andrea della Valle. Roma.

Amistad Judeo-Cristiana. C/. Hilarión Eslava, n.º 50. Madrid.

Analecta Anselmiana. Minervahaus. Holbeinstr., n.º 37. Frankfurt (Alemania).

Analecta Augustiniana. Via del Sant' Uffizio, n.º 25. Roma.
Analecta Calasantiana. C/. Eraso, n.º 3. Madrid.
Analecta Cartusiana. Vogelweiderstrasse, n.º 68. Salzburgo.
Analecta Cisterciensia. Piazza Tempio di Diana, n.º 14. Roma.
Analecta Montserratensia. Abadía de Montserrat (Barcelona).
Analecta Praemonstratensia. Abbaye Averbode. Averbode (Bélgica).
Analecta Sacra Tarraconense. C/ Durán y Bas, n.º 11. Barcelona.
Anglican Theological Review, The. 600 Haven St. Evanston, Ill.
    (EE. UU.)
Annales Catholiques. Revista hebdomadaire. París.
Annales de Sainte Thérèse. 33, rue du Carmel. Lisieux (Francia).
Annuarium Societatis Iesu. Borgo Santo Spirito, n.º 5. Roma.
Archives de Sociologie des Religions. 22, rue d'Athenes. París.
Archivo Teológico Granadino. Facultad de Teología. Granada.
Archivum Franciscanum Historicum. Grottaferrata (Roma).
Archivum Historicum Carmelitanum. Via Sforza Pallavicini, n.º 10.
    Roma.
Archivum Historicum Societatis Jesu. Via dei Ponitenzieri, n.º 20.
    Roma.
Augustinianum. Via S. Uffizio, n.º 25. Roma.
Avgvstinvs. C/. General Dávila, n.º 5. Madrid.
Beitraege zur Geschichte der Philosophie und Theologie des Mittelalters.
    Gallitzinstr., n.º 13. Muenster (Alemania).
Benedictina. Via Ostiense, n.º 186. Roma.
Benedictines. Mount St. Scholastica. Atchison, Kansas (EE. UU.).
Berceo. C/. Vara de Rey, n.º 3. Logroño.
Bibbia e Oriente. Piazza della Maddalena, n.º 11. Génova (Italia).
Bibel und Kirche. Silberburgstr., n.º 121. Stuttgart. (Alemania).
Bible et Terre Sainte. 5, rue Bayard. París.
Bible et Vie Chrétienne. 13, rue Saquier. París.
Bible Translator, The. 101, Queen Victoria St. London.
Biblia y su mensaje, La. C/. Acebo, n.º 56. Madrid.
Biblica. Piazza della Pilotta, n.º 35. Roma.
Biblica. Avda. Barjona de Freitas, n.º 10. Lisboa.
Biblical Literature. College Hall, University of Pensilvania. P. O. B.,
    36. Philadelphia.
Biblical Research. 800 West Beden Ave. Chicago (EE. UU.)
Biblical Theology Bulletin. Piazza del Gesú, n.º 45. Roma.
Biblio. 79, Bd. Saint-Germain. París.
Bibliographia Franciscana. Grande Raccordo Anulare Km. 68,800.
    Roma.
Bibliographia Internationalis Spiritualitatis. Piazza S. Pancrazio, n.º 5.
    Roma.
Bibliographia Missionaria. Piazza di Spagna, n.º 48. Roma.
Bibliographia Patristica. Genthiner Strasse, n.º 13. Berlín.
Boletín de la obra de la defensa de la fe en España. C/. Manuel Silvela,
    n.º 14. Madrid.

Boletín nacional del apostolado litúrgico. C/. Alfonso XI, n.º 4. Madrid.
Bollettino Ceciliano. Via della Scrofa, n.º 70. Roma.
Bolletino «Sodalitas Thomistica». Via Marsalla, n.º 40. Roma.
Bollettino Storico Agostiniano. Piazza S. Spirito, n.º 27. Firenze (Italia).
Bonanova. C/. Calaf, n.º 16. Barcelona.
Borja. C/. Trajano, n.º 29. Sevilla.
Bulletin de Théologie Ancienne et Médievale. Abbaye du Mont-César. Louvain (Bélgica).
Bulletin de Théologie Biblique. Piazza del Gesú, n.º 45. Roma.
Cahiers Évangile. 6, Av. Vavin. París.
Cahiers Thomistes. 76, rue des Saintes-Péres. París.
Canoniste Contemporaine ou la Discipline Actuelle de l'Eglise, Le. 10, rue Cassette. París.
Carmel. La Plesse, n.º 49. Avrillé (Francia).
Carmelus. Via Sforza Pallaviccini, n.º 10. Roma.
Catechese. 6, Vavin. París.
Catechistes. 77, rue de Vaurigard. París.
Catequesis Latinoamericana. C/. Casilla, n.º 1190. Asunción (Paraguay).
Catequética. C/. Guevara, n.º 20. Santander.
Catholic Biblical Quarterly, The. Washington DC.
Catholic Historical Review, The. Washington DC.
Catholic Theological Society of America, The. St. Joseph's Seminary. Yonkers, N. Y. (EE. UU.)
Catholica. Gallitzinstr., n.º 13. Muenster (Alemania).
Catolicismo. C/. Fray Juan Gil, n.º 5. Madrid.
Cenaculo. Seminario Conciliar de Teología. Braga (Portugal).
Christ au Monde. Via G. Nicotera, n.º 31. Roma.
Christliche Paedagogische Blaetter. Wollzeile, n.º 33. Viena.
Christus. 12, rue d'Assas. París.
Church Quarterly Review, The. 2 Chester House, Pages Lane. London.
Ciencia Eclesiástica. Calahorra (Logroño).
Ciencia Tomista, La. Carretera de Madrid a Barcelona, Km. 49. Guadalajara.
Cistercium. Abadía Cisterciense de Santa María de Huerta (Soria).
Cittá di Vita. Piazza Santa Cruce, n.º 16. Firenze.
Claretianum. Via Aurelia, n.º 619. Roma.
Clero y las misiones. Via di Propaganda, n.º 1. Roma.
Clío. C/. José Reyes, n.º 44. Ciudad Trujillo (República Dominicana).
Cluny. 21, rue Méchain. París.
Collectanea Cisterciensia. Ablaye Scourmont. Forges (Bélgica).
Collectanea Theologica. Przedmiescie, n.º 52154. Varsovia.
Concilium. C/. Huesca, n.º 30. Madrid 20.

Cristiani nel mondo. Via Serchio, n.º 7. Roma.
Cristianismo y Revolución. Casilla de Correos n.º 329. Buenos Aires.
Cristianismo y Sociedad. Casilla de Correos n.º 179. Montevideo (Uruguay).
Cruzada misionera. Carretera Madrid-Barcelona, Km 49. Guadalajara.
Cruzada seráfica. C/. Duque de Sesto, n.º 7. Madrid.
Cuadernos de teología. C/. Camacúa, n.º 282. Buenos Aires.
Cuadernos franciscanos de renovación. C/. Casilla, n.º 16. Santiago (Chile).
Cultura bíblica. C/. Julián Gayarre, n.º 1. Madrid.
Didaskalia. Universidad Católica Portuguesa. Palma de Cima. Lisboa.
Dieu vivant. 27, rue Jacob. París.
Digest religioso. Via del Vaccaro, n.º 5. Roma.
Digesto católico. C/. Herrera, n.º 527. Buenos Aires.
Diritto ecclesiastico, Il. Via Statuto, n.º 2. Milano (Italia).
Divinitas. Piazza S. Giovanni in Laterano, n.º 4. Roma.
Divus Thomas. Collegio Alberoni. Piacenza (Italia).
Doctor communis. Via dei Lucchesi, n.º 20. Roma.
Doctor Seraphicus. Convento dei PP. Cappucini. Bagnoregio (Viterbo). (Italia).
Doctrine and Life. St. Saviour's. Dublín
Documentación catholique, La. 5, rue Bayard. París.
Documentation cistercienne. Abbaye Notre Dame de Saint-Remy. 5430 Rochefort (Bélgica).
Documents d'Esglesia. Abadía de Montserrat. Montserrat (Barcelona).
Dominican Studies. 34, Bloomsbury St. London.
Dominicana. 487, Michigan Av., N. E. Washington.
Ecclesia. C/. Alfonso XI, n.º 4. Madrid.
Ecclesia. 75, rue des Saints-Péres. París.
Ecclesiástica xaveriana. C/. Carrera, n.º 10. Bogotá.
Eco franciscano, El. Cerrillo de S. Francisco. Santiago de Compostela.
Eco seráfico. Petropolis. Estado do Rio (Brasil).
Eglise aujourd'hui. 21, Faubourg Saint-Antoine. París.
Eglise et Théologie. 223, rue de Main. Ottawa (Canadá).
Eglise vivante. Diestsestr., n.º 137. Louvain (Bélgica).
Ephemerides carmeliticas. Piazza S. Pancrazio, n.º 5. Roma.
Ephemerides Iuris Canonici. Via dei Lucchesi, n.º 20. Roma.
Ephemerides liturgicae. Via Pompeo Magno, n.º 21. Roma.
Ephemerides mariologicae. C/. Buen Suceso, n.º 22. Madrid.
Ephemerides Theologicae lovanienses. Rue Pierquin, n.º 18. Gembloux (Bélgica).
Erasmus Speculum Scientiarum. Bahnhofstrasse, n.º 39. Wiesbaden (Alemania).

Estudio agustiniano. C/. Paseo Filipinas, n.º 7. Valladolid.

Estudios bíblicos. C/. Duque de Medinaceli, n.º 4. Madrid.

Estudios eclesiásticos. C/. Pablo Aranda, n.º 3, Madrid.

Estudios franciscanos. C/. Cardenal Vives y Tutó, n.º 2-16. Barcelona.

Estudios lulianos. Schola Luilística Maioricensis. Palma de Mallorca.

Estudios teológicos y filosóficos. C/. Defensa, n.º 422. Buenos Aires.

Estudios tomistas. Apartado, 246. Quito (Ecuador).

Etudes carmelitaines. 76 bis, rue Saints-Péres. París.

Etudes de Théologie. Rue du Vieux Calombier, n.º 29. París.

Etudes franciscaines. 9, rue de Vauquois, n.º 41. Blois (Francia).

Etudes théologiques et religieuses. 26 Bd. Berthelot. Montpelier (Francia).

Evangelische Theologie. Isabellastr., n.º 20. Muenchen (Alemania).

Experiencias-ignacianas. Piazza del Gesú, n.º 45. Roma.

Franciscan Studies. St. Bonaventure, N. Y. (EE. UU.)

Franciscanum. C/. 72, n.º 10-88. Bogotá (Colombia).

Gregorianum. Piazza della Pilotta, n.º 4. Roma.

Hispania sacra. C/. Duque de Medinaceli, n.º 4. Madrid.

Huellas dominicanas. Convento de San Pedro Mártir. Apartado 19100 Madrid.

Index bibliographicus Societatis Jesu. Borgo Santo Spirito, n.º 5. Roma.

Informations Catholiques Internationales. 163, Bd. Malesherbes. París.

Ioseph. Carretera de Zamora, s/n. Salamanca.

Irish Theological Quarterly. Maynooth, Co. Kildare (Irlanda).

Jahrbuecher fuer Deutsche Theologie. Stuttgart (Alemania).

Jesuit Bulletin, The. 1720 Consumers Bldg. 200, S. State St. Chicago (EE. UU.)

Jesuit Missions. 4511 West Pine Blvd. St. Louis (EE. UU.)

Jesuitas. Plaza de Chamartín. Madrid.

Jesuits Bulletin. 4511 West Pine Blvd. St. Louis (EE. UU.)

Journal of Theological Studies, The. Ely House, 37, Dover St. London.

Katholische Gedanke, Der. Muenchen (Alemania).

Katholischen Missionem, Die. Hermann-Herder-Str., n.º 4, Freiburg (Alemania).

Katolicus Szemie Kiadohivatala. Via della Conciliazione, n.º 44. Roma.

Kerygma und Dogma. Theaterstr., n.º 13. Goettingen (Alemania)

Kirche in der Welt, Die. Gallitzinstr., n.º 13. Muenster (Alemania).

Kirche in der Zeit. Breitwiesenstr., n.º 30. Stuttgart (Alemania).

Liceo franciscano. Campillo San Francisco, n.º 3. Santiago de Compostela.

Liturgia. Via Libreiana, n.º 17. Roma.

Liturgia. C/. Paraguay, n.º 1867. Buenos Aires.
Liturgie et vie chretienne. 2715, Chemin de la Cote Saint-Catherine. Montreal (Canadá).
Liturgisches Jahrbuch. Gallitzinstr., n.º 13, Muenster. (Alemania).
Loyola. Santuario de Loyola. Azpeitia (Guipúzcoa).
Lumen. C/. Beato Tomás de Zumárraga, n.º 37. Vitoria.
Lumen. C/. Bailén, n.º 10. Barcelona.
Lumen vitae. 186. rue Washington. Bruxelles (Bélgica).
Lusitania Sacra. C/. Santa Marca, n.º 48. Lisboa.
Maestro Juan de Ávila. Montilla (Córdoba).
Marianum. Viale Trenta Aprile, n.º 6. Roma.
Memoire dominicane. Piazza San Domenico, n.º 1. Pistoia (Italia).
Mensajero. Avda. de las Universidades, n.º 23. Bilbao.
Mensajero de San Antonio de Padua, El. Paseo de Cuéllar, n.º 10-18. Zaragoza.
Miscelánea Comillas. Apartado 77. Santander.
Miscellanea di Studi di Letteratura Cristiana Antica. Universitá di Catania. Catania (Italia).
Miscellanea Historiae Pontificiae. Piazza della Pilotta, n.º 4. Roma.
Misiones dominicanas. Avda. Taona, n.º 120. Lima (Perú).
Misiones franciscanas. Santuario de Nuestra Señora de Aránzazu. Oñate (Guipúzcoa).
Mission Chretienne. 170, Bd. Montparnasse. París.
Mission de l'Eglise. 5, rue Monsieur. París.
Missionalia Hispanica. C/. Serrano, n.º 127. Madrid.
Missionary Magazine. 3, George's Road. Liverpool.
Missioni consolata. Via 1 Maggio, n.º 3. Rivoli (Torino) (Italia).
Missions Catholiques, Les. 5, rue Monsieur. París.
Monitor Ecclesiasticus. Piazza Augusto Imperatore, n.º 6. Roma.
Monte Carmelo, El. C/. Carmen, n.º 3. Burgos.
Muenchener Theologische Zeitschrift. Kraustr., n.º 30. Muenchen (Alemania).
Naturaleza y Gracia. Carretera de Alba, n.º 2. La Serna. Salamanca.
Neue Studien zur Geschichte der Theologie und der Kirche. Berlín.
Neue Zeitschrift fuer Systematische Theologie und Religions philosophie. Genthiner Strasse, n.º 13. Berlín.
New Scholasticism, The. Catholic University of America. Washington D. C. 20017 (EE. UU.)
New Testament Studies. Bentley House, 200 Eusten Rd. London.
Notes de Pastorale Liturgique. 4, Av. Vavin. París.
Nouvelle Revue Apologétique. 117, rue de Rennes. París.
Nouvelle Revue Théologique. Collége Philosophique et Théologique. St. Albert Louvain (Bélgica).
Orbis catholicus. C/. Provenza, n.º 388. Barcelona.
Oriens Christianus. Taunusstr., n.º 5, Wiesbaden (Alemania).
Orientación dominicana. Apartado 83. Santo Domingo (República Dominicana).

Orientalia Christiana Analecta. Piazza S. Maria Maggiore, n.º 7. Roma.

Orientalia Christiana Periodica. Piazza S. Maria Maggiore, n.º 7. Roma.

Oriente Cristiano e Unitá della Chiesa. Piazza S. Maria Maggiore, n.º 7. Roma

Paroisse et Liturgie. Allée de Clerlande, n.º 1340. Ottignies (Bélgica).

Pax. Via dei Fori Imperiali, n.º 1. Roma.

Paz Cristiana. C/. Diputación, n.º 231. Barcelona.

La Pensée Catholique. 13, rue Mazarine. París.

Periodica de re morail, canonica et liturgica. Piazza della Pilotta, n.º 4. Roma.

Preceedings of the American Catholic Philosophical Association. 620, Michigan Ave., N. E. Washington D. C.

Quaderni di spiritualitá francescana. S. Maria degli Angeli. Perugia (Italia).

Questions liturgiques. Abbaye du Mont César. Louvain (Bélgica).

Rassagna di ascetica e mistica S. Caterina da Siena. Via Cittadella, n.º 7. Firenze (Italia).

Rassegna di letteratura tomistica. Via Luigi Palmieri, n.º 19. Nápoles.

Rassegna di Teologia. Via G. B. Niccolini, n.º 8. Milano.

Recherches augustiniennes. 8, rue François, n.º 1. París.

Recherches de science religieuse. 15, rue Monsieur. París.

Recherches de Théologiae ancienne et médiévale. Abbaye du Monte César. Louvain (Bélgica).

Reformed Theological Review. P. O. B. 2587 W. Elisabeth St. P. O. Melbourne (Australia).

Religion in Life. 201 Eighth Ave., South, Nashville, Tenn. (EE. UU.)

Religión y cultura. Los Negrales (Madrid).

Review for Religious. 428, East Preston St. Baltimore (EE. UU.)

Review of Religion, The. 2960 Broadway New York (EE. UU.)

Revista de espiritualidad. C/. Triana, n.º 9. Madrid.

Revista de Teología. C/. 24, entre 65 y 66. La Plata (Argentina).

Revista Española de Teología. C/. Duque de Medinaceli, n.º 4. Madrid.

Revista javeriana. C/. Carrera, 23, n.º 39-69. Bogotá (Colombia).

Revista litúrgica argentina. C/. Villanueva, n.º 965. Buenos Aires.

Revista luliana. Barcelona.

Revista teológica. Pueblo Libre. Lima (Perú).

Revue Augustinienne. Maison Saint Augustin. Louvain (Bélgica).

Revue Bénédictine. Abbaye de Maredsous. 5642 Maredsous (Bélgica).

Revue biblique. 90, rue Bonaparte. París.

Revue d'histoire de la spiritualité. 15, rue Monsieur. París.

Revue d'histoire ecclésiastique. 2 Place Mgr. Ladeuze. Louvain (Bélgica).

Revue d'histoire et de philosophie religieuses. 108, Bd. Saint-Germain. París.

Revue d'histoire franciscaine. 6, Place de la Sorbonne. París.

Revue de l'histoire des religions. 108, Bd. Saint-Germain. París.

Revue de métaphisique et de morale. 103, Bd. Saint Michel. París.

Revue de théologie et de philosophie. 7, Chemin des Cedres. Lausanne (Suiza).

Revue des études augustiniennes. 8, rue François. París.

Revue des sciences philosophiques et theologiques. 6, place de la Sorbonne. París.

Revue des sciences religieuses. Palais Universitaire. Place de l'Université. Strasburg (Francia).

Revue franciscaine, La. 2080 Ouest rue Dorchester. Montreal.

Revue théologique de Louvain. Faculté de Théologie de l'Université Catholique de Louvain. Louvain (Bélgica).

Revue Thomiste. 217 b, rue de la Lois. Bruxelles.

Rivista di filosofia neo-scolastica. Largo A. Gemeli, n.º 1. Milano.

Rivista di storia e letteratura religiosa. Viuzzo del Pozzeto. Firenze (Italia).

Rivista di Teologia morale. Via Nosadella, n.º 6. Bolonia (Italia).

Sacra doctrina. Piazza San Domenico, n.º 13. Bolonia (Italia).

Salesianum. Corso Regina Margherita, n.º 176. Torino.

Salmanticensis. C/. Compañía, n.º 1. Salamanca.

San Francesco di Assisi. Basilica di S. Francesco. Assisi (Italia).

San Ignacio. Barcelona.

Sapienza. Pietro a Maiella, n.º 4. Nápoles.

Science et esprit. 8100, Bd. Saint-Laurent. Montreal (Canadá).

Scripta theologica. Universidad de Navarra. Facultad de Teología. Pamplona.

Selecciones de franciscanismo. C/. Franciscanos, n.º 4. Valencia.

Seminarios. C/. Fonseca, n.º 15. Salamanca.

Spiritus. 40, rue de La Fontaine. París.

Studi francescani. Via A. Giacomini, n.º 31. Florencia.

Studia anselmiana philosophica, theologica. Via Porta Lavernale, n.º 19. Roma.

Studia monastica. Publicaciones de la Abadía de Montserrat (Barcelona).

Studia moralia. Via Merulana, n.º 31. Roma.

Studia Orientalia Christiana. Edizioni del Centro Francescano di Studi Orientali Cristiani. El Cairo (Egipto).

Studia Theologica. Universitetsforlaget. Oslo (Noruega).

Studii teologice. Publicatie a Facultatii de Teologie din Bucaresti. Bucaresti (Rumania).

Studium. C/. Errotazar, n.º 42. Pamplona.

Teología. C/. José Cubas, n.º 3543. Buenos Aires.

Teología espiritual. Estudio General Dominicano. Torrente (Valencia).

Teología y Vida. Avda. Bernardo O'Higgins, n.º 224. Santiago (Chile).

Theologian, The. 475 Riverside Drive. New York.

Theologica. C/. Central, n.º 122. Braga (Portugal).

Theological Studies. Business Office 428 E. Preston St. Baltimore (EE. UU.)

Theologie der Gegenwart. Wetteraustr., n.º 1. Frankfurt. (Alemania).

Theologie und Glaube. Juehenplatz, n.º 1. Paderborn (Alemania).

Theologie und Philosophie. Hermann-Herder-St., n.º 4. Freibourg (Alemania).

Theologische Literaturbericht. Eickhoffstr., n.º 14-16. Guetersloh (Alemania).

Theologische Literaturzeitung. Krauststr., n.º 52. Berlín.

Theologische Quartalschrift. Anzingerstr., n.º 1. Muenchen (Alemania).

Theologische Revue. Gallitzinstr., n.º 13. Muenster (Alemania).

Theologische Rundschau. Wilhelmstr., n.º 18. Tuebingen (Alemania).

Theologische Zeistschrift. Missionsstr., n.º 36. Basel (Suiza).

Theology. Holy Trinity Church. Marylebone Rd. Londres.

Thomist, The. 487, Michigan Ave., N. E. Washington D. C.

Verbum Domini. Piazza della Pilotta, n.º 35. Roma.

Verdad y vida. C/. Joaquín Costa, n.º 36. Madrid.

Vetera Christianorum. Palazzo Ateneo. Bari (Italia).

Vida Espiritual. C/. Carrera, 8, núms. 43-59. Bogotá (Colombia).

Vida Sobrenatural. Plaza del Concilio de Trento, n.º 4. Salamanca.

Vie augustinienne, La. 10, rue Cassette. París.

Vie catholique, La. 163, Bd. Malesherbes. París.

Vie franciscaine, La. 14, rue Marie-Rose. París.

Vie spirituelle, La. 29, Bd. Latour-Maubourh. París.

Vie théresienne. 33, rue du Carmel, Lisieux (Francia).

Vita monastica. La Camaldola d'Arezzo. Camadoli (Italia).

Vita scolastica, La. Via V. Gioberti, n.º 34. Florencia.

Weltmission der Katholischer Kirche. Hirtenstr., n.º 26. Muenchen (Alemania).

Zeitschrift fuer die alttestamentliche Wissenschaft. Genthiner Str., n.º 13. Berlín.

Zeitschrift fuer die Historische Theologie. Leipzig-Gotha (Alemania Oriental).

Zeitschrift fuer Theologie und Kirche. Wilhelmstr., n.º 18. Tuebingen (Alemania).

CAPÍTULO VI

CARACTERÍSTICAS DEL MISTICISMO ESPAÑOL Y CONCLUSIONES DE NUESTRO ESTUDIO.—EL MISTICISMO Y OTRAS MANIFESTACIONES ARTÍSTICAS DEL PUEBLO ESPAÑOL

Vamos a fijar las conclusiones que, a nuestro entender, se deducen de toda la investigación practicada en los capítulos de este libro. Son conclusiones éstas puramente objetivas, que exponemos en primer término, tratando después las deducciones que lógicamente pueden obtenerse de ellas:

I.   La Mística castellana no tiene una importante y continua tradición medieval, salvo el probable influjo luliano y la posible influencia semítica a través de su obra.

II.   Es la última, cronológicamente, de las grandes manifestaciones colectivas de la mística teológica.

III.   Se produce en España, al final de la Reconquista, en un ambiente de gran exaltación de la cultura y fe religiosas convertidas en ideal político, coincidiendo con este hecho el choque de una serie de influencias de doctrinas filosóficas y místicas.

IV.   En nuestra literatura mística, la escuela más castiza y española es armónica entre dos tendencias extremas.

V.   Es extraordinario en nuestra mística el valor formal de exposición y el estético del estilo.

VI.   Estas cualidades expositivas han contribuido a la difusión y popularización de nuestra literatura mística.

VII. En nuestra literatura religiosa predomina enormemente lo ascético sobre lo místico, ofreciendo, además, la doctrina ascética una tradición ininterrumpida, manifestada incluso en obras no religiosas de carácter filosófico o literario. La producción literaria mística en España es relativamente breve y transitoria.

Abarca, aproximadamente, poco más de siglo y medio (1500 a 1660), del cual solamente unos cincuenta años son de producción que ofrezca características nacionales [1].

Estas son las conclusiones objetivas que podemos deducir de la simple observación de los hechos históricos anteriormente expuestos. Veamos ahora el resumen de las características internas de la doctrina mística españolas, señaladas en el curso de mi estudio.

Las notas comunes y predominantes en todos los místicos españoles ortodoxos forman un cuadro que armoniza perfectamente con las conclusiones que vamos obteniendo. Hemos visto en la exposición del panorama de la mística universal cómo casi todas las escuelas europeas, cuando se deslizan hacia la heterodoxia, caen en el panteísmo: unas, conscientemente y formando un sistema; otras, dejando escapar frases que, aunque el conjunto de la doctrina sea ortodoxo, tienen, aisladamente, una significación verdaderamente panteísta. En nuestros místicos no sucede jamás eso; consideran ellos imposible la unión de las sustancias y sólo creen en la de las voluntades. En todas sus metáforas y alegorías místicas cuidan mucho de dejar bien fijada la diferencia de las personalidades divina y humana, y seguramente es esto consecuencia de la afirmación de la personalidad humana a que se ve impulsada, por su psicología, una raza tan individualista como la nuestra. Otra característica, que seguramente dimana del mismo origen, es la seguridad y persistencia con que en nuestra mística, y en general en nuestra teología del siglo de oro, se

---

[1]   Esta afirmación no la invalida el hecho de la producción de obras eruditas e interesantes durante la segunda mitad del siglo XVII y durante el siglo XVIII, tales como la magistral del sevillano José del Espíritu Santo (*Cursus Theologiae mystico-scholasticae*), o la del valenciano Vicente Calatayud. En realidad, estos libros son muy puramente doctrinales, y toda la literatura misticoascética posterior a la fecha que indico ofrece este carácter y aparece sin conexión con el ambiente literario y social de la época.

afirmó la doctrina del libre arbitrio que da una fisonomía peculiar a la Iglesia y a la cultura religiosa de España, enfrente del ambiente producido en Europa por la reforma protestante.

Nuestros místicos llegan a afirmar el hecho de la posibilidad de que la criatura se niegue a aceptar la gracia que Dios le ofrece. Íntimamente ligada con esta doctrina del libre arbitrio va también el *activismo*, tan fundamental en la escuela mística española.

Una consecuencia natural de la exaltación de la personalidad humana que supone la doctrina del libre arbitrio es la afirmación de la necesidad de las obras para lograr la salvación del alma. Por esto, nuestra mística es activa, y por entre su doctrina late, dándola un dulce calor humano, el sentimiento de la caridad. En aquel siglo de luchas religiosas, de derramamiento de sangre y de crueldad común a todos los pueblos de Europa, que hace pensar en el *Homo omini lupus,* aparecen nuestros místicos como un oasis de ardiente caridad y de amor al prójimo. Por esto, otra de las características de nuestro misticismo es el ser profundamente *moralista,* concordando así con la índole de nuestra filosofía nacional, en la que ha predominado siempre la ética sobre la metafísica. Recordamos cómo Fray Luis de Granada habla recomendando la caridad y señalándola como un síntoma de progreso en la vía espiritual: «La tercera señal es un gran fervor y caridad para con los prójimos y grande estudio y diligencia en ayudarlos y socorrerlos en sus trabajos con entrañas de amor y con sana y sencilla voluntad y con palabras y obras extraordinarias, de las que comúnmente suele haber entre los otros hombres; de tal modo que el que esto viere pueda muy probablemente decir con los magos de Faraón: "El dedo de Dios está quí"; porque tal manera de ánimo y tratamiento no se halla entre los hombres ni es propio de carne ni de sangre, sino del espíritu de Dios, cuyo olor se comienza ya a sentir aquí, y que ésta sea señal de la perfección de la caridad, está claro, porque no puede crecer el amor de Dios sin que también crezca el del prójimo, pues ambos son actos de un mesmo hábito como dos ramas que preceden de una mesma raíz.»

Y este espíritu caritativo, esta actividad en las obras, toma en el ambiente guerrero y de lucha que hemos descrito un ca-

rácter verdaderamente heroico, soportando nuestros místicos
con alegre corazón las persecuciones y sufrimientos más
grandes.

Nota definidora del moralismo de nuestros místicos es el
hecho de que muchos de ellos sean directores de conciencia,
preocupándose casi todos en dedicar parte de su producción
escrita a la guía y dirección de las almas. En cuanto a las características del mecanismo de su producción, el misticismo español es más bien psicológico que ontológico, y es, por tanto,
más experimental que doctrinal.

El misticismo nuestro, producido en un ambiente propicio,
no es como el misticismo de las filosofías decadentes (el pitagórico o el alejandrino), exotérico y misterioso, sino que
aspira a influir en la educación moral del pueblo, nutriéndose,
a su vez, de aquel ambiente de preocupación y ardor religiosos. Por esto, nuestros místicos utilizan el lenguaje vulgar
en sus obras, y, precisamente, una de sus altas cualidades estéticas consiste hoy en que muchos de ellos reflejan en su obra
el idioma adulto, limpio y lleno de vigor del pueblo castellano
del siglo XVI.

Esta es nota común a las manifestaciones del misticismo
en otros países cuando ha tomado caracteres de popularización. De nuestros místicos podría decirse con exactitud lo que
afirma, refiriéndose a Ruysbroeck, M. Auger: «N'a pas dû
creer la prose neerlandaise, comme on le répète depuis un
demi-siècle... elle eté cultivé avant lui. Il n'est pas le premier
non plus qui s'en soit servi pour exprimer des idées abstraites.
Mais il est certainement le premier qui l'ait employée à exponer un systeme original de hautes speculations philosophiques
et de doctrines elevées, sur les mysteres chretiens. Par lá
Ruysbroek a rendu a sa langue maternelle le même service
que les mystiques d'Outre-Rhin aux dialects allemands. Le
brabançon est devenu entre ses mains un instrument d'une ri-
chesse, d'une souplesse, d'une douceur, d'une force incompa-
rables» [2].

Este hecho de dirigirse al pueblo, comprobado por el

---

[2] A. Auger: *Étude sur les mystiques des Pays-Bas au Moyen age*. Bruxelles, 1852,
pág. 28.

idioma que emplean, influye también hasta en la técnica de su exposición doctrinal. Todos ellos saben que es preciso, para hacer comprender lo abstracto de ciertos conceptos místicos, el empleo de metáforas y alegorías plásticas y gráficas. Esta es la razón por la cual Santa Teresa, que representa el extremo en esta dirección popularista, se preocupó mucho de no abarcar en su exposición doctrinal cosas parecidas bajo términos generales que se pueden prestar a confusión. Por esto la Santa clasifica y divide tan cuidadosamente todos los aspectos de la oración, aspirando a recoger, con sus definiciones de *oración mental, vocal, de quietud, de unión, de éxtasis, de rapto, de matrimonio espiritual,* etc., todas las jerarquías del amor divino, que así se hace más fácilmente comprensible. Por este aspecto de su lenguaje ocupan también los místicos un lugar muy calificado en la historia de nuestra literatura. Hay un momento en ésta en que el castellano ya formado y adulto lucha con el latín, compitiendo con él para expresar las doctrinas más elevadas y profundas de la literatura didáctica. Es aquel momento en que humanistas como Pérez de Oliva y Ambrosio de Morales se preocupan de demostrar las excelencias del idioma vulgar. En esta cruzada les preceden los místicos. Con la autoridad de humanistas de algunos, como fray Luis de León y Malón de Chaide, se unen a la áurea cadena de Morales, Oliva, Salazar, etc., viniendo a representar todos ellos un espíritu semejante al que simboliza Du Bellay en la literatura francesa del Renacimiento [3].

Esta lengua del siglo XVI, popular y admirable, es aquella de la cual decía fray Luis de León: «No sé otro romance del que me enseñaron mis amas, que es el que ordinariamente hablamos.» Ese carácter de popularización y de facilidad que ofrece la literatura mística española es también la causa de su gran éxito, difusión e influencia en el mundo. Sería larga de exponer la bibliografía de las traducciones de nuestros místicos. De 1574 a 1674 tuvo en Francia fray Luis de Granada

---

[3] Véase sobre esta cuestión Piérre Villey: *Les sources italiennes de la «Deffense et Illustration de la Langue Française» de Joachin Du Bellay,* París, 1908, y respecto a España el interesante trabajo de Erasmo Buceta: *La tendencia a identificar el español con el latín. Un episodio cuatrocentista en Homenaje ofrecido a Menéndez Pidal.* Madrid, 1925, t. III, págs. 85-108.

once traductores por lo menos [4]. En nuestros místicos estudiaron los místicos posteriores, como madame Guyon, Fénelon y aun los jansenistas solitarios de Port-Royal [5].

Se da el caso de que alguno de nuestros místicos heterodoxos, como Molinos, ejerce una influencia verdaderamente extraordinaria en toda la doctrina quietista posterior a él. Estas características y conclusiones que se deducen de nuestro estudio armonizan perfectamente con las demás manifestaciones filosóficas, artísticas y psicológicas del pueblo español. En el pueblo individualista de los aventureros conquistadores y de las libertades regionales nacen los místicos que afirman la personalidad humana y sostienen el libre albedrío; el pueblo de la filosofía de Séneca produce unos místicos moralistas y activistas; el pueblo que engendra la gran literatura realista del siglo XVI lleva esta misma técnica artística a las metáforas y a las alegorías de sus místicos; el pueblo en el que imperan el conceptismo y todo el casuismo minucioso de los manuales de confesión y de las leyes del honor es el que produce unos místicos llenos de finura exquisita para la observación del análisis psicológico.

En otras manifestaciones artísticas vemos cómo aparecen notas concordantes con éstas. El misticismo abstracto no es típicamente español. Quizá por esto se manifiesta preferentemente en la literatura, en donde la palabra se presta a establecer claramente todas las salvedades necesarias a nuestra personalidad práctica y realista [6].

A pesar del libro de Henri Collet (*Le mysticisme musical espagnol au XVIe siècle*, París, Alcan, 1913), creo que éste exagera al hablar del *misticismo* musical, aplicando tal denominación de una manera impropia a nuestra música *religiosa* del siglo de oro. Seguramente es exacto el hecho de las supervivencias medievales en el arte musical español del Renaci-

---

[4]   Véase Rousselot: *Op. cit.*
[5]   Véase *Port-Royal*, de Sainte-Beuve. Sobre la influencia en Francia trae datos, aunque no muy explícitamente aducidos, Bremond, en su obra *Histoire littéraire du sentiment religieux en France*. En mi *Compendio de Historia de la literatura misticoascética en España* trato especialmente este punto de la influencia y difusión del misticismo español.
[6]   Obsérvese bien que cuando decimos *práctico,* nos referimos al sentido etimológico del vocablo, y no al vulgar y deformado corrientemente.

miento; pero esto, que atinadamente observa Collet, no cree que autorice a hablar de *misticismo;* es un fenómeno común a todas las manifestaciones artísticas y aun sociales del pueblo español. Nuestra literatura conservó en todo tiempo una medula medieval y, precisamente, acabamos de ver que las manifestaciones del misticismo literario se caracterizan, excepcionalmente, por la casi carencia de precedentes medievales. El maestro Pedrell y Rafael Mitjana hicieron numerosas objeciones de carácter técnico a las ligerezas y audacias de Collet. Según Pedrell, esta característica de nuestra música, que el autor francés confunde con el misticismo, podría llamarse «expresivismo». Yo, sin poder emitir una opinión personal, me inclinaría, con Charles Lalo [7], a denominar *romántica* a nuestra música del siglo XVI. Fácilmente se comprende la dificultad de determinar concretamente lo que es místico en aquellas artes que no tienen la palabra por medio de expresión. Los críticos de arte del pasado siglo llamaban comúnmente *asuntos místicos* a todos los temas religiosos representados en los cuadros. Es evidente lo absurdo de tal denominación. Ocurría esto en aquella época en que era corriente el sacar a colación las *Concepciones,* de Murillo, siempre que se hablaba del misticismo español, sin observar las características profundamente realistas del gran pintor sevillano. Las vírgenes de Murillo, si se les quitan los atributos externos de su divinidad, quedan convertidas en el retrato de unas muchachas desprovistas en absoluto de todo fervor extático. Entiendo yo que en las Artes plásticas podríamos decir que hay misticismo cuando se deforma la realidad para expresar por este medio algo superior y trascendente de la realidad misma. Sólo en un pintor vemos esto: en el Greco, cuyo origen extranjero y cuya formación no absolutamente indígena le permitieron contemplar con otros ojos y con otra perspectiva todo el panorama de aquella España llena de fervor religioso y de espíritu ascético. En cambio, la tradición ascética, como no podía menos, ofrece manifestaciones bien claras y excelsas en nuestra pintura y escultura. Los cuadros de Zurbarán y Ribera son paralelos de la *Agonía del tránsito de la muerte,* de Alejo de

---

[7] *Esquisse d'une Esthetique Musicale scientifique.* París, Alcan, 1908.

Venegas, o de *El tratado de la oración,* de San Pedro de Alcántara. El Arte realista de nuestros imagineros y escultores concuerda con este mismo espíritu, y precisamente, como ha observado atinadamente Dieulafoy [8], todo aquel exceso de concreción realista en las imágenes, que algunos impropiamente han llamado idolátría, se manifiesta con frecuencia en nuestro gran arte de la estatuaria policroma española.

El arte de la estatuaria española fue un arte demótico, popular y, por tanto, profundamente *humanizado* y realista [9]. La consideración de la *humanidad* de Cristo, que, como hemos visto, ilumina con fulgores de caridad lo más genuino de nuestra literatura mística, también aparece en el arte escultórico español:

«El final de la Edad Media iniciaba en las representaciones religiosas españolas, tal vez por las influencias naturalistas que del Norte y de los artistas del Norte llegaban, el tránsito de un concepto dogmático de Cristo a un concepto humano del Hijo de Nazareth, apuntando ya el dramatismo que habría de ir acreciendo y acentuándose en el avance de los tiempos. El primero, un Cristo más señor, más lleno de poder y majestad, se encuentra más allá del dolor; el segundo es, en cambio, el hombre atormentado, al que el dolor domina y sólo lo vence la resignación del sacrificio» [10]

Esta *humanización* de la imagen se aumenta con el aditamento continuado de detalles y elementos realistas. El mismo culto necesita tomar caracteres de popularización intensificando la participación y contacto del pueblo en las ceremonias religiosas. Este es el sentido de las procesiones españolas y del arte profundamente demótico nacional de los *pasos,* que constituyen un arte paralelo al literario de los misterios medievales y de los autos sacramentales del Renacimiento.

Este arte es mucho más ascético que místico.

Como agudamente observa el Sr. Gallego Burín [11], ha-

---

[8]   Marcel Dieulafoy: *La statuaire polychrome en Espagne.* París, 1908.
[9]   Creo que esta característica predomina enormemente en la literatura y en el arte españoles; pero esto no obstante, hay algunas amplias facetas de nuestra producción literaria que están engendradas dentro de un concepto estético muy diferente, constituyendo un aspecto de nuestra literatura que todavía no ha sido estudiado.
[10]   Gallego Burín: *José de Mora.* Granada, 1925, pág. 30 y siguientes.
[11]   *Op. cit.,* pág. 28.

blando de nuestras imágenes. «El San Francisco español no es el San Francisco seráfico, sino el ascético. ¿Qué mayor prueba de la falta de comprensión de su espíritu?» Las características del arte español vienen, pues, a confirmar las notas diferenciales del misticismo español que hemos investigado hasta aquí.

La observación de estos caracteres de nuestra escultura nacional fue, sin duda, lo que hizo decir a Teófilo Gautier [12]: «La necesidad de la verdad, por repugnante que sea, es un rasgo característico del arte español: lo convencional e ideal no entra en el genio de este pueblo, que carece en absoluto de estética. La escultura no le basta: necesita estatuas policromadas, pintarrajeadas y revestidas con ropas verdaderas. Nunca lleva la ilusión material tan lejos como quisiera, y este afán inmoderado de realismo le hace muchas veces traspasar el límite que separa la estatuaria, del gabinete de figuras de cera de Curtius.»

---

[12] *Viaje por España.*

ÍNDICE DE NOMBRES PROPIOS *

---

* Solamente se recogen los que aparecen en el texto.

ÍNDICE DE MATERIAS